心智圖全解析

從數據到邏輯的視化思維

繪製 × 應用 × 延伸
一次學會心智圖，成就高效人生

胡涵林 編著

【一張圖打破認知瓶頸，實現全面思維升級】

由基礎入門至深度應用，結構清晰、邏輯嚴謹詳細
從學習筆記到職場規劃，為個人與團隊創造高效率管理工具

目錄

前言　　　　　　　　　　　　　　　　　　　　　　005

第一章　揭開思維藝術的奧祕
　　　　——心智圖入門指南　　　　　　　　　　007

第二章　激發創意的利器
　　　　——心智圖的獨特優勢　　　　　　　　　041

第三章　思維先行，事半功倍
　　　　——心智圖使用前的準備　　　　　　　　073

第四章　下筆如神，形象思維
　　　　——心智圖的實用繪製方法　　　　　　　093

第五章　抓重點，理脈絡
　　　　——心智圖的高效閱讀技巧　　　　　　　135

目錄

第六章　掌控時間，高效規劃
　　　　——用心智圖管理時間　　　　167

第七章　條理清晰，效率倍增
　　　　——心智圖輔助學習祕訣　　　197

第八章　職場制勝，縱橫千里
　　　　——心智圖在職場中的應用　　225

第九章　縝密思考，果斷決策
　　　　——心智圖助力快速決策　　　253

第十章　溝通有方，自信加倍
　　　　——心智圖提升人際互動技巧　273

前言

在生活中，你是否也曾遇到過這樣的情況：明明是一個很簡單的問題，卻始終找不到破解的方法和解決的思路。這是因為在處理問題的時候，你往往跳不出固有的思維模式，一味地在採用傳統思維去思考問題，而沒有嘗試新的思考方法。

說到這裡，可能有人會問，究竟有沒有一種簡單有效的方式，能夠幫助我們跳出「思維惡性循環」呢？答案是肯定的。本書的主角——能夠幫助人們提升思考力、促進大腦聯想的心智圖，就是一種行之有效的思維工具。

說到心智圖，許多人可能並不陌生。據相關調查顯示，如今，全世界已經有 2.5 億人都開始利用心智圖來學習、梳理和記憶各種知識，並從中受益良多。並且，隨著心智圖的優勢和重要作用的逐漸普及，已經有越來越多的人，正在加入心智圖的使用大軍，成為心智圖的忠實擁護者和主動推崇者。

心智圖是一種重要的思維工具。作為一種表達擴散性思考的有效方式，它以圖文並茂的形式，在主題關鍵字和各級分支之間建立有效的連線。一方面，它具有清晰全面、層次分明、重點突出的特點，另一方面，它也能增強我們的記憶、訓練我們的思維、培養我們的思考能力，幫助我們更好地分析和解決問題。用一句話來概括就是：心智圖是我們生活和工作的好幫手。

前言

如今，在許多的國家，例如新加坡、澳洲、墨西哥等，心智圖早就被引入了教育領域，而我們所熟悉的一些知名學府，例如哈佛大學、劍橋大學、倫敦經濟學院等，也都在使用心智圖。儘管心智圖進入我們的生活比較晚，但它的發展趨勢卻是十分迅速。這也充分說明了在如今競爭越來越激烈、生活節奏越來越快的社會，了解一些心智圖的相關知識、掌握心智圖的繪製，已成為了一種大勢所需。

那麼，心智圖在實際的生活中究竟有哪些具體運用呢？它能為我們的生活和工作帶來哪些正面的影響呢？要想繪製出一幅完整而有效的心智圖，應該怎樣操作呢？這些問題，也正是本書要解決的關鍵問題。

本書共分為十個章節，全面系統地闡述了心智圖的相關理論知識、心智圖的作用意義、心智圖的繪製以及心智圖的實際應用，語言平實、案例詳實，旨在幫助大家揭開心智圖的神祕面紗，讓更多人更好地了解心智圖並能夠熟練運用心智圖。

不管您是第一次接觸心智圖的「新手小白」，還是已經使用過心智圖多次的「熟練老手」，閱讀此書，相信您都會有所收穫。

第一章
揭開思維藝術的奧祕——
心智圖入門指南

　　正所謂萬事起頭難,對於初次接觸心智圖的朋友,應該怎樣開啟他們的心智圖之旅呢?對於那些對心智圖已經有了一定了解,甚至還畫過不少心智圖的朋友,又應該怎樣進一步加深他們對心智圖的理解,並讓他們充分發現心智圖的廣闊使用空間呢?

　　在本章,筆者將為大家揭開思維藝術的神祕面紗,和大家一起開啟心智圖的學習之旅,讓大家了解心智圖的真面目。

　　本章的內容大致安排如下:

　　什麼是心智圖;

　　心智圖的誕生;

　　心智圖的常用術語;

　　心智圖的操作核心;

　　心智圖的讀圖規則。

第一章　揭開思維藝術的奧祕—心智圖入門指南

1.1 什麼是心智圖

什麼是心智圖？不同的人有不同的回答。隨著時代的進步和社會的發展，大量的資訊不斷充斥著我們的腦袋，據相關調查顯示，世界已有2.5億人都已經開始利用心智圖來學習、梳理和記憶各種知識，並從中受益良多。儘管如此，仍然有很大一部分人對這項簡單易學的思維工具不甚了解。

那麼究竟什麼是心智圖呢？讓我們從定義、種類和特點三個角度入手，一起來了解一下心智圖。

心智圖的定義

查詢關鍵字「心智圖」，一張張像樹枝一樣由內向外擴散的圖片馬上映入我們的眼簾，而且這些「樹枝」上還帶了些文字，其實這些圖就是我們所說的心智圖。

心智圖的發明者是英國著名的「記憶力之父」東尼・博贊（Tony Buzan），他在自己的作品《心智圖——放射性思維》（*The Mind Map Book*）一書中是這樣定義心智圖的：

它是一種圖像技術，基於人類思維的放射性這一特性，它有效地啟用了大腦，讓人類的思考方式更具**邏輯**，從而提高其學習能力，改善其行為方式，並普遍適用於人類的生活和學習。

其實簡單來說，心智圖就是一種具有擴散思維效果的圖形式思維工具。有關心智圖的定義不勝列舉，透過網路搜尋我們就會發現很多人就

此提出了不同的看法,當然,東尼‧博贊對心智圖的定義無疑流傳得更為廣泛。

無論如何,稱心智圖為一種「行之有效的思維工具」是毫無疑義的,但要清楚它是一種「思維工具」,而不是「思維的表現工具」。因為心智圖的重心點落在「思維」上,它的作用是引導思維,而「表現工具」只是一種圖像形式而已,不能展現心智圖的本質。

有關心智圖重點是要使其為我們所用,在此之前,我們首先要了解心智圖的三大種類。

心智圖的種類

心智圖可以分為圖片心智圖、圖文心智圖和文字心智圖三大類。

1、圖片心智圖

圖片心智圖指的是全部內容以圖片展示的心智圖,如下圖所示。

圖 1-1 圖片心智圖

- 適用範圍：自我簡介、篇幅較小的古詩詞等內容相對比較簡單的資訊。
- 特點：視覺衝擊力強，容易吸引讀者，便於記憶。
- 注意事項：圖片心智圖要搭配一定的文字解釋方可充分發揮其作用，讓人記憶猶新。

2、圖文心智圖

圖文心智圖指的是既包括圖片又包括文字的心智圖，圖文心智圖是圖片和文字的結合體，如圖所示。

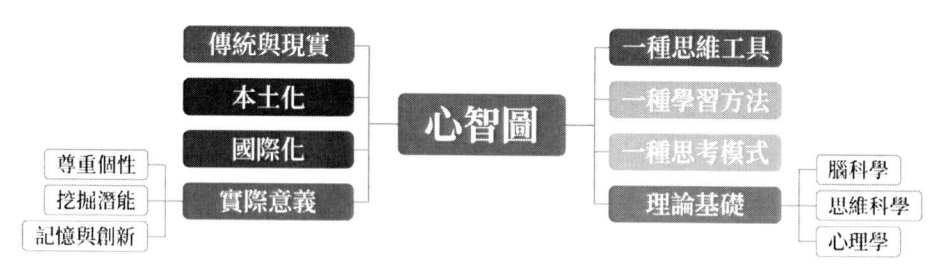

圖 1-2 圖文心智圖

- 特點：靈活、重點突出、便於理解和記憶、基本無需語言贅述。
- 適用範圍：廣泛適用於各種資訊的收集、整理和記錄。
- 注意事項：圖文心智圖中的圖片與文字要貼合，文字是對圖片的說明，圖片是對文字的視覺展示，以求內容達到視覺化，便於記憶。

3、文字心智圖

文字心智圖指的是只含有文字的心智圖，如下圖所示：

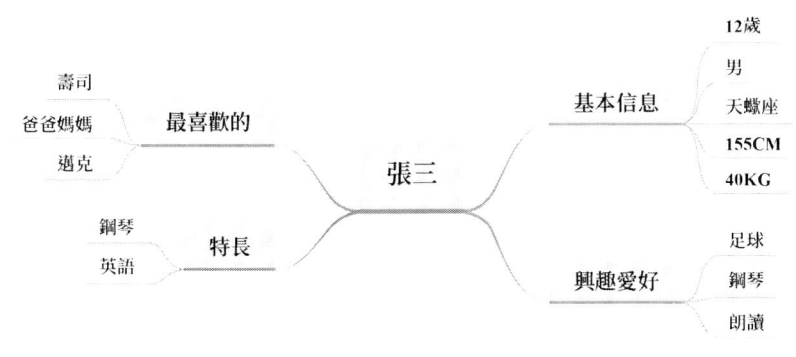

圖 1-3 文字心智圖

- 適用範圍：適用於各個場景，尤其是對見聞、想法的收集、整理和記錄。
- 特點：簡單、快速、繪製方便、延伸性強、層次分明。
- 注意事項：文字心智圖完成之後可隨著想法的不斷完善進行補充和加工，使其更加更加豐滿、邏輯性更強。

心智圖的基本特徵

心智圖不僅適用於學習中，也適用於我們生活和工作的各方面，但是想要自己的心智圖真正發揮其作用，就要了解它的三大基本特徵。

1、美觀舒適

愛美是人的天性，外表漂亮的人總能引起其他人的注意，讓人心生愛憐之意，同時也給自己帶來更多的機會和眷顧。這一點同樣適用於其他

第一章　揭開思維藝術的奧祕—心智圖入門指南

事物，試想一下，為什麼很多人都喜歡看孔雀開屏？為什麼美麗的風景總是讓我們忍不住駐足欣賞？不管是動物、周圍的環境，還是各色各樣的物品，但凡是美麗的東西，都更易在人腦中儲存並保持一段長久的記憶。

心智圖亦是如此，只有顏色亮麗、分支明晰、字跡工整的圖，才會帶來美的享受，繼而讓人有看下去的欲望，並願意沉下心來分析每個分支的走向。而當我們帶著鑑賞的眼光將整張圖看完之後，同時也會在潛移默化中學習了一遍圖中展現的知識點，這樣既愉悅了身心，又掌握了知識，可謂一舉兩得。

反之，一張雜亂不堪、單調繁冗、字跡潦草的心智圖，一眼看上去就會讓人產生厭煩的情緒，根本不願意多看一眼，這樣一來，心智圖便失去了它的意義。

需要注意的是，我們這裡所說的美並不是一定要像畫家一樣畫出多麼壯觀的藝術品，而重點強調的是「用心」二字。它要求我們要盡自己最大的努力將圖畫得整齊而又層次分明，盡量不要出現錯別字和亂塗亂抹的地方，哪怕是一個簡單的關鍵字、一根線條，或者一個小小的幾何圖形，都要用心去面對，這樣才能畫出工整、乾淨的心智圖，讓人有看下去的欲望。

2、具有擴散性

每當我們想到一個詞或一件事物的時候，就會習慣性地想到另一個詞或另一件事物，這就是擴散性思考。擴散性思考往往與個人的認知和邏輯能力有關，它是人類思考問題的本質方式。一個關鍵字往往會透過一系列因果關係引發人類的行動。

例如，當我們聽到「愛琴海」、「旅行」和「半價」這三個詞的時候，就會自然而然想到「去愛琴海旅行半價優惠」，可是一旦改變其中一個關鍵字，將「半價」改為「暴雨」時，我們則容易想到「去愛琴海旅行的途中遇到了暴雨」。

以上例子就是大腦的思考機制。心智圖從本質上來說，其實就是將擴散性思考與邏輯推理進行了有效結合，並將其以圖片的形式充分展現出來，讓人類的思維視覺化、具體化。

在具體的操作中，心智圖主要是透過一個個關鍵字充分展示出擴散性思考的妙處，並且，這些關鍵字全部都是畫龍點睛之筆，切不可以長長的句子代替。關鍵字一般位於分支線上，有時會以圖代之，因此便有了我們前面所講的圖片心智圖和圖文心智圖。

3、層次分明

房間亂了可以整理，頭髮亂了可以梳理，那麼大腦和思維亂了該怎麼辦呢？同樣的，人類的大腦和思維也是可以透過邏輯關係進行整理的，而製作心智圖就是邏輯關係的梳理過程。

心智圖主要是透過一系列邏輯關係將大量資訊進行分層。在一張心智圖中，你既可以看到主幹，也可以看到分支，甚至第一分支下面還會出現第二分支和第三分支，由大到小，全面而又細緻地將人類的思維進行了整理和歸納。

有關心智圖的分層特性，我們可以舉一個簡單的例子。例如，去圖書館看書，如果你想要找專業性比較強的書，那麼直接透過書架上的分類標籤就可以找到；如果你想找與提高記憶力相關的書籍，那麼即便不

第一章　揭開思維藝術的奧祕—心智圖入門指南

知道該類書在圖書館的具體分類，也不至於會跑到電腦、宗教等方面的書架上去尋找，而會在學習方法或心理學等方面的書架上檢視。

心智圖的分層特效能夠同時激發左右大腦，讓圖像和邏輯思維實現了有機結合，並充分展現在了紙上。因此，長期使用心智圖的人邏輯會越來越清晰，也越來越能感受到心智圖的妙用。

總之，心智圖既要美，又要簡單，能高度概括資訊的同時，還要透過層層分支展現大腦的邏輯推理效能。

1.2　心智圖的誕生

想要徹底掌握心智圖的技巧，知道其在人類生活中的運用方式，我們就要追本溯源，了解心智圖的誕生。

心智圖的誕生

1970 年代，英國著名的「記憶力之父」東尼・博贊發明了心智圖。心智圖之所以能受到人們的關注，主要歸因於英國廣播公司 BBC 播出的一期節目，這期節目講述了一位有學習障礙的兒童是如何利用心智圖取得驚人的成績。節目一經播出便受到了很多人的關注，心智圖也因此而成為了人們津津樂道的話題。

那麼東尼・博贊是如何發明心智圖的呢？

小學時期，東尼・博贊有一位非常要好的朋友叫做巴里，巴里認識許多昆蟲，對淡水魚也非常了解，東尼因此很崇拜他。可是學校按成績分班，學習成績優異的東尼被分到了 A 班，而巴里則被分到了 D 班，東尼因此而非常懊惱，與此同時，他腦海中也產生了一個疑問：「聰明是什麼？如何為聰明下定義呢？」

十四歲那年，東尼・博贊參加升學考試，由於升學後會閱讀大量的參考文獻，因此考試需要測試他們的閱讀速度。考試結果出來之後，東尼一分鐘的單字閱讀量是 214 個，因這個還算不錯的成績沾沾自喜的東尼，卻忽然發現同班同學中有個孩子比自己多讀了整整一百個單字。

東尼非常驚訝，於是對老師說：「我也想跟他一樣讀得那麼快。」而

第一章　揭開思維藝術的奧祕─心智圖入門指南

聽到這話的老師卻說：「這不可能。」因為在那個時候，閱讀速度被視為一種天資，「就像一個人的眼睛和頭髮的顏色是天生的一樣，不會輕易發生改變」。

聽了老師的解釋，東尼又產生了一個疑問，自己曾在六個月的時間裡便鍛鍊出了腹肌，身體可以由弱變強，那麼眼睛是不是也可以逐漸練得靈活起來呢？進而他再想，大腦會不會因為長期鍛鍊而變靈活呢？

接下來東尼開始使用各種方法提高自己的閱讀速度，最終他一分鐘的單字閱讀量達到了一千個以上。透過這件事，東尼體會到了人的大腦具有無限潛能，只要找對方法，那麼一切皆有可能。

大學期間，作業量逐漸增多，於是東尼到圖書館去尋找可以提高大腦工作效率的書籍，可是管理員聽到東尼的要求之後，卻把他帶到了有關解剖生理學方面的書架前，在受到東尼的質問時，管理員還冷漠地回答說：「世上哪有你說的那種書！」

東尼對管理員的回答感到震驚，一個簡單的機器都會配帶說明書，為什麼大腦卻沒有呢？至此以後，東尼‧博贊便致力於撰寫人類大腦的「說明書」，也就是我們現在所說的心智圖。

有關心智圖的出現，還與東尼‧博贊的一位大學教授有很大的關係。東尼‧博贊上大學的時候，有一位叫做克拉克的教授，據說他知道每一個學生父母的名字和家庭住址，而且這位教授向來不喜歡蹺課的學生。有一次，東尼的一個朋友蹺課，教授點名發現之後，毫不猶豫的說出了這個學生父母的名字和家庭住址，東尼感到萬分震驚，他沒想到有關這個教授的傳說是真的。

於是，東尼向教授請教提高記憶力的方法，經過三個月的死纏爛打，克拉克教授終於傳授東尼一種「希臘記憶術」。所謂的希臘記憶術，

其實就是透過把記憶對象和周圍事物相結合的方式來記憶的一種方法，記憶效果既有效率又準確。

東尼將這種記憶術記在自己的本子上，然後經過努力鑽研，又發明了記筆記的方法。與此同時，他並沒有忘記自己要撰寫「大腦說明書」的願望。於是，東尼·博贊最終發明了一種由中心向四周放射線條的筆記，也就是心智圖。

心智圖中的線條一開始是黑色的直線，後來才逐漸改善為彩色的曲線。東尼·博贊並沒有大力推廣心智圖，誰知心智圖卻因為 BBC 那期節目的播出而一夜爆紅，於是他便開始了心智圖的推廣活動。

雖然心智圖廣受好評，但真正將其使用起來的人卻少之又少，為了大力普及心智圖，東尼·博贊進行了各種講座，也撰寫了很多相關的書籍，在他的努力之下，一些人開始利用心智圖進行記憶和學習，有的人的日程管理也用到了心智圖……之後，心智圖果真成為了「大腦使用說明書」，也成為了一種萬能思維工具。

第一章 揭開思維藝術的奧祕—心智圖入門指南

1.3 心智圖的五大常用術語

心智圖中包含以下五種常用的術語：

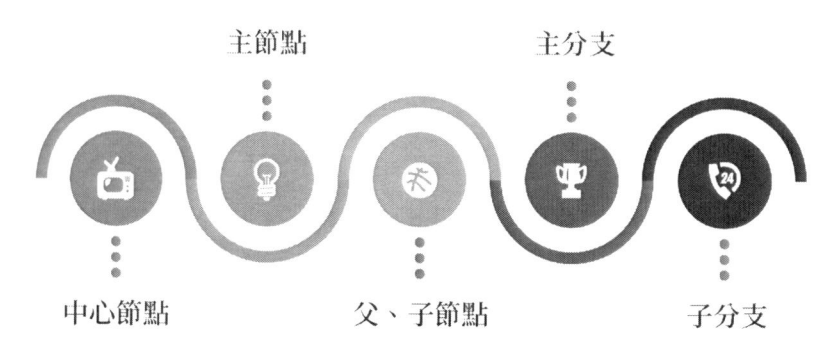

圖 1-4 心智圖的五大常用術語

中心節點

什麼是中心節點，你可以理解為中心主題，它是在心智圖中位於主要位置的一個主題或節點。如果把心智圖看作一篇文章，那麼，中心節點就是這篇文章的中心思想。中心思想在文章中至關重要，不言而喻，中心節點亦是如此。

我們都知道，核心的東西放在突出的位置往往能加深人們的印象和理解，因此，大多數的中心節點幾乎都位於心智圖的中心，其目的就是為了能突出心智圖的核心思想和主題，讓其一目了然。

當然，也有些人在繪製心智圖時，中心節點並沒有被其放在心智圖的中間位置。這主要是由於每個繪製者在繪製心智圖時的意圖和需要都是不一樣的，所以中心節點的位置也會根據其不同的需求而處在不同的位置。

例如下面這幅心智圖就將中心節點放在了最左邊，這也是「中心節點」。

```
                          二級分支1-1      三級分支1-1-1
              一級分支1                    三級分支1-1-2
                          二級分支1-2      三級分支1-2-1

                          二級分支2-1
   中心節點   一級分支2                    三級分支2-2-1
                          二級分支2-2      三級分支2-2-2
                                          三級分支2-2-3

              一級分支3
```

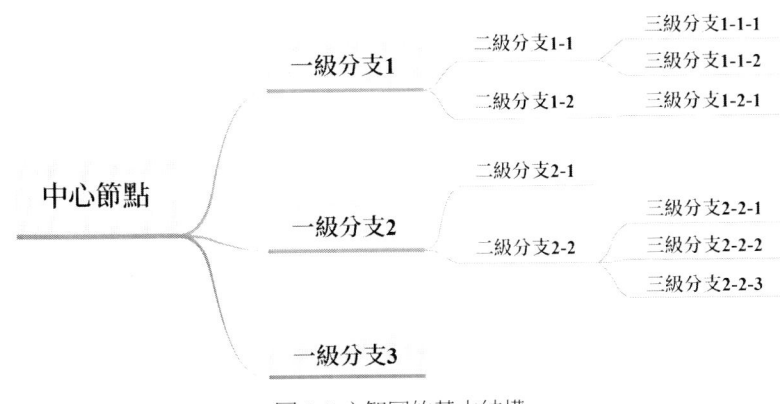

圖 1-5 心智圖的基本結構

中心節點對於一個心智圖而言是其靈魂，是一項必不可少、至關重要的內容。只有圍繞中心節點，整個心智圖的內容才能夠發散開展。換言之，心智圖中的各個節點和內容都直接或者間接的與中心節點有著某種特殊的連結。

主節點

所謂主節點，就是指從中心節點延展出來的子主題，中心節點就由主節點組成。主節點在心智圖中具有承上啟下的作用，它不僅是對中心節點的分解，還是下級內容的中心思想。下圖中中心節點分出來的 「一級分支1」、「一級分支2」以及「一級分支3」就是該心智圖的3個主節點。

第一章　揭開思維藝術的奧祕—心智圖入門指南

一級分支1

中心節點

一級分支2

一級分支3

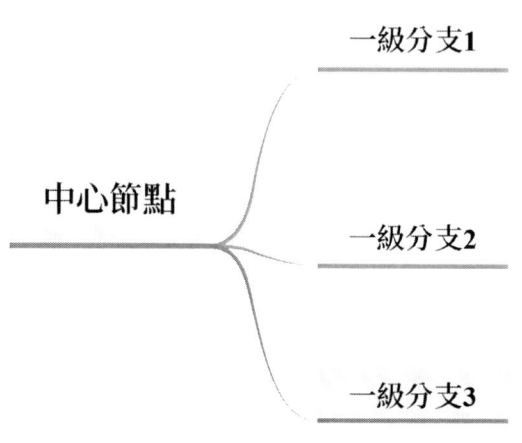

圖 1-6 心智圖的基本結構區域性圖 1

父、子節點

　　父節點、子節點很好理解，它採用父子這種生動形象的比喻來主要描述心智圖中的層級關係。父節點和子節點相連的兩個層級中，子節點是父節點的內容之一，父節點包含子節點，它們之間是包含和被包含的關係。換句話理解就是父節點包含的內容較多，而子節點包含的內容較少。

　　在下面的心智圖基本結構區域性圖中，「一級分支 1」的內容包括「二級分支 1-1」和「二級分支 1-2」的全部內容。「一級分支 1」是「二級分支 1-1」和「二級分支 1-2」父節點，而「二級分支 1-1」和「二級分支 1-2」是「一級分支 1」的子節點。

中心節點　一級分支1　二級分支1-1　三級分支1-1-1
　　　　　　　　　　　　　　　　三級分支1-1-2
　　　　　　　　　二級分支1-2　三級分支1-2-1

圖 1-7 心智圖的基本結構區域性圖 2

主分支

　　所謂的主分支，就是指由中心節點延伸出來的分支，它的主要內容又包括主節點及其主節點下屬的所有內容。所謂的主節點，就是指主分支的主要內容，例如，下面心智圖中的一級分支就是一個主分支。

　　下面，我們就以這個分支為例，具體的來了解一下主分支的主要內容。從圖中我們可以看到，這個一級分支又包括二級分支 1-1 和二級分支 1-2 兩部分內容，而這兩個二級分支下面又包括三級分支 1-1-1、三級分支 1-1-2、三級分支 1-2-1 三部分內容，而以上提到的所有內容組合起來，就形成了心智圖中的一個主分支。

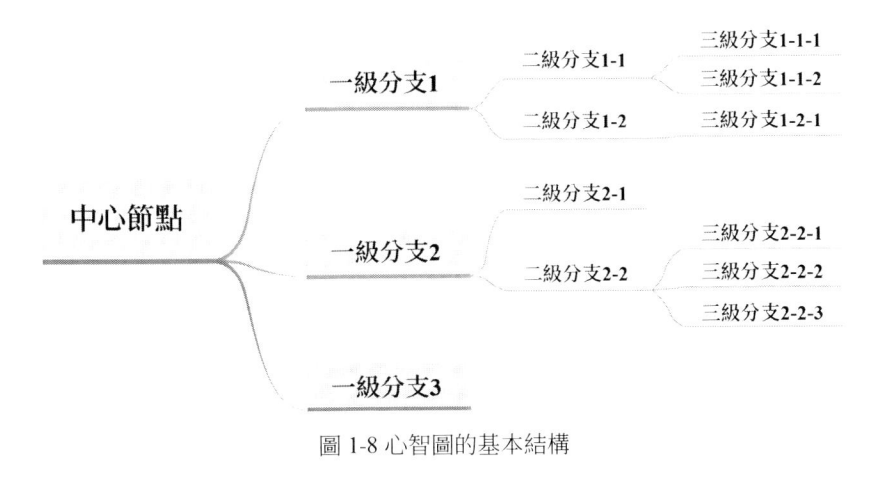

圖 1-8 心智圖的基本結構

子分支

　　由非中心節點延展出來的分支就是子分支，它是主分支的組成部分，子節點以及其下屬層級的所有內容就是子分支所包括的內容。

第一章　揭開思維藝術的奧祕—心智圖入門指南

下面心智圖中由「一級分支 1」分解下來的「二級分支 1-1」、「三級分支 1-1-1」以及「三級分支 1-1-2」便是屬於「一級分支 1」的一條子分支。

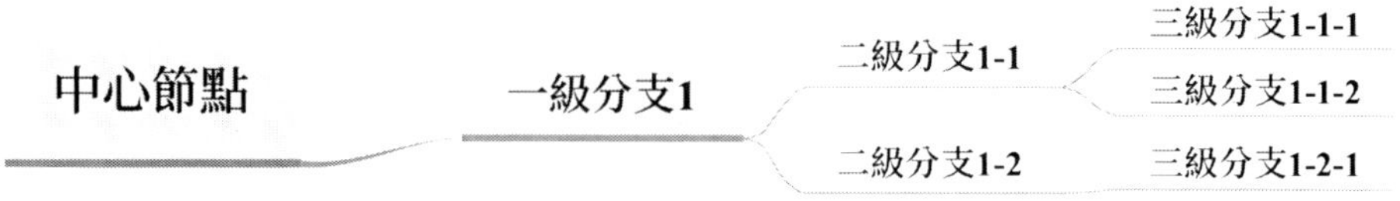

```
中心節點 ── 一級分支1 ┬─ 二級分支1-1 ┬─ 三級分支1-1-1
                      │              └─ 三級分支1-1-2
                      └─ 二級分支1-2 ── 三級分支1-2-1
```

圖 1-9 心智圖的基本結構區域性圖 2

以上便是心智圖的五大常用術語，希望大家能夠理解並牢記。

1.4　心智圖的四大操作核心

　　心智圖法有四大操作核心概念，他們分別是放射性思考、關鍵字、色彩、圖像。接下來讓我們依次來了解這四大操作核心的具體概念。

放射性思考

　　心智圖透過「樹狀結構」與「網狀脈絡」來表現其所構成的整體性。

1、樹狀結構

　　我們將其層次分為三個操作元素即主題、大綱及內容。依據階層的上下關係，大致又可劃分為分類、因果、聯想三類關係，其中分類和因果關係屬於邏輯關係，一般用於歸納、統合；而用於發想及創意的聯想關係屬於非邏輯關係。

①分類關係

　　分類關係以位階分類，從上到下，以此類推分為最上位階代表最大類的概念，次是中類，最後一階是具體事物名稱或描述。

　　一般分類關係有以下 7 類：

- 本質：根據 5W2H 分類
- 歷史：根據發生時序分類
- 流程：根據事物進行分類
- 人物：根據人物角色分類
- 書本：格局主題、章、節分類

第一章　揭開思維藝術的奧祕—心智圖入門指南

- 內容：根據事物特性或功能分類
- 類別：根據事物之間的關係或屬性分類

下面各舉一個簡單架構提供給大家參考。

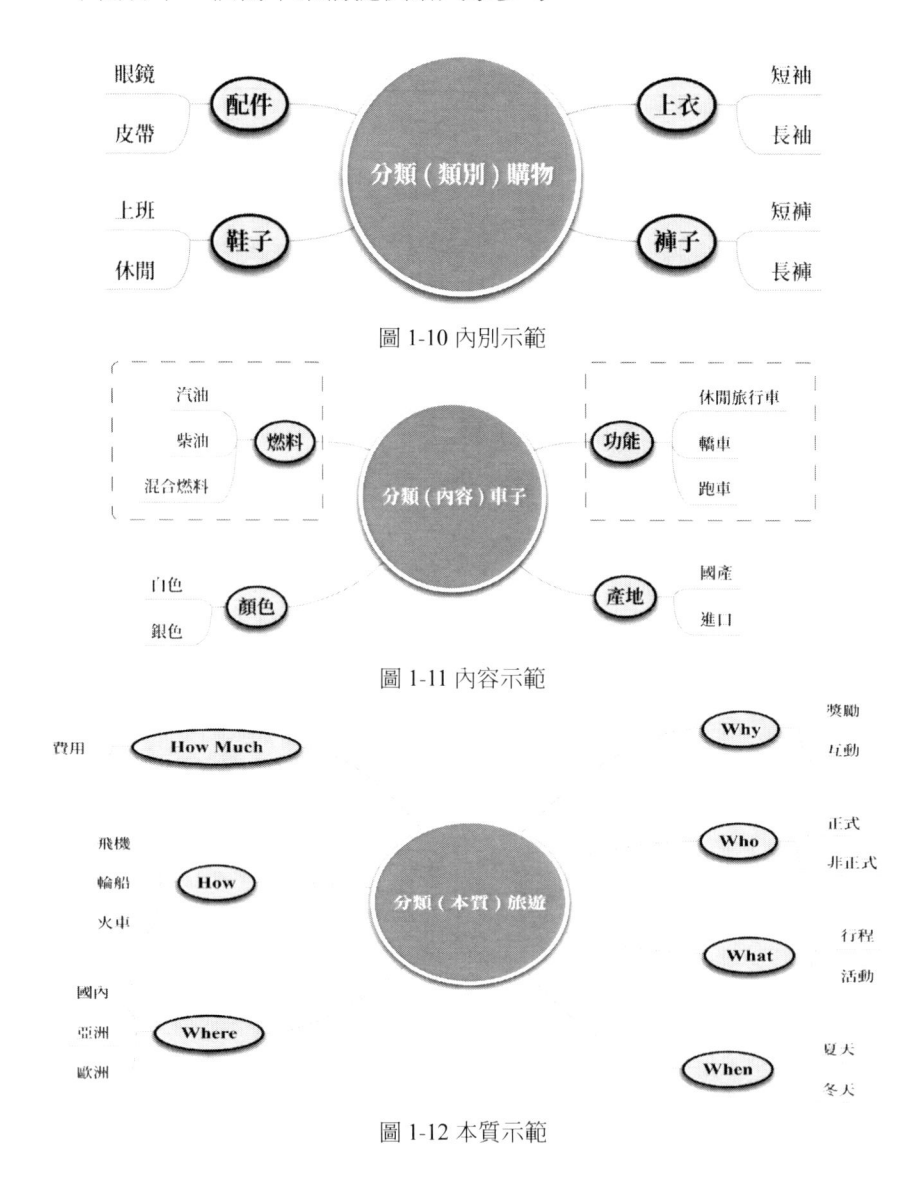

圖 1-10 內別示範

圖 1-11 內容示範

圖 1-12 本質示範

024

②因果關係

原因與結果的關係通常是以樹狀結構來展現。

舉個例子,問題解決時,造成問題的原因或因素是最上位階,各種可能的解決方案是下一階,再下一階則是該方案的各種具體作法;應用在問題分析時,代表問題的本質或表徵是最上位階,造成該問題、所衍生廣度與深度的問題或影響的原因是往下各個位階等。

其實在因果關係的結構中,原因、結果的層面也會包含有分類關係的存在。例如下圖:

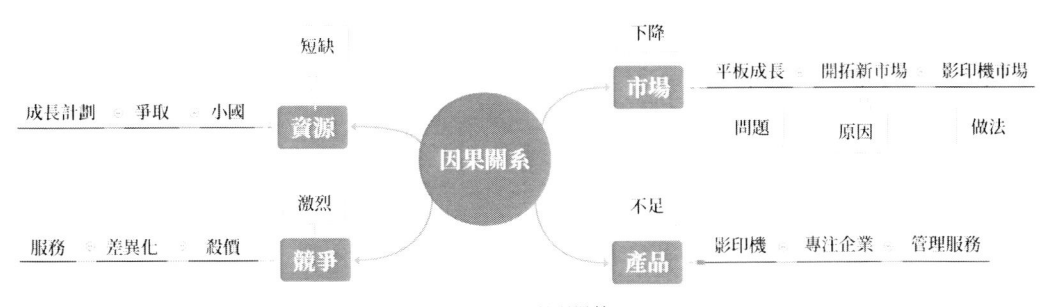

圖 1-13 因果關係

③聯相關係

聯相關係由希臘哲學家亞里斯多德(Aristotle)提出分類,他將聯想分為接近(想到樹木就想到花草、想到高山就想到河流)、相似(想到籃球就想到地球、想到竹筷就想到竹竿)和對比(想到男人就想到女人、想到白天就想到夜晚)三種。由於這個歷史原因,心智圖樹狀結構最上位階代表原始或抽象的主題,往次位階的各個階層是經由上述各種聯想所展開的思維脈絡。

第一章 揭開思維藝術的奧祕—心智圖入門指南

圖 1-14 聯想關係

2、網狀脈絡

網狀脈絡就是所謂的連結。用單箭頭或雙箭頭線條在有關聯不同的節點關鍵字之間指出彼此之間的連結關係，同時也可線上條上加以文字說明兩者之間的關聯性。

由於一般職場計畫都會比較複雜，不同樹狀之間所產生的脈絡連結就會相對頻繁。那麼連結在職場的心智圖法應用時，扮演著極為重要的角色。

下面就劉備、曹操及孫權之間畫上一個連結線，代表他們之間的操作關係連結，作一個簡單的舉例：

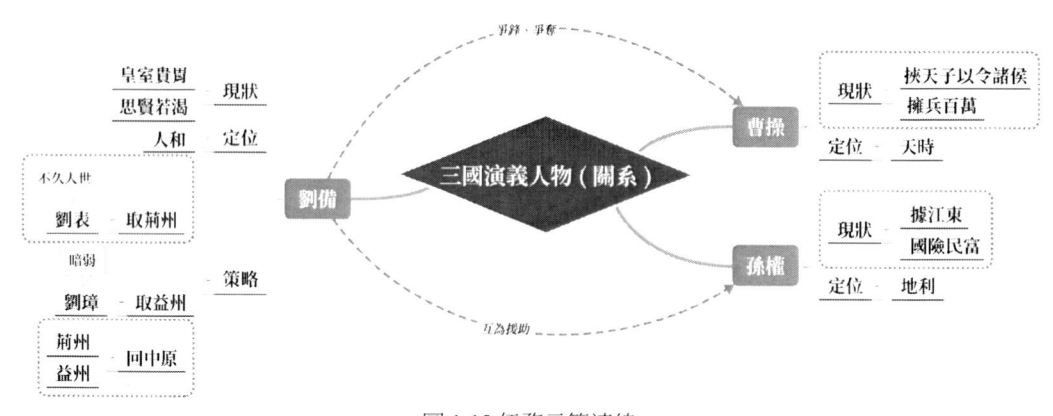

圖 1-15 任務示範連線

關於心智圖法的放射性思考，階層結構包括兩個方面：水平思考與垂直思考，我們稱之為思緒綻放與思緒飛揚，通俗一些表達就是廣度思考與深度思考。任何事情都是一個熟能生巧的過程，我們只有讓自己的思緒綻放及思緒飛揚的能力得到長期規範的訓練，這樣在使用時才能迅速地架構出心智圖法。

① 思緒綻放

我們可以理解為「水平思考」或「擴散思考」，舉個電路原理中的「並聯」例子，思緒綻放的功能在於擴充思考的廣度，目的在於增進創造力。我們可以看到下圖的心智圖範例。以「快樂」為中央主題，由「快樂」所產生的思緒綻放聯想就是其圍繞在四周的六個第一階想法。

② 思緒飛揚

我們又稱之謂「垂直思考」或「直線思考」，同理想像電路原理中的「串聯」，思緒飛揚為了能強化問題的分析及推演，它需要增進思考的深度。下圖中，我們可以從中央主題的「快樂」會聯想到「金錢」，「金錢」會想到「工作」，「工作」會想到「痛苦」，「痛苦」會想到「成功」，「成功」會想到「名車」，「名車」會想到「保時捷」。那麼這個串聯起來的「快樂—金錢—工作—痛苦—成功—名車—保時捷」就產生出一個思緒飛揚路徑。

由思緒綻放與思緒飛揚交織起來而就構成了心智圖法中的階層結構。無論是從中央主題，還是任意一個支幹線條，我們都可以來進行思緒綻放或思緒飛揚的聯想。

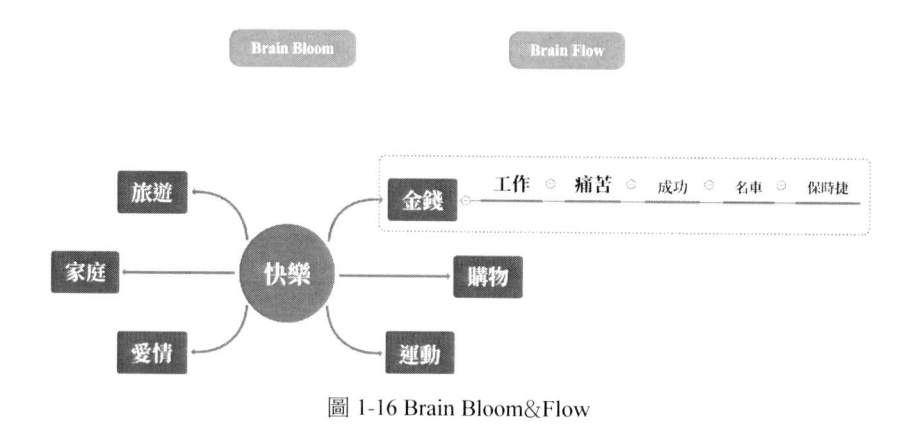

第一章 揭開思維藝術的奧祕—心智圖入門指南

圖 1-16 Brain Bloom&Flow

關鍵字

1、詞性

詞性方面，我們主要以名詞為主，動詞放在第二位置，形容詞、副詞或介詞等必要的時候當做輔助。對於精簡關鍵字方面，我們又一套自己的判斷原則，那就是：如果不影響對內容的理解，我們可以刪除它、可以省略它；反過來，若刪除它會對內容產生誤解，甚至改變原義，那就必須保留它。

2、數目

每一個線條上的關鍵字上要遵守一個原則：以一個語詞為原則，特別是在創意發想、工作計劃、問題分析等場合。在整理文章筆記時，只有章節名稱、專有名詞、特定概念等情況下，才允許兩個以上的語詞寫在一個線條上；為了讓數據的統整更有結構性，在整理重點內容過程中，還是要盡量掌握一個語詞的原則。

3、顏色

當我們進行手繪時,顏色需要與線條同色;用電腦軟體繪製時,也可使用黑色,目的是為了避免螢幕上出現不容易閱讀的彩色字。

4、大小

為了在視覺上突顯上位階的議題、概念或類別,我們需要把位階越上的字號越大並加粗。

色彩

在色彩方面,我們要盡可能地使用彩色文字、線條、圖像或符號,並要用三種以上顏色繪製彩色圖像,活絡主幹及支幹上的概念。

原本線條與關鍵字色彩是可以依個人感受選擇,但是因為人類對顏色仍有某些共象,多了解顏色的基本規則,將有助於我們對色彩感受的掌握。關於顏色的基本規則,我們會參考下面六頂思考帽:黃色──正面樂觀;黑色──負面否定;綠色──創意思考;藍色──程序規則;白色──客觀事實;紅色──情緒感受舉個例子,我們可應用六頂思考帽來協助會議的開展。譬如在大家鬧得不可開交時,為了有效降低衝突及提升開會效能,若會議主席規定大家同時戴上哪一頂帽子,就不會有人用不同的帽子在溝通。

第一章　揭開思維藝術的奧祕—心智圖入門指南

圖像

　　1、關於位置：不是隨便到處亂加插圖，讓其失去焦點，而是在特別重要或關鍵概念的地方加上圖像，這樣可以突顯重點所在。

　　2、關於象徵：在重要處加上的圖像，不僅要有助於激發創意，更應能強化對內容的記憶效果，這樣才能代表或聯想到重點內容的意涵。

1.5 心智圖的讀圖規則

一張完整的心智圖放在我們面前，我們需要學會看圖和讀圖。看圖的意思就是先瀏覽一下這張圖的大概內容，大致確認一下圖裡是否有我們感興趣的內容。其次，從看圖的過程中，也會大致了解圖的內容和作圖者的中心主題，迅速了然於胸。

在確定圖中有我們需要關注的內容之後，就需要重點讀圖了。讀圖比看圖更要「用心」，更加專注。首先，我們在讀圖的過程中要深入思考、認真體會；其次，在讀圖的過程中要學會良好的閱讀心智圖的習慣；最後，當深入了解圖的意思之後，讀圖者把自己的理解和圖的思維連結起來，藉助工具能方便快捷的在圖上畫出自己新的思維。

讀圖是從看圖到畫圖之間的紐帶，學會畫心智圖不光可以展現思維樣式，同時也能鍛鍊思維能力。這項技能只會看圖是遠遠不夠的，需要我們認真的讀懂圖的邏輯順序和思考方式，學會心智圖的使用，最終能畫出自己心中的心智圖。正所謂「讀書有三到：眼到、心到、手到」，看圖是「眼到」；讀圖就是要讓我們做到「心到」；能畫出自己的思維才是「手到」。

那麼如何快速讀懂一幅心智圖呢？

第一章 揭開思維藝術的奧祕─心智圖入門指南

讀圖的兩大基本規則

以下我們總結出的心智圖的讀圖兩大基本規則：

圖 1-17 讀圖規則之一

1、心智圖讀圖規則之一

①注重系統性

一張心智圖完成以後，它的結構已經固化，中心主題和各層級就是一個完整的系統。閱讀者需要從圖中讀出主題和各層級、主節點和次節點之間的系統性邏輯關係，並發現其中的關聯，想一想作圖者為什麼會這樣做，子節點對於父節點的關聯是否不可或缺。如果發現子節點並不屬於關聯的內容，這張圖就不嚴謹，也沒有什麼系統性可言。

②集中注意力

思維的方式是習慣性的沿著一個邏輯方向前行，而圖中的主題會分出許多的分支，我們在讀圖的時候，沒有必要一下子把中心主題的所有分支全部展開。初始讀圖的過程，是順著主題其中的一個分支，一塊塊地讀下去，這也是讀圖過程集中注意力最好的方法。

在讀圖的過程中，如果同時開啟主題的多個分支，大量的內容一下子充斥到面前。當瀏覽下一分支內容時，上一個分支會容易被「忘掉」；當下一分支恰好是有興趣的內容，上一分支又容易被「放棄」；等到在當

1.5 心智圖的讀圖規則

前節點上瀏覽之後才發現原來並不是自己的關注點之後，才想到去一點點重新查閱個分支的具體情況。

為了提高讀圖的效率，需要集中精神，培養好的讀圖習慣，堅持順著一個分支的方向慢慢讀下去。千萬不要開始的時候就有選擇性的來閱讀，特別是在不了解圖具體內容的情況下。

③關注大畫面

當對一張圖完全掌握，並了然於胸之後，這張圖會變成我們頭腦中的地圖和數據。地圖是現實環境的縮小，當我們在看地圖的時候，思維是帶著一種俯視的視角去審視地圖，腦海裡呈現的就是一張大畫面，一種全局的思維模式。在全局的思維模式裡，無需去在意過多的細節，如同看地圖一樣，只需要知道從一點到另一點的座標，就能在地圖上找到捷徑路線。

「大畫面」的能力是慢慢養成的，它會讓你站在更高的視界去思考問題。一旦具有這種讀圖的能力，也就具備了一種新的思維方法。這種能力在發現問題、分析問題和解決問題的過程中有很大幫助。

2、心智圖讀圖規則之二

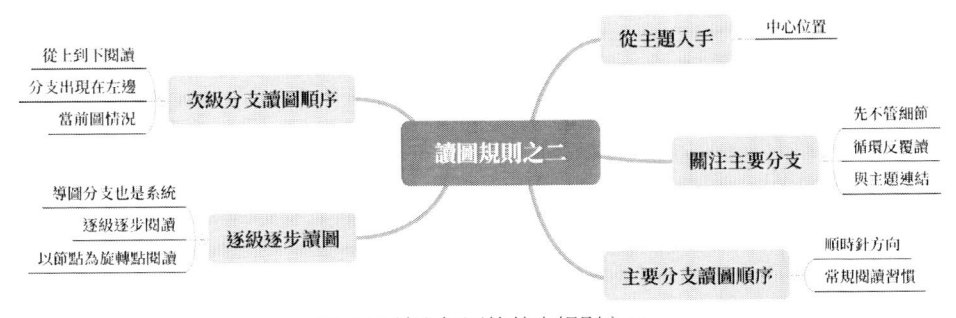

圖 1-18 讀心智圖的基本規則之二

第一章 揭開思維藝術的奧祕—心智圖入門指南

①從主題開始

我們知道主題是一張圖的核心,主題的用詞概括了圖的中心思想,在閱讀圖的時候一定要對照主題來閱讀圖中的分支內容,以免跑題。在所有的圖中,中心主題都是放在圖中央最醒目的位置來顯示它的重要性,同時也方便讀圖者的關注。

②關注主要分支

在一張圖中除了主題之外,分支也是有重有輕的。任何一篇內容,都會有重點和非重點、重要和次要之分。重要的分支需要反覆讀,認真讀;不重要的分支內容一般不會很多,可以簡單地閱讀,避免花太多心思。

③按順時針方向讀圖

東尼定義了讀圖的順序——順時針方向閱讀,同時,順時針方向也是生活中的一種習慣。製圖者製圖順序是順時針,讀圖者當然不能逆時針來讀,這是一條不成文的規矩。

④逐級逐步地讀圖分支

心智圖的邏輯關係和分支的關聯方式注定了它本身就是一個大系統,而主節點到次節點之間的關聯性就是一個小系統。這樣一層層的系統關聯到最低的分支,形成一條完整的脈絡,讀圖的方式也應該是逐級逐步的按照這個脈絡來深入。只有把所有的圖內容全部記在心裡,才能跳躍式來讀圖。

⑤主要分支以下部分的讀圖順序是從上到下

按照順時針順序來作圖和讀圖是一種習慣和約定俗成,但是在做圖的過程中,為了避免分支之間連線的麻煩,會習慣性的把主要分支按

1.5 心智圖的讀圖規則

照順時針的規則排列，對於其他次要分支，則會按照從上到下的順序排列。

在上一張圖中，主題旁邊的次要分支就是按照從上到下的順序排列，而且從上到下也是一種閱讀習慣。

我們一直在用大量的文字語言來解釋上面圖中的邏輯內容，但是圖本身的關鍵字字並不多。為什麼寥寥數字的短語，卻需要花費這麼大的篇幅文字來敘述清楚其中的意思呢？這是不是說圖本身的文字有遺漏，無法闡述清楚呢？

其實，圖所要表達的只是思維的要點，是一種簡明扼要的圖表，這和文章說明是有差異的。只需要讓讀圖的人知道內容大意，無需過多的說明細節；而文字敘述來闡明思維，需要長篇大論，完整不漏地表述。思維表述，本身就是一件很難用文字釐清的關係。

心智圖在表述分支結構的關聯性上面，使用的是關聯連線，這種直觀的方式很容易讓人一目了然；而文字敘述想要闡明這種關係，必須要大量的文字說明、各種解釋這種關聯性，解釋到最後就形成了長篇大論的文章。兩下對比來看，心智圖在解釋兩者之間的關係上比單純的文字要有優勢。

對於一個已經熟練掌握了心智圖的人，看到上圖之後，分析總結讀圖規則根本沒有什麼障礙。但對於初次接觸的人來說，要解釋清楚上面的圖，還是需要藉助文字來講解其中的含義。在文字的幫助下再去看上圖，大多數讀者會很輕鬆地把上圖中的所表達的讀圖規則理解的清楚明白。

心智圖看起來也是由文字組成的，但是它和純文字的文章還是有很大差異的。尤其是在解釋關聯分支的關係上，心智圖有自己獨特的方式，在學習心智圖的過程中，要學會理解和欣賞心智圖的魅力。

第一章　揭開思維藝術的奧祕—心智圖入門指南

讀圖三大「潛規則」

心智圖的讀圖除了兩大規則之外,還有三大「潛規則」。

下面來列舉一下這三個方面的內容。

1、每一個分支的興趣點不一定相同

讀圖是閱讀者對創作者的思維理解和再加工的過程,即使是創作者自己做的心智圖,也不可能一字不漏地重複自己創作的作品。所以,讀圖者在創作者的圖上面有自己的思維取捨是一件很正常的事。讀圖者有必要用最快捷的方式在圖中尋找到自己的興趣點。

2、個性化分支有助於識記

讀圖的過程,就是讀圖者對圖再進行思維上的選擇和判斷、認同或反對。這是對圖本身的一種完善,是思想上的加強,也是對創作者思維的一種再現。心智圖是系統性的思維,讀圖者讀圖之後,必然會有在這個系統中選擇一個分支作為自己的「珍藏」記憶,這就是個性化的分支,應標記下來,便於以後的記憶。

3、結構與內容不要改變,但連結可以有所變化

讀書做筆記是一個正常的行為,在讀圖的過程中,我們可以適當對原圖做一些修改,但是切記不能改變原圖的結構和內容。假如我們有了成熟的修改意見之後,可以試著對原作進行再加工。

讀圖時的標記工具

　　心智圖是凝練的後思維，讀圖的過程就是對原圖記錄的思維上的再思維。原圖的分支邏輯其實就是對讀圖者思維進行導向，讀圖者閱讀中的選擇和判斷、認同或反對，都是對圖中的思維進行加強和再現；讀圖之後，讀圖者的學習和啟發、完善和補充原圖，都是思維的再一次創造。

　　在讀圖的過程中，我們腦袋中浮現的就是對圖中思維的再現和加強。圖層級上的關鍵字是非常簡潔精鍊的，讀圖者在讀圖的時候，一定會有自己的思維加工。這種思維上的補充和理解，及時的把它記錄下來是有必要的。做筆記是一種好的閱讀習慣，正所謂「好記性不如爛筆頭」，在閱讀過程中做筆記不一定就是為了檢視，但是記與不記，還是有差別的。

1、傳統的手段

　　一般常用的做標記的辦法例如：改變字型的顏色、大小、背景色；或者是畫上線條、調整一下格式、標註一下文字等等。

　　心智圖為了方便讀圖者做筆記，功能介面左側第一個功能就是筆記功能，下面來講一下這個功能的應用。如圖：

圖 1-19 「筆記」功能區

第一章　揭開思維藝術的奧祕─心智圖入門指南

　　這裡不用去逐一的講解這個功能裡面的每一個命令，我們可以利用一幅幅圖就可以把它完整清楚地表現出來。如圖：

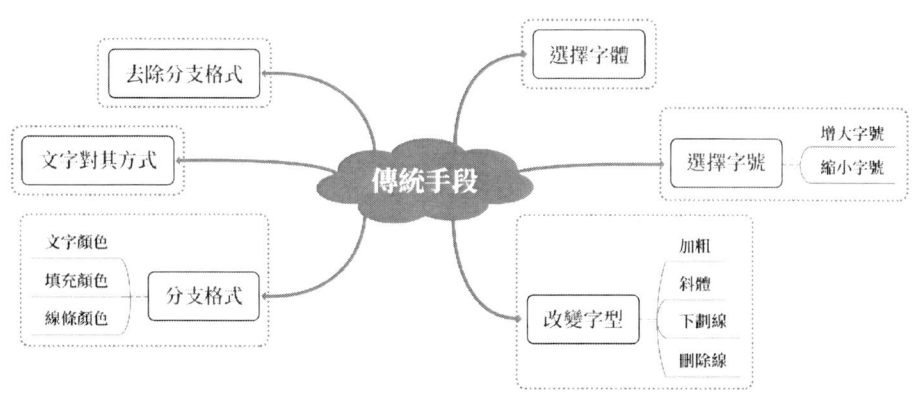

圖 1-20 「筆記」區域中的命令功能

做標記本身就是對分支改變，是讀圖者對圖的記憶點。

2、圖示與插圖

　　在標註個性化分支的時候，圖表和插圖是非常好的工具。這是心智圖作圖功能的一項要求。使用過 MindManager 這一功能的人，都知道它有豐富的圖示。

　　但是在電子圖裡面，插圖和圖示根本不是一回事。使用過程有很多的技巧，在後面的章節中會重點講解插圖和圖示的用法。

3、增加關聯線

　　在圖中選擇一個分支，然後選擇點選，再在選單欄裡找到「插入關聯線」命令。這個時候，介面上就會出現一條帶箭頭的關聯線出現，我們再點選需要關聯的下一個分支。這樣操作就很容易在兩個分支之間實現關聯。

1.5 心智圖的讀圖規則

在「主工具欄」功能介面上選擇「關聯線」命令，然後分別單擊兩個分支，就可以在這兩個分支之間增加一條關聯線，如圖所示。

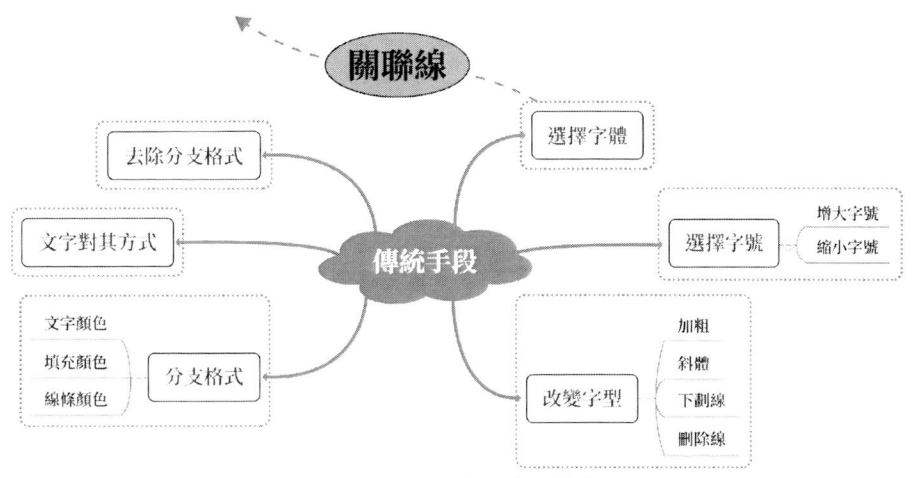

圖 1-21 圖上選單欄關聯線的使用

關聯線可以被單獨操作，例如在關聯線連結的分支上調節方向。關聯線還可以被設定，右鍵在關聯線上點選之後會出現一個選單，裡面包含了關聯線的顏色、寬度、形狀、樣式等多種可以編輯的命令，就不一一列舉了。

需要注意的是，關聯上也是可以編輯標籤的，這是對關聯線的標記方式，這種標記很常用。同樣的，選擇關聯線，右鍵點選之後在彈出的編輯框內可以找到。

第一章　揭開思維藝術的奧祕—心智圖入門指南

第二章
激發創意的利器 ——
心智圖的獨特優勢

　　作為一種表達擴散性思考的圖形化工具,心智圖採用的是圖文並茂的形式,在主題關鍵字和各級分支之間建立有效的連線,一方面,它具有清晰全面、層次分明、重點突出的特點;另一方面,它也可以增強記憶、訓練思維。

　　在上一章的內容中,筆者已經為我們介紹了心智圖的知識,那麼在本章,筆者將繼續為大家解答為什麼要做心智圖的問題。

　　本章內容安排如下:
　　傳統線性筆記的劣勢;
　　心智圖的主要優勢;
　　心智圖的作用和好處;
　　心智圖具有科學合理性;
　　心智圖具有普遍適用性。

第二章　激發創意的利器—心智圖的獨特優勢

2.1　傳統線性筆記的四大劣勢

東尼稱傳統的筆記為線性筆記。如今，雖然心智圖已經被大多數人所熟知，但是仍然有許多人會採用傳統的筆記來記錄資訊。需要注意的是，這種傳統的筆記方法往往存在非常致命的弱點。

一般來說，傳統的線性筆記主要包括以下三種方式。

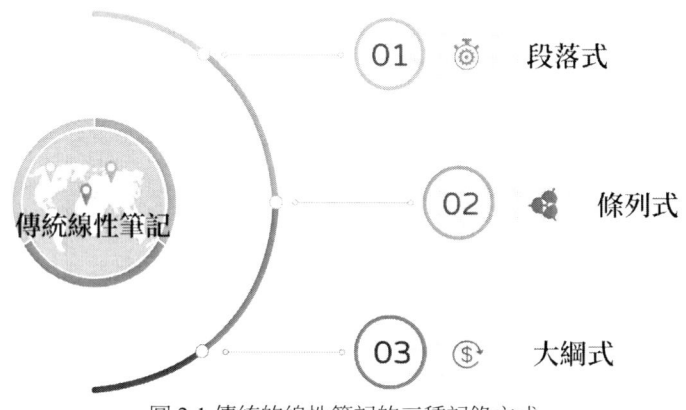

圖 2-1 傳統的線性筆記的三種記錄方式

- 段落式：把需要記錄的資訊和內容完整地記錄下來。
- 條列式：用列表的形式分點將資訊和內容中的要點記錄下來。
- 大綱式：依據需要記錄資訊資訊內容的層級、次序，以大綱結構的形式把資訊記錄下來。

不可否認的，以上所提到的這三種傳統筆記的記錄方式的確可以造成輔助我們增強記憶的作用，但這類記錄方式也存在著一些較為明顯的劣勢，歸納起來，主要有以下四點。

2.1 傳統線性筆記的四大劣勢

紀錄的信息內容關鍵詞不突出　　　　難以給人留下深刻的印象

會花費較高的時間成本　　　　會讓人喪失聯想空間

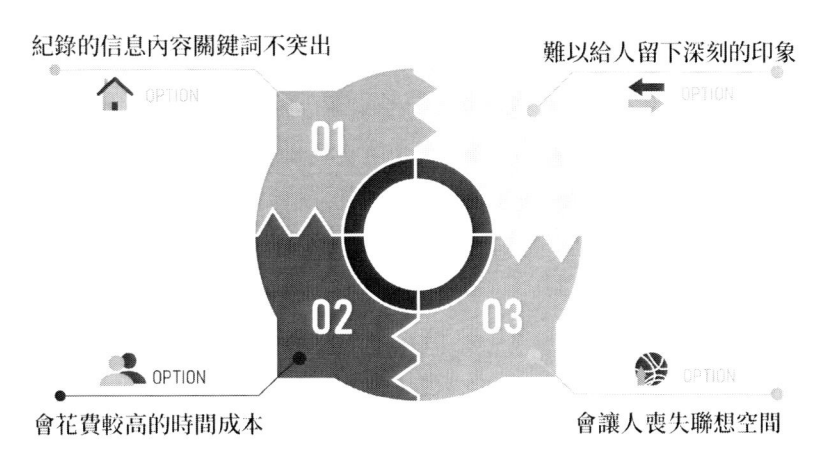

圖 2-2 傳統線性筆記的劣勢

記錄的資訊內容關鍵字不突出

關鍵字有著提高記憶力的關鍵作用，因為它是所記錄資訊和內容的的濃縮，具有極其重要的作用。傳統的線性筆記一般並不存在關鍵字，而只是籠統地將資訊做一個全面的記錄，是非常不利於記憶的。

但是有關鍵字的心智圖就不一樣了。當我們在看心智圖的時候，只需要透過幾個簡單的關鍵字，往往就能對所記錄的內容有大致的了解。因為有了心智圖的存在，我們想要記住資訊內容的大概，只需要記住幾個主要的關鍵字就可以了。

說到這裡，可能有人又問，為何在傳統的線性筆記中無法突出關鍵字呢？這是由於傳統的線性筆記為確保記錄內容的完整性，一味地追求讓讀者能透過筆記中的內容了解全面的資訊，所以不得不使用大量的語句，而忽略了關鍵字的運用。

043

第二章　激發創意的利器—心智圖的獨特優勢

傳統的線性筆記難以給人留下深刻的印象

傳統的線性筆記雖然可以較為全面詳細地記錄資訊內容，但卻不能給記錄者留下深刻的印象。這是由於很多人為了盡量詳盡地記錄下資訊，會全神貫注地聽和寫，從而忽視了記憶和理解資訊。儘管這些人在做筆記時非常專注認真，但其實實際情況卻是在做過筆記後，他們很有可能仍然不太清楚自己記錄下來的主要內容是什麼。

使用傳統的線性筆記會花費較高的時間成本

和上面的情況相同，同樣是因為記錄者他們常常會重複聽或者看需要記錄的資訊內容，一味地追求記錄下詳盡地資訊，這樣無疑只會在記錄大量毫無意義的字句上面把時間浪費掉如圖所示，以下三個方面就是傳統的線性筆記通常造成時間成本增加的原因。

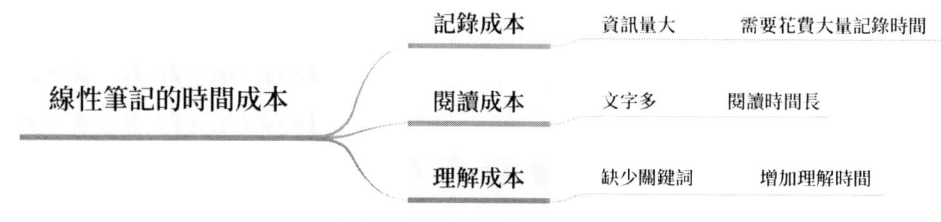

線性筆記的時間成本	記錄成本	資訊量大	需要花費大量記錄時間
	閱讀成本	文字多	閱讀時間長
	理解成本	缺少關鍵詞	增加理解時間

圖 2-3 線性筆記的時間成本

同樣是記錄、閱讀和理解資訊內容，正常情況下，我們不推薦大家使用傳統的線性筆記，因為記錄者使用傳統線性筆記時會花費大量的時間，其時間成本要遠高於應用心智圖的時間成本。

傳統的線性筆記會讓我們喪失聯想空間

大腦留住記憶的最佳方式之一就是聯想。產生聯想能加深我們對需要記住的資訊內容的印象，以達到有效記憶的目的。例如我們想要記住一個資訊內容的時候，可以將需要記住的資訊和與其相似的事物連結在一起，這樣記憶起來就輕鬆容易多了。

而傳統的線性筆記並沒有運用自己的思維模式將其與其他相關內容連結起來，它僅僅是將我們聽到、看到的資訊內容複製下來，顯然這種生硬照搬的記錄方式會讓我們喪失聯想空間，只能是被動地接受外界傳達的資訊。

第二章 激發創意的利器—心智圖的獨特優勢

2.2 心智圖的五大主要優勢

前面我們一起分析、了解了傳統線性筆記的劣勢,透過對比,心智圖的獨特優勢便顯而易見了。歸納起來,心智圖的優勢主要變現在以下五大方面。

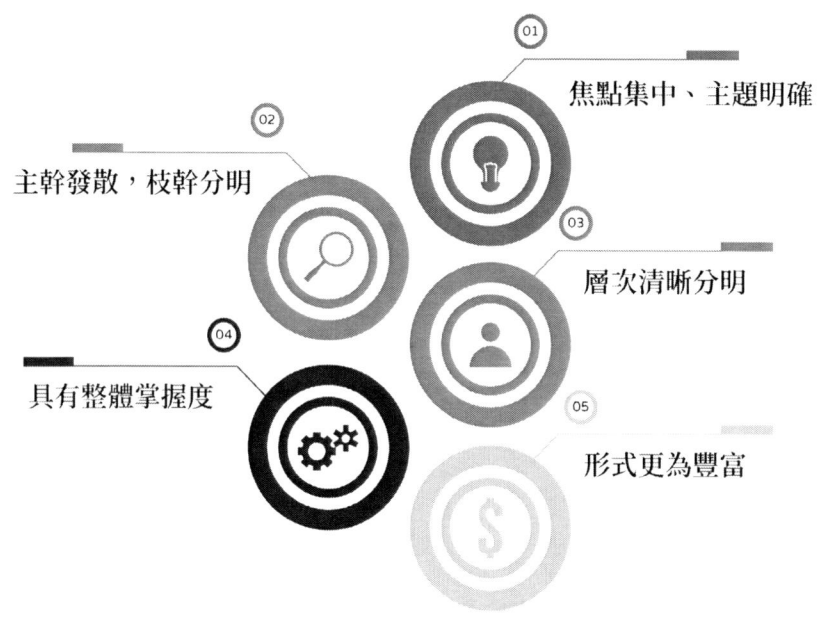

圖 2-4 心智圖的五大優勢

心智圖的焦點集中、主題明確

所有的心智圖都有一個中心主題,這個中心主題位於整個心智圖中最醒目的位置,這就是心智圖與傳統的線性筆最大的差異。

心智圖的中心主題就好比是一篇文章的標題,它是整個心智圖的核心。一個完美的心智圖,中心主題可以不出色,但是一定要是整個心智

圖的概括和總結，同時能瞬間抓住讀圖者的眼球。

從這個層面來說，與傳統線性筆記相比，心智圖最大的優勢就是其焦點集中，主題明確。

心智圖的主幹發散，枝幹分明

關鍵字和連接線是心智圖中最主要的要素，在任何一個心智圖中，關鍵字和連接線都是必不可少的。

儘管一個擴散性思考性較強的心智圖看上去內容會很多，但它絕不是一片混亂，而是主次分明，我們可以從中很快地找到其主幹和分支。由於心智圖的主幹發散、枝幹分明，繪製者向讀圖者展示了清晰明朗的思維脈絡，因此讀圖者可以依據父節點、子節點有序地閱讀心智圖。

總之，心智圖是具有非常清晰的條理和脈絡的，讀圖者幾乎不會出現看不懂的情況。

心智圖的層次清晰分明

每個心智圖都有清晰分明的層次關係，邏輯性非常強。雖說心智圖是繪製者擴散性思考後的結果，但心智圖是依據內容的內部結構以及一定的規律，有邏輯、有條理地發散和安排的，絕對不是隨意而為。

在心智圖中，若兩個內容以父節點和子節點的方式出現，那麼它們就是包含與被包含的關係；如果圖中呈現出同級節點，那麼這兩個內容就屬於並列的關係；即使兩個內容沒有直接的關係，或是非並列或包含關係，兩者在心智圖中也會有連線。

第二章　激發創意的利器─心智圖的獨特優勢

因此，在心智圖中不管兩個內容之間是什麼樣的關係，都能夠具體的表現出來。讀圖者在閱讀心智圖時，可以透過某個內容與中心節點、主節點等內容的關係，清楚地知道其處於什麼層級。

心智圖具有整體掌握性

與心智圖不同，傳統的線性筆記幾乎都是以純文字的形式記錄下來的，略顯枯燥乏味。而心智圖除了有文字表達的關鍵字外，還有恰當合理的連接線和圖形等。

大多數時候，讀圖者甚至可以透過幾個簡單的圖形或關鍵字，聯想出這個心智圖所表現的內容和含義。因為，儘管心智圖上寫和畫的內容比傳統的線性筆記記錄的內容看起來少，但是它所包含的資訊卻要比傳統的線性筆記所包含的資訊更多。

由此我們可以看出，比起傳統線性筆記，心智圖對於中心主題相關內容的掌握和詮釋要全面得多。正常情況下，在記錄資訊內容的時候，我們總會遇到無法用文字解釋清楚的情況，但由於圖形可以描述出文字很難描述清楚的資訊內容，這時，心智圖中的圖形表現形式就突出了它的優勢。因此，我們想要表達的資訊和內容透過心智圖能更完整地呈現出來。

心智圖的形式更為豐富

相比傳統的線性筆記，心智圖從表現形式上看要更為豐富。因為傳統的線性筆記僅僅使用文字表達資訊和內容，過於枯燥；而心智圖形式

多樣，包含有文字、圖形、程式碼、線條，以及豐富的色彩等，具藝術性的同時，更能有利於讀圖者產生聯想，加深印象和記憶。

　　以上我們便歸納總結了心智圖的具體優勢，相信透過對本節內容的學習，大家對於心智圖也一定有了更全面的了解。

第二章　激發創意的利器—心智圖的獨特優勢

2.3　心智圖的作用和好處

既然越來越多的人都開始使用心智圖，那麼心智圖究竟有哪些作用呢？利用心智圖我們又可以做什麼呢？

心智圖具有非常廣泛的作用，在這裡我們主要概括為以下三點：

心智圖的三大作用

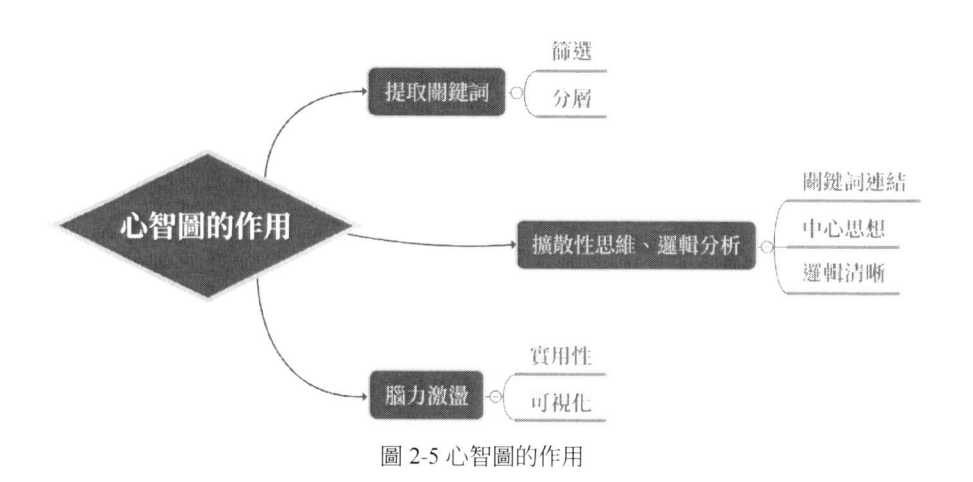

圖 2-5 心智圖的作用

1、在思考過程中幫我們提取關鍵字

心智圖具有擴散特質，它讓人類大腦思維實現了視覺化，當我們想要針對某一個主題發揮想像力，進行擴散性思考的時候，心智圖可以將我們在思考過程中所想到的內容的關鍵字提取出來並進行記錄。

因此，在繪製心智圖的過程中，需要對一個個關鍵字進行篩選，這一過程充分調動起人類左右大腦，使其保留與中心主題最為切合的關鍵

字，並將其作為主要分支點，為下一層分支做好鋪陳。

　　心智圖的這種提取人類大腦思維關鍵字的方式，不僅有助於開發大腦，而且還在潛移默化中讓我們的注意力更加集中，並提高我們的創新力和思考力。提取關鍵字的過程其實也是邏輯思維梳理的過程，這讓我們的思路變得更加清晰，更具層次感，也能更加充分地展示出我們的邏輯思維。

2、可以幫我們擴散性思考並進行邏輯性分析決策

　　繪製心智圖可以讓我們用擴散思維將大腦中雜亂無章的資訊進行邏輯性的梳理，從而得出最終結論，並針對此做出下一步的決策，這就是邏輯性分析決策。

　　利用心智圖進行邏輯性分析決策的時候，大腦中的所有關鍵字都會一一呈現出來，然後我們可以根據這些關鍵字與中心主題的關係，將它們有層次有邏輯地一一連線，最後組成一個較為完善的系統。心智圖所展現的資訊不僅全面，而且精簡，它將中心主題與一系列有效資訊進行結合，具有很強的針對性，對於提出觀點、做出結論或決策大有裨益。

　　例1：我們在讀一本書的時候，由於書中內容比較散亂，很難掌握主旨，我們就可以利用心智圖對每一個章節進行邏輯分析，找出所有章節的主旨之後，再將其進行綜合分析，最終便可以提煉出這本書的主題。

　　例2：當我們想要去某一個地方旅行又猶豫不決的時候，可以利用心智圖對去這個地方旅行進行全面的分析，將這趟旅行可能為自己帶來的好處，以及出遊會帶來的壞處進行羅列。然後利用心智圖找到與去這個地方旅行相關聯的所有主節點，並分析其對旅行這一主題的影響程度，最終找到影響出行的主觀因素，以助我們決定到底要不要出去旅行。

第二章　激發創意的利器—心智圖的獨特優勢

心智圖能幫助我們進行邏輯性分析決策這一作用，不僅可以讓我們了解自己的大腦思維，了解自我，同時還讓我們發現一些日常生活、學習或工作中經常被忽略的思維抑或想法，讓我們考慮更為全面，也更能做出最佳決策。

3、可以幫我們實現腦力激盪

人類大腦透過一系列放射性思維，會逐漸變得更加靈活，這樣一來就更容易實現思維的創新和突破。因此，很多大學和企業都在試圖將心智圖融入學習和工作當中，以求實現腦力激盪，得到更大的提升。

那麼具體說來，心智圖是如何幫我們實現腦力激盪的呢？

當我們在繪製心智圖的時候，首先需要在一張白紙的中央或較為明顯的位置畫一個與主題相關的圖像，並把主題關鍵字寫出來；接著可以發揮想像，將與主題相關的所有內容都羅列出來，在這一過程中，不用擔心自己所羅列的內容到底有沒有用，到底符不符合主題，只要是自己想到的，都可以羅列在主題四周，想到的內容越多越好；然後，設法將這些與主題相關的所有內容進行有效連線；最後一步便是篩選，將最切合主題的內容篩選出來即可。這個完整的過程便是心智圖幫助我們實現腦力激盪的過程。

腦力激盪讓人類大腦更具創新性，如上面所講，利用心智圖實現腦力激盪其實就是將大腦中想到的所有資訊進行羅列、連結並篩選的過程，經過一系列總結和分析，實現從 0 到 1，從無到有。

心智圖的三大作用使其越來越受到人們的重視，並逐漸廣泛應用於人類的生活、學習和工作中來。

2.3 心智圖的作用和好處

心智圖的三大好處

　　心智圖與人類大腦思維模式相符合，並融合了大腦放射性思考能力和感官學習特性，因此逐漸被更多的人認可和接受，心智圖幫助人類激發潛能、提高創新力、記憶力和組織力，具有以下三大好處：

1、幫助我們更有效地分析問題

　　不管做什麼事情，難免會遇到各式各樣的問題，想要解決問題，首先要分析問題，而心智圖的視覺化便有效提高了人類分析問題的能力。

　　首先可以將需要分析的問題要點進行羅列，然後利用心智圖擴散性思考的特點對所有的要點進行分析，尋求多種解決方法。這樣一來，整個分析問題的過程其實是清晰明瞭的，能夠讓我們明確找到分析的方向。

　　那麼為什麼心智圖可以讓我們有效分析問題呢？

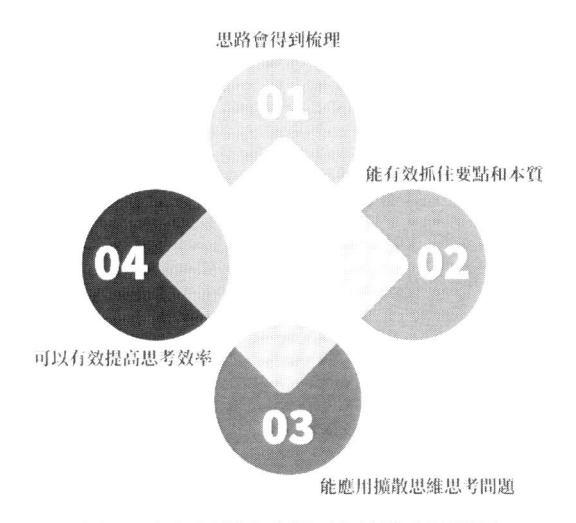

01 思路會得到梳理
02 能有效抓住要點和本質
03 能應用擴散思維思考問題
04 可以有效提高思考效率

圖 2-6 心智圖幫助我們更有效地分析問題

第二章　激發創意的利器—心智圖的獨特優勢

①在心智圖的幫助下，我們的思路會更清晰

不管是上臺演說、打辯論還是寫論文或者思考問題，都離不開清晰的思路，只有思路清晰了，才更容易實現自己的目標。而心智圖的分支層次分明，非常有助於我們梳理脈絡、理清思路。

②在心智圖的幫助下，我們更容易抓住問題的**關鍵**

繪製心智圖時會用到一系列關鍵字，而在我們尋找、總結、抓住關鍵字的過程中，大腦思維會不斷拓展，透過思考、總結和歸納，最終讓我們抓住問題的關鍵，提煉出本質要點。

③在心智圖的幫助下，我們思考問題更靈活

心智圖具有擴散性，因此在繪製利用心智圖的時候，人腦也會進行擴散性思考。眾所周知，懶惰是人的天性，一旦找到問題的解決方法之後，很多人都不願意再去尋求是否還有其他的解決方案，但心智圖則有效幫助人類克服這一劣根性，督促我們透過擴散性思考啟用大腦，找到更多的解決方法。

④在心智圖的幫助下，我們的思考效率可以得到提升

思考的過程很複雜，而複雜的問題更需要不斷思考和記憶，讓人煩惱的是，思考和記憶這兩件事都不是那麼容易就能辦到的，需要消耗大量的時間和精力。而利用心智圖，我們可以將頭腦中思考的重點展現在紙上，這樣在下一步思考時就不必回頭複習記憶，有效降低大腦的壓力，並提高我們思考的效率。

2、有助於大腦處理資訊

心智圖有助於大腦更好地處理資訊，因為資訊越多，大腦壓力越大，而心智圖則將繁冗的資訊用關鍵字、圖像、線條和各種色彩展現出來，更具視覺化，不僅可以提高人類的興趣，而且便於記憶，符合人類大腦處理資訊的思維模式。心智圖這一強大的優勢能夠有效地幫助我們處理各種問題。

例如工作時可以繪製工作計劃、會議管理、客戶服務等方面的心智圖；唸書時可以繪製筆記、演講、論文等方面的心智圖；準備考試時還可以繪製複習數據、學習規劃等方面的心智圖。總之，無論做什麼事，都可以利用心智圖來幫助大腦處理資訊，這樣可以極大地提高我們的學習和工作效率。

例如，我們現在要辦理一個研討會，那麼如何利用心智圖處理研討會中出現的各種資訊呢？

研討會上經常會出現兩種場景，第一種場景是眾口紛紜，所有人都急於表達自己的想法，想到什麼就脫口而出，因此很難掌握主題，這容易讓研討會顯得毫無章法，不僅浪費時間，問題最終也沒有個解決方法。

第二種場景則是人人都在思考自己該如何說，而不去認真聽一聽別人的想法，這樣一來同樣是各顧各的，最終沒辦法共識，找到完善的解決方法，因此整個研討會也失去了其本質意義。

用心智圖組織研討會就可以避免出現以上現象。在研討會上可以設定一個白板，在白板中心的位置寫下這次研討會的主題以及與其相關的副主題，讓與會人員了解本次研討會的中心內容。

第二章 激發創意的利器—心智圖的獨特優勢

接著讓所有人按照一定的順序發表自己的觀點，然後自行在白板上依次寫下自己所說內容的關鍵字，這一階段完成之後，白板上就會呈現出一幅心智圖，每個人即可以看到自己的觀點，同時也能看到別人的觀點，透過對比討論和篩選，便可以總結出最後的議題。

由此可見，在研討會中使用心智圖有以下幾個優勢：

每個人的發言都能被準確地記錄下來

可以有效地保證資訊的全面性

03 — 每個人的不同觀點和想法都能得到充分的展現

可以有效地避免跑題的情況 — 04

05 — 研討會結束後，每個人都可以將心智圖記錄下來，便於記憶

圖 2-7 研討會中應用心智圖的好處

利用心智圖處理資訊不僅可以將所有資訊內容進行有效而緊密的串聯，而且還能讓繁雜的資訊有序化，方便我們檢視和記憶。

3、能夠啟用右腦

使用心智圖可以讓左右大腦結合，實現最大化的開發和運轉，幫助人類提高記憶力和思考力。

無論是生活、唸書還是工作，人類使用右腦的頻率相對較低，甚至一部分人的右腦處於睡眠狀態。而在繪製心智圖的時候，需要左右腦同時開工，因此，心智圖可以有效促進右腦的開發。由於右腦的以上特性，因此便有了「右腦是屬於天才的大腦」這一說法，神祕的右腦充滿

2.3 心智圖的作用和好處

了無限潛能，只要我們勇敢開發，就一定會碰撞出一系列驚人的思維火花，因為人類右腦主導擴散性思考和創新能力，而心智圖的繪製過程恰恰可以幫助我們喚醒右腦，因此，多用心智圖來分析和解決問題，從某種程度上講可以讓我們變得更聰明。

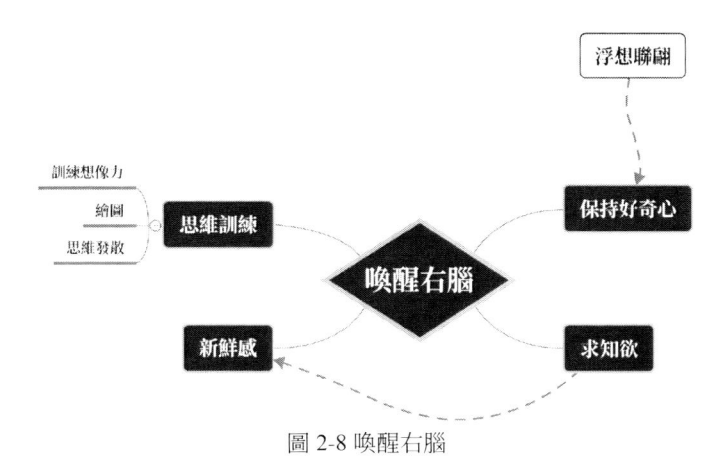

圖 2-8 喚醒右腦

達文西（Leonardo da Vinci）為什麼可以透過一面之緣便可以清楚的記住一個陌生人的長相？拿破崙（Napoleon Bonaparte）為什麼可以記住手下所有人的名字和長相……人腦的潛能是無限的，只有充分喚醒右腦，挖掘大腦潛能，才能讓自己的思維能力得到有效改善。正如我們在前面強調的，繪製心智圖就是喚醒右腦的有效途徑，因此，所用心智圖來分析和解決問題，這樣主管理性邏輯思維的左腦與主管感性形象思維的右腦便可以有機的結合起來，讓我們的創造力和想像力得到有效提升！

以上為大家列舉了心智圖的主要作用和好處，當然，在實際的運用過程中，心智圖能發揮的作用還遠不止這些，我們在這裡就不一一贅述了。

2.4 心智圖具有科學合理性

心智圖透過其發散式特點為人類的生活、學習和工作帶來了方便,它不僅可以開發大腦潛能,同時還可以有效提高我們的思維創造力、記憶力和組織力,繪製心智圖的過程會讓我們的思維大量活動,在前面章節中,我們已經進行詳細的論述。可能很多人又會產生這樣的疑問:心智圖是如何發揮作用的呢?換言之,心智圖究竟有沒有一定的科學依據呢?

答案顯然是肯定的。具體來說,心智圖的科學合理性主要展現在以下幾個方面。

心智圖符合超強記憶的基本原理

現在讓你從看教科書和看電影兩件事中進行選擇,你會如何做出決定呢?相信大部分人會選擇看電影。原因何在?因為電影有趣生動,而人類大腦恰巧就喜歡有趣生動的東西,因此,不管做任何事,想要讓大腦學習和吸收,就一定要以有趣的畫面感將內容呈現出來。

據相關調查顯示,人類的溝通學習方式有視覺型、動覺型和聽覺型三種(VAK 模式),大部分都會自然而然的偏好於自己喜歡的類型,而心智圖則恰巧符合這三種學習形態的需求。

1、視覺型的學習方式

偏好視覺型學習方式的人喜歡利用眼睛來學習,圖像、表格、影視類資訊更容易吸引他們。而心智圖集圖像、文字、線條、顏色於一體,讓資訊內容更具視覺效果。

2、動覺型的學習方式

偏好動覺型學習方式的人喜歡透過身體活動來直接加入學習中去，他們喜歡動手去接觸、製作、模仿和體驗一件事。而心智圖的繪製過程就是動手的過程，需要我們將資訊內容以各種圖案和線條的方式繪畫出來，並且心智圖還可以讓偏好動覺型學習方式的人在動手的同時也動起腦子來，實現手腦並用。

3、聽覺型的學習方式

偏好聽覺型學習方式的人喜歡用耳朵和嘴巴來學習。例如聽演講、音訊，跟別人探討和辯論等，他們往往用聲音來思考，思考速度可達到每秒一千次，而說話的速度則在每分鐘五百字以下，因此，偏好聽覺型學習方式的人大腦自我對話的速度要快於講話的速度。

當我們在看漫畫或動畫的時候，常常會發現一個人的內心旁白出現天使與魔鬼對話的場面，這就好比我們閱讀的時候會有口讀和心讀（默讀）之分，而且在聽他人發表看法的時候，我們自己的內心往往也會有旁白。除此之外，當我們想一件事的時候有時也會自言自語。人類大腦運轉的速度非常快，所以我們常常會出現靈光閃現，但馬上又消失的現象，而有時也會出現大腦一片空白，或者在原地打轉的現象。

心智圖可以幫助我們將那些靈光閃現的想法記錄下來，並透過層次分明的邏輯力將其一一呈現出來，防止我們出現大腦空白，走進思維的惡性循環。

第二章 激發創意的利器─心智圖的獨特優勢

心智圖符合溝通原理

人與人之間的溝通交流不在於說，而在於聽，不管說者輸出多少訊息，都只是開放了一條路徑，將訊息傳送給聽者，而聽者究竟有沒有理解，有沒有接收到訊息，是說者根本無法控制的。因此與別人交流的時候不要只顧滔滔不絕地說，一定要設身處地地為聽者想一想，看他們的思考力和理解力是不是能夠跟上你的節奏，這樣才能真正實現雙向溝通。

心智圖的溝通方式大體上可以分為兩種：與自己溝通和與別人溝通。

1、與自己溝通記錄

與自己溝通比較適用於自我審查和思考記錄。當你的頭腦混亂不堪，毫無思緒時，不妨繪製一幅心智圖，這樣一來，透過慢慢的梳理，自己的思緒也會變得逐漸清晰起來。透過心智圖上圖像和關鍵字的連線，就可以快速在腦中梳理清思考點的相關內容。

2、與別人溝通：圖文並茂減少對方接收的誤差

與別人溝通要盡量採用圖文相結合的方式，這樣一來對方更容易接受，也可以降低接受資訊的誤差性。由於每個人思考問題的方式不同，邏輯性也不同，同一件事物在不同人的腦中會產生不同的想法，並採取不同的行動。因此溝通交流時產生誤解是很正常的事。我們在與別人溝通時，要盡量讓對方理解我們的想法。而心智圖所傳遞的資訊均以圖像個關鍵字表示，再加上適當的語言引導，接收者很容易接受我們的思路並理解我們要表達的內容，如此一來不僅可以降低資訊傳遞的誤差性，

還能加深彼此的理解。

總之,心智圖是具有科學合理性的,而學會使用心智圖也是一件非常有意義的事情。希望在未來的生活和工作中,大家都可以掌握這一門「武功祕籍」。

第二章　激發創意的利器─心智圖的獨特優勢

2.5　心智圖具有普遍適用性

　　心智圖作為一種實用工具被發明創造出來，廣泛且方便地應用於我們的生活、工作和學習中，能有效地幫助我們理清邏輯思維、加快記憶速度、提高工作效益。在心智圖的幫助下，我們很容易就把混亂的思緒梳理得一目了然，並能很快分析出結果，做出結論。

　　對於表達思維所需要的重要功能，心智圖都能想到。掌握製作心智圖，可以隨心所欲地釋放自己的思維，並且完整、完美地一一呈現。

　　心智圖在實際的生活中具有普遍的適用性。在這個快速發展的時代，心智圖已經被許多人掌握並應用在眾多的領域。越來越多的人，正成為心智圖的忠實「粉絲」，並藉由心智圖來受益。

　　下面，我將和大家共同來了解以下心智圖在現實生活中的具體運用。

心智圖在個人學習中的應用

　　作為一種思維管理工具，心智圖首先當然應該是應用在學習上。

　　小明是一名國三的學生，他還有三個月即將會考。小明想要考取的是一所市立明星高中，但是他的成績離那所學校還差一點點距離。這是一個尷尬的成績，小明需要為自己做一個詳細的規劃。但是普通的規劃圖表並不能真實地反應小明的學習進度，所以小明採用了心智圖。

　　小明用心智圖做了一個規劃，首先當然是定下一個目標，然後要完成這個目標需要的時間、步驟和方法。在這份學習規劃中，所有的要求和結果都被呈現出來了，小明只需要順著圖表去做，他就會達到自己的目標。

2.5 心智圖具有普遍適用性

小明做的心智圖如下：

```
                      ┌─ 目標 ─┬─ 總成績進入年級前十名 ─┬─ 現在成績：年級二十名
                      │        │                        └─ 距離目標成績還差十名
                      │
                      │        ┌─ 距離目標時間：4 個月
學習規劃 ─────────────┼─ 時間 ─┤                        ┌─ 每天早上早起半小時
                      │        └─ 時間管理辦法 ─────────┼─ 晚自習延長半小時
                      │                                 └─ 期間的假期時間取消
                      │
                      │        ┌─ 抓住機會請教老師
                      └─ 方法 ─┼─ 睡覺前：回憶當天所學內容
                               ├─ 主動請教成績好的同學
                               └─ 增加習題的數量和難度
```

圖 2-9 學習規劃應用中的心智圖

心智圖在演講中的應用

心智圖對於演講者又有哪些幫助呢？

當我們和熟悉的朋友聊天的時候，會覺得自己的話特別多，侃侃而談、妙語連珠。但是當我們在大眾面前演講的時候，往往會卡頓，感到「詞窮」無語，原因正是因為我們沒有理順演講思路。一場生動的演講，並不是要求演講者照本宣科地去朗讀演講稿，而是需要演講者具有邏輯思維能力，並能夠順著思維的模式用完美的語句去闡述所要傳達的資訊。

要做到這一點，心智圖可以幫忙。

具體來說，演講者在演講前可以提前準備好一個心智圖，列舉出思維順序、重要詞彙、例證故事，並按照對應的節點順序排列好。在正式演講的時候按照這個圖逐步完整整個演講即可。這樣的操作，能夠讓演講者在保持主要邏輯次序和重要內容不變的情況下，取最大程度地表現出自己的風趣幽默，效果當然比照搬演講稿要好得多。

第二章　激發創意的利器─心智圖的獨特優勢

圖 2-10 「演講」心智圖

心智圖在在會議組織中的應用

　　舉辦過會議、當過活動召集者的人都知道，一場大型的會議活動需要考慮的細節很瑣碎，涉及到各方面複雜的事情。如果組織者因為疏忽，遺漏了某些人或事，就會對活動造成不好的影響。所以，我們需要做一份有關會議活動的心智圖，來理順其中的關係。

　　在做活動策劃類型的心智圖之前，我們通常會按照計劃書樣式來列舉會議舉辦的一些要點，例如：時間、地點、人員、議題、議程和後勤供應等等。這一類要點需要列舉的名目會有很多，單純靠文字來一樣樣闡述清楚其中的關聯，需要較大和較長的篇幅來書寫。如果是上司要審閱這份計劃書，他需要花費很多時間和精力來從頭看到尾。

　　做同樣的計畫書，如果用心智圖的方式，根據心智圖專門展示思維和類型之間相互關聯的特性，這份計劃書會變得清晰明瞭，一目了然。如圖：

2.5 心智圖具有普遍適用性

```
餐飲                        會議時長
辦公用品  供應         時間  起始時間

業務報告                     建築物
產品推廣  主題  辦理會議  地點  具體房間

主管指示                     主管
會議總結  議程         人物  普通員工
```

圖 2-11 「辦理會議」心智圖

心智圖在個人時間管理上的應用

在做個人工作計劃的時候，我們經常使用記事本來做。現在讓我們換一種方式，用心智圖來試試看。

小王是一家公司的 HR，作為一個人事，她的工作總是很零碎，每個星期的每一天工作內容都呈現「紙片化」的模式，員工的考核、面試、入職等等，全部都需要她事必躬親的處理。小王在某一個週末用心智圖為下一週的工作做了一份計劃，在下列這張圖中，未來一週的工作一目了然，清清楚楚：

```
                                        上午週會議
                                  星期一  下午新員工辦理入職
上午部門月活動準備
下午展開部門月活動  星期五                 上午篩選簡歷
                    一週工作計劃  星期二  聯絡應徵者面試
上午本月績效考核核算
下午本月績效考核核算  星期四               上午面試
                                  星期三  下午面試
```

圖 2-12 「一週工作計劃」心智圖

065

第二章　激發創意的利器—心智圖的獨特優勢

心智圖在家庭中的應用

現代生活中的家庭財務呈現出多樣化的趨勢,很多家庭涉及到理財、房貸、車貸、教育開支等多項內容。如果能簡單且方便的把收入、開支和消費情況製作出一張一目了然的圖,對於生活的便利性是不言而喻的。如圖:

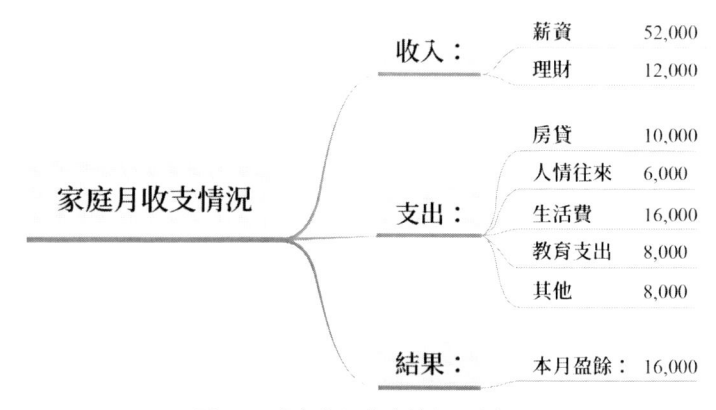

```
                          收入:  薪資      52,000
                                 理財      12,000

                                 房貸      10,000
                                 人情往來   6,000
家庭月收支情況             支出:  生活費    16,000
                                 教育支出   8,000
                                 其他      8,000

                          結果:  本月盈餘: 16,000
```

圖 2-13 「家庭月收支情況」心智圖

心智圖在廣告文案策劃中的應用

很多人在寫策劃書的時候往往有一個失誤,他們習慣性使用大量文字內容來顯示自己的專業性,彷彿字數少就顯得不夠專業、解釋不清自己的觀點。這種想法完全是錯誤的,策劃者需要展示的不是策劃書的厚度,也不是排列文字的能力,而是自己的策劃思路以及策劃方案的邏輯順序和最終想要達到的結果。

在一個完整的策劃方案裡,從牽涉到的思路開始一直到方案的具體實施,都是策劃者的思維在引導。如果策劃人的思維出現了偏頗,整個策劃案就會出現南轅北轍的最終結果。一份好的策劃書,不需要太繁

瑣，它要傳遞的意思應該是最直接、最清晰、最簡明扼要的。恰好，心智圖能滿足以上所有的要求。

策劃人在做策劃的時候，先要考慮主因素，然後接著考慮主因素下的次要因素。例如：策劃人要先確定活動的主題，主題後面當然是需要徵求客戶對這個主題的意見；其次，還要確定活動的對象，然後再找準目標消費者的訴求；最後還要確定適合活動的產品，以及找準產品的特性等等。

如此算下來，一個主題就已經牽扯到了各方面，而要把所有節點的關聯性和關聯方式一一對應起來，用簡單的文字是說不清楚的。這個時候，策劃者用心智圖來表述自己的策劃方案，就可以讓看起來一團亂麻的工作慢慢的變得有條理。如圖：

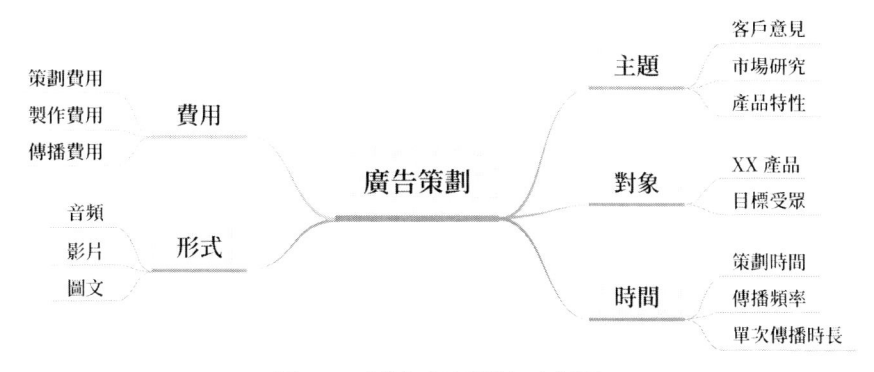

圖 2-14 「廣告文案策劃」心智圖

心智圖在教學中的應用

作為教育工作者，教學品質不光關乎個人的職業水準，也關乎著下一代的成長。為了傳承文化知識，教師需要有一個載體來準確地傳遞自己的授業內容。心智圖是一種非常適合在教學中運用的工具。

第二章　激發創意的利器─心智圖的獨特優勢

通常，老師在進教室之前，工作就早已經開始了。一個完整的教學流程，應該包括備課、上課、鞏固知識點、授課後的總結幾大步驟。

1、備課

老師的戰場就是在課堂，上課之前當然要備課。一堂高品質的課要講什麼內容，老師們都是需要提前做好準備的。

老師的備課過程，通常會包括以下幾點重要的內容：第一，一堂課要有最重要的知識點，這些知識點是能吸引學生眼球的；第二，作為老師，需要準備一些跟知識點配套的練習，方便在講述的過程中加深學生對於知識點的理解；第三：一名優秀的老師，他在講授課程的過程中是動靜結合、妙語連珠、風趣幽默的，這需要老師在備課的過程中找一些額外的故事和素材來吸引學生的注意力。

2、上課

老師在備課的時候，不光會講授新的知識點，在課堂開課之前，也會回憶上一節課的主要內容。「溫故而知新」是一種非常好的學習方法，聰明的老師會讓複習成為學生的習慣，同時讓知識不斷地疊加。

3、鞏固

一節課的知識點被教授完之後並非就此完事，優秀的老師在教新知識點之後都會安排一些練習或者作業來幫助學生加強印象和理解。這就是通常說的「鞏固知識」。如果新的知識點不加深印象，學生腦海裡對新知識的印象就會變得模糊，然後淡忘。當然鞏固知識點的辦法有很多，安排作業和定期的考試測驗，就是常用的方法。

4、總結

不同的學生對於知識的接受能力也不一樣，在這一點上，老師也需要認真總結教學過程中的經驗。只有不斷的反省，才會從中看出自己的不足，並且不斷完善，分析經驗，讓自己的教學品質更趨於完美。

綜上所述，利用心智圖，可以對教師的工作做一個「教學過程」的詮釋圖表：

圖 2-15 「教學環節」心智圖

心智圖在企業考核中的應用

企業的管理者在經營管理企業的過程中，經常會需要使用到心智圖，因為心智圖本身就是一種非常高效率的管理工具。

例如某企業對所有員工的績效工作總結考核。這裡需要考核的對象是人，不是單位。績效考核對於一個企業的人力資源管理來說是一項難度很大的工作，因為要考核一名員工首先就必須考慮這名員工的特性。

常見的人力資源管理部門習慣性的把這部分工作分為體系設計、考核方法、數據管理、總結回饋四大數據化的量化指標來進行。但是如果想要把這麼複雜的內容簡單化，我們就需要心智圖來設定步驟。

下圖是一個用心智圖表述的績效考核圖：

第二章 激發創意的利器—心智圖的獨特優勢

圖 2-16 「績效考核」心智圖

心智圖在團隊管理中的應用

一個團隊的領導者，必須要知道團隊裡每一個人的優缺點，並根據成員的長短安置正確的位置，因為每個人只有在他最合適的位置上才能發揮出最大的效能。要做到這一點，就要求團隊裡的領導者必須是一個知人善任，組織能力極強的人。

心智圖的特性決定了它能幫助領導者管理好自己的團隊。複雜的人員分配方案中，使用心智圖可以很清楚地依據每個團隊人員的不同特點以及任務的不同性質清楚地下派任務。

下圖就是團隊管理者的「任務分配」心智圖：

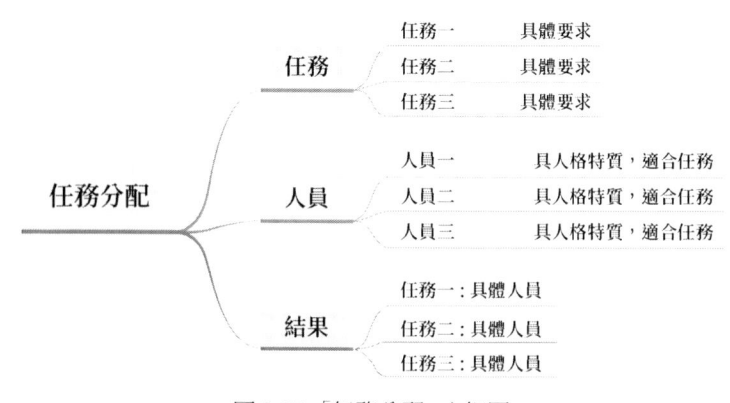

圖 2-17 「任務分配」心智圖

2.5 心智圖具有普遍適用性

當領導者拿到這樣的一份圖表，自然很清楚地就能看出某個團隊成員擅長做什麼、需要做什麼、哪一位成員虛位以待、如何加強工作效率等等內容，這對於提高團隊的工作效率是非常有好處的。

以上我們列舉了心智圖在實際生活中的一些應用。事實上，心智圖的應用遠遠不止以上提到的幾方面，在其他方面，它也能發揮重要的作用，這裡就不再一一列舉了。

第二章 激發創意的利器—心智圖的獨特優勢

第三章
思維先行，事半功倍——
心智圖使用前的準備

　　正所謂磨刀不誤砍柴工，要想快速、有效地繪製出心智圖，除了掌握一定的心智圖繪製方法外，更應該養成良好的思維習慣。而要做到這一點，就需要在平時多進行思維訓練。

　　那麼，在使用心智圖前，應該進行那些思維訓練呢？在本章的內容中，筆者將為我們詳細介紹。

　　本章內容安排如下：

　　培養自己的思考力；

　　訓練自己的擴散性思考能力；

　　豐富自己的想像力。

第三章　思維先行，事半功倍—心智圖使用前的準備

3.1　培養自己的思考力

在我們的學習、生活及工作中，常常會遇到很多困難阻礙我們前行的道路，明明自己很努力了，但仍然無法達到期望的高度，甚至很多時候還不如他人，常常會覺得自卑。

為什麼會出現這種情況呢？難道我們真的比別人差嗎？難道是我們的努力還不夠多？運氣還不夠好嗎？為什麼我們越來越浮躁，越來越無法靜下心來思考呢？

其實，這一系列的問題，都是源於我們越來越缺乏思考。因為思考力不夠，才導致了我們的灰心喪氣。而思考力對於我們學習、繪製心智圖也是至關重要。

什麼是思考力

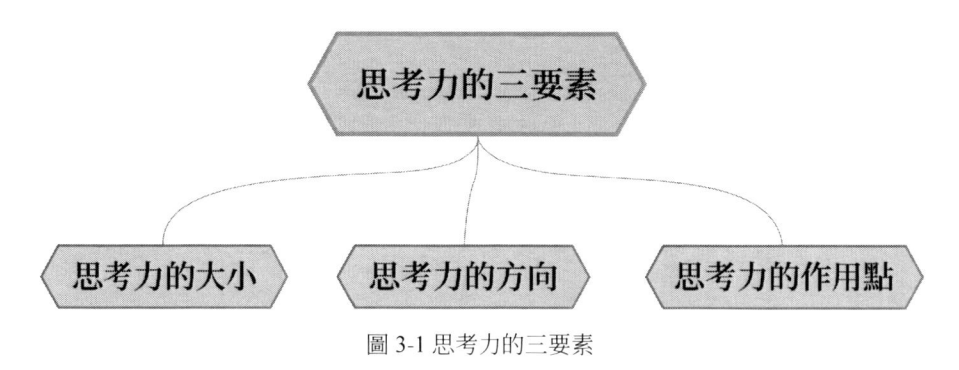

圖 3-1 思考力的三要素

我們都知道，作用在物理學中的力一般都具備了三個基本要素：大小、方向、作用點。而思考力就很類似於物理學上的力，它同樣也具有三個基本要素：大小、方向、作用點。所以，我們也可以認為思考力就

是在思維過程中產生的一種作用力。只不過，這種力的三大基本要素在自己的領域裡都被賦予了不同的定義。

1、思考力的大小

思考力的大小是指思考者對思考對象資訊了解的多少。如果思考者對所思考的問題一無所知，或者知之甚少，麼大腦裡沒有儲備知識和資訊，那麼，就無法進行相關的思考活動。

2、思考力的方向

思考力的方向就是思考的最終目標。思考者在思考問題的時候，只有找準目標，才能對思考對象形成思路。如果目標不明確，意識就會渙散，從而導致思考力不集中，出現思維混亂的狀態。

3、思考力的作用點

思考力的作用點是指將思考力集中在思考對象上，並找準其核心部位。只有把思考的著力點作用在正確的點上，才會有源源不斷的靈感湧現出來，思考的方向才不會渙散，思考才會變得相對容易。

思考力的表現形式也是多樣化的，是因人而異的。例如：當別人問「什麼是思考力」這個問題時，有的人會馬上想出很多答案，甚至每個答案都各不相同。但也有人會一時語塞，不知道該怎麼回答，這就是思考力的個體差異。

第三章　思維先行，事半功倍—心智圖使用前的準備

思考力為什麼這麼重要？

　　我們每個人都有思考力，只有學會了思考，我們才能更好地學習、生活和工作。在現實的生活中我們常常會有錯誤認知，只要我今天完成了一天的工作或者學習，那麼，我就具有很好的思考力。事實上，真正的思考力不僅僅是機械的重複完成日復一日的事情，而更多的是一種觀察、記憶、想像、探究、分析和判斷。

　　當然，我們總是習慣於做一些簡單重複的事情。例如：老師出的作業，我們每天回家後都會按時完成；老闆指派的任務，我們也會及時按慣性思維來處理。然而，這些並不是真正意義上的思考，而只是一種習慣模式。

　　真正的思考應該包含了很多心理活動，並且對中心問題進行了足夠多的了解，能在大腦裡呈現出一套分析的框架，能最終想出有效解決問題的辦法。

　　這樣定義之後，可能很多人會覺得擁有思考力很難，也可能會有人不知所措。其實提高自己的思考能力本身就不是一蹴而就的，需要長期大量的練習，只有這樣，才會捕捉到突如其來的靈感。

　　偉大的物理學家牛頓（Isaac Newton），因為蘋果砸到他頭上而想出了著名的「萬有引力定律」，就是因為他善於思考，能夠從平凡的小事件中找到不一樣的訊息，從而成為了擁有偉大成就的人。相反，沒有思考力的人，只能被動的等待機會出現，而且也未必能夠抓的住機會。

　　其實，不光是牛頓，那些著名的科學家、物理學家、生物專家等，無一不是具有獨特的思考能力、能夠從問題的根源出發，探究其原因的人。由此也可以看出，思考力對於我們的成功和成長都是非常重要的。

總而言之，一個善於思考、具備思考力的人，在做任何事情的時候才能迅速找到捷徑，並獲得最終的成功。同樣的，在繪製心智圖的時候，只有具備了這種思考力，才能夠更加得心應手。

如何提高自己的思考力

既然思考力如此重要，那麼我們應該如何去提高自己的思考力呢？以下建議值得參考。

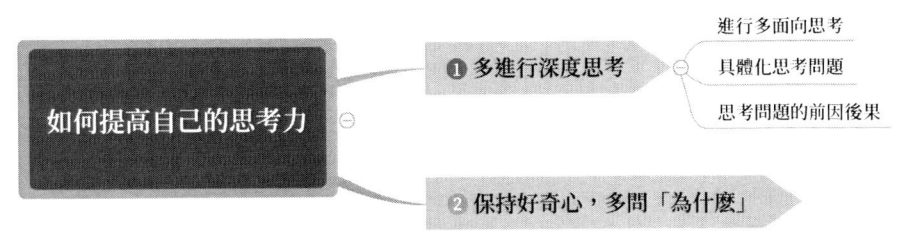

圖 3-2 如何提高自己的思考力

1、多進行深度思考

深度思考是對思考對象進行深層次的挖掘和探究，這是一種不同於普通思考的特殊思考方式，也是一項十分重要的能力。生活中，我們所見到的有成就的人士，幾乎都具備深度思考能力，能夠透過事物的表象看清本質，發現其問題的核心思想。

那麼，我們應該如何提高自己的深度思考能力呢？簡單來說，就是要做到以下三點。

①進行多面向多面向思考

所謂多面向多面向思考，就是思考者在面對一個對象的時候，要盡量從多個角度、多個層面進行觀察，並作出多個分析結論，得出不同的解決方案，而不是從單一的角度展開，做膚淺的定義。

第三章　思維先行，事半功倍—心智圖使用前的準備

莎士比亞（William Shakespeare）曾說過：「一千個觀眾眼中就有一千個哈姆雷特。」也有一句古話叫：「仁者見仁，智者見智。」這兩句話的意思就是每個人對待任何事物都有自己的看法，對同一件事，一千個人就有可能有一千種不同的看法，所以換一個視角看，得到的結果很可能也是不一樣的。

而想做到這種多面向的思考並非易事，需要累積大量的知識，用豐富的知識底蘊武裝自己，並能合理轉換成自己的視角，來對事物進行多方面、多層次的剖析。

②具體化思考問題

在實際的思考過程中，只有將一個粗糙的想法，不斷的打磨和細化，並及時彌補思維漏洞，加以完善具體，才能讓自己的思考力進一步提升。

在現實生活中，我們的思緒總是很容易轉瞬間即逝，許多創意也總是靈光乍現。這就要求我們在及時抓住思緒和靈感的同時，更要將這些思緒和靈感加以完善。任何一個孤零零的想法都是沒用的，只有將腦海中的想法加以填充並用具體的形式表現出來，才叫具體化思考。

在具體化思考的過程中，最重要的就是要將片面的問題具體化，將淺顯的問題深度化，將思緒中沒有考慮進去的因素，填充完整。

③思考問題的前因後果

我們在思考一個對象時，首先要做到全面的了解它，所謂「知已知彼」。其次，在了解它的過程中，還務必要弄清楚它的前因後果。不要以為這是毫無意義的事情，其實不然，每個關乎這個對象的關聯事物都有其存在價值。

思考本身就是一個大膽擴散性思考和想像的過程，不要畏首畏尾，應該深入大膽的去了解事物的核心問題，只有做到足夠了解之後，才會在思考的過程專心致志，而不至於偏離了軌道，變得雜亂無章、毫無頭緒。

2、保持好奇心，多問「為什麼」

　　凡事保有好奇心，是保持思維跳躍度的關鍵。當我們遇到自己感到好奇的事物時，通常會在腦海裡閃現出無數個「為什麼」，而這種好奇心正好可以推動我們對事物進行更深層次的了解和發現。

　　很多人會單純的認為好奇心只是簡單的將人們大腦的思維轉移到感興趣的事物上，事實上，那是極為膚淺的看法。好奇心的本質是帶動大腦飛速的運轉，讓我們對事物層次進行更深更全面的探究，好奇心在人們的思考過程中發揮著至關重要的作用，甚至可以說是推動人類進步的最大動力。

　　在這裡值得注意的是，雖然好奇心對我們深入思考有關鍵性的作用，但我們必須知道只有採用好奇心導向性思考方式，才會擺脫固有的思維框架，激發出創新思維。反之，如果採用目的導向性思考方式，就會局限我們的思考，束縛我們前進的腳步，導致死腦筋走到底，沒有創新。

　　儘管好奇心也會讓我們對熟悉的事物沒有過多關心和在意，而只開始專注於新鮮事物的存在，這種喜新厭舊的狀態，並不是我們現在所要關注的重點。我們只需明白，無論怎麼樣的狀態，每一次好奇心出現，都會讓我們的思維更活躍。

第三章 思維先行，事半功倍─心智圖使用前的準備

　　以上為大家介紹了提高思考能力的兩種途徑，也希望大家在實際的生活中舉一反三。記住，只有擁有了良好的思考能力，我們在繪製心智圖的時候，才會更得心應手。

3.2　訓練自己的擴散性思考

心智圖的本質就是人類腦中擴散性思考的一種展現，所以做好擴散性思考的腦力訓練，是提升我們繪製心智圖的必要步驟。

擴散性思考與心智圖的關係

思考問題的基本方式之一就是用擴散性的思維去思考，而心智圖恰恰是將散性思維和線性思維高度結合使用的全腦工具。

我們在解決一些問題的時候，思維會從各個不同的角度延伸出去，並輻射到各方面，最終產生不同的想法和結果，這種具有擴散和放射特性的思維模式，就稱之為擴散性思考模式。

人類的大腦之所以呈放射狀的思維模式，究其原因是跟大腦內部的結構有直接關係。大腦中的神經元約有一千億個，而這一千億個神經元負責控制著我們大腦進行思考的腦細胞。在生物課上，老師可能會給大家看大腦裡的腦細胞結構圖，如果你仔細回憶，應該還會記得存在我們大腦裡的腦細胞圖就像一棵向四處擴散延伸的大樹。通常，我們會把這棵「大樹」稱之為樹突，其中粗一點的叫軸突，細一點的叫突觸。從其形狀看，我們大腦的思維模式就是一個擴散性的狀態，而大腦資訊也恰恰是由這些像樹枝一樣的突觸不斷傳遞，最終形成圖譜。因為大腦的發散是無比廣闊的，具有無限可能性，絕大部分人到死也開發不到25%的大腦。

正是因為這種擴散性的思維，才拓寬了我們思考力，讓原本單一甚至是習慣性的思維模式，變得豐富多彩起來，而我們在繪製心智圖的時候，更要把這種擴散性的思考模式運用其中，用不同的方式去展現同一

問題,將擴散性思考模式用到該問題的各方面。可以說,正是因為有了心智圖與人腦的思考方式的完美契合,才使得心智圖正被越來越多的人推薦和使用。那麼擴散性思考正好就展現了內部結構和程序,如果要用一種外在形式來呈現,那就非心智圖莫屬了。

擴散性思考的特徵

擴散性思考的特性主要有以下幾點。

圖 3-3 擴散性思考特徵

1、擴散性思考具有流暢性

在大腦擴散性思考中,要做到在盡可能短的時候內達到盡可能多的觀點,並能讓這種觀點發揮作用,迅速流暢的運用到全新的概念中去,就需要保持思考的流暢性。

流暢性是擴散性思考的關鍵因素之一,它直接關係到我們在繪製心智圖的時候,能否快速擁有大量關鍵字供我們展現和表達其核心意思,它也決定了我們在繪圖心智圖時的思維邏輯性是否合理。

2、擴散性思考具有變通性

當我們在遇到困難或是到了瓶頸期時,總是喜歡選擇坐以待斃,很難打破自己習慣性的思維模式,去尋求一種新的方向進行探索。

在這個時候，我們就需要運用擴散性思考模式中的變通性來解決這一僵化的思考模式，但是這並不是一件容易的事。

通常，打破固有的思維框架，需要藉助於橫向類比、跨越類比的方法。具體來說，首先要深入了解中心問題，然後用擴散思考沿著不同方向和方面進行分析，最終克服困難，跳出固定的框架。

3、擴散性思考具有獨特性

我們在對同一個問題進行擴散性思考的時候，如若做出的反應有別於大多數人，那麼就會產生一種獨有的思考模式，這種獨特性本身就是一種擴散性思考能力的提現。通常，只有對問題有了足夠多的了解之後，我們才能做出有別於他人的創新性思維。

例如，剛開始我們用手機的時候，會認為手機的功能僅限於與他人聯絡而已。而賈伯斯（Steve Jobs）卻另闢蹊徑，引用獨特的智慧技術，將蘋果手機帶進了千家萬戶，從此開闢了手機智慧技術新時代。於是，手機的功能不再只局限於通訊，更是了成為我們日常學習、工作、生活中必不可少的工具。

需要注意的是，擴散性思考的最高目標就是獨特思維的培養，儘管很難做到，但是也需要我們在以後的學習中不斷的累積和提升。

4、擴散性思考具有多感官性

擴散性思考除了大腦的思考之外，還需要運用多種感官共同完成。

例如我們在繪製心智圖的時候，會運用色彩進行手繪，而絢麗的色彩會直接刺激我們的感官，激發一些新思路的產生，從而提高擴散性思考的效果和速度，彰顯創新思維和思考的獨特性。

第三章　思維先行，事半功倍─心智圖使用前的準備

擴散性思考訓練範例

　　以一張「水果」的心智圖為例，我們在剛接觸心智圖的時候，並不清楚為什麼要畫這張圖，甚至對這樣的命題手足無措。說到「水果」，通常首先映入人們腦海的就是蘋果、橘子、西瓜等，而透過「西瓜」，我們又會聯想到「解渴、夏天、皮球」等。這種聯想，實際考驗的就是一種發散思考。

　　那麼，在實際的生活中，我們應該怎樣去訓練自己的擴散性思考呢？

　　一般來說，擴散性思考最基礎的鍛鍊，就是進行由一種單一事物發散出多種事物的關聯訓練。下面，我們以小 A 為例，來具體的看一下她是怎樣進行擴散性思考的訓練。小 A 是一位寶媽，她以水果為核心關鍵進行的擴散性思考訓練如下圖所示。

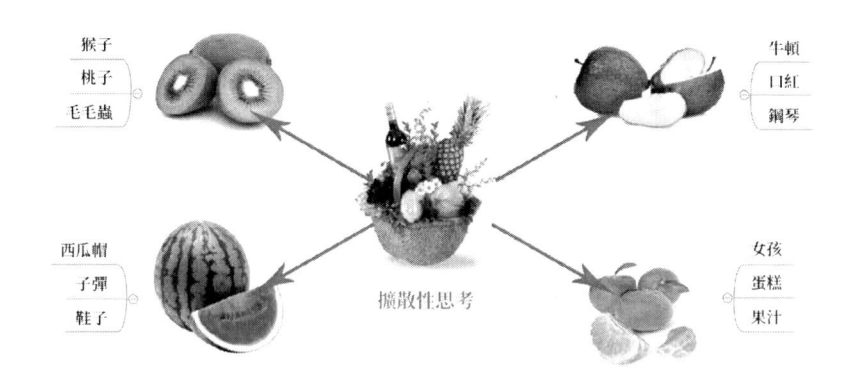

圖 3-4 小 A 的擴散性思考訓練圖

　　在這張圖中，水果的色彩運用絢麗多彩，並運用晶格化渲染後立體感十足，這樣一下子就讓我們很清楚的意識到核心主幹是水果，繼而我

們再去看分支，一目了然，非常清晰。

從這張圖中我們可以看到，提到水果，小 A 首先會想到奇異果、西瓜、橘子和蘋果。而想到蘋果，小 A 又會聯想到牛頓、鋼琴、口紅。

這是因為，看到蘋果，小 A 首先便聯想到了砸到牛頓的那個蘋果。其次，小 A 使用的是蘋果手機，而小 A 的寶寶最近很喜歡用她的手機玩彈鋼琴的遊戲，所以看似不相關的兩個事物，小 A 透過擴散的思考方式將它們巧妙地連結到了一起。最後，蘋果的紅色又讓小 A 想起了口紅。

所以透過蘋果這個主幹，小 A 很容易就分解出了「牛頓、鋼琴、口紅」這三個支節點上的關鍵字。

同樣的原理，看到西瓜，小 A 就會想到「西瓜帽、子彈、鞋子」；看到奇異果，小 A 就會想到「桃子、猴子、毛毛蟲」；看到橘子，小 A 就會想到「女孩、蛋糕、果汁」等。

由此我們可以看出，一個好的擴散性思考模式，會讓每個水果都有不盡相同的關鍵字出現。同樣的訓練，如果我們只能分支出單一一種或是重複使用一個關鍵字，那就說明我們在進行擴散性思考訓練的時候，思維還比較呆板。

總之，在實際的生活中，我們只有多進行思維模式訓練，努力開啟自己的思路，擴展自己的想像，並高效率的累積大量的知識，將擴散性思考訓練到靈活自如，才能讓自己更具有創意。

第三章 思維先行，事半功倍─心智圖使用前的準備

3.3 豐富自己的想像力

在學習繪製心智圖的過程中，除了要訓練自己的思考力和擴散性思考外，還要訓練自己的想像力。要想擁有豐富的想像力，需要一個長期的訓練過程。

想像力的重要性

透過回憶或是理解來對存在於人腦中原有的表象進行感知，同時利用擴散性思考，激發出一些新的靈感和新的思維，然後在人腦中不斷地對這種新的靈感和新的思維進行創新，從而產生出新的思路，這個過程，就可以被稱之為想像的過程。

通常，在擴散性思考的作用之下，經過大腦的加工重組之後，我們的思想能夠變得更活躍，我們的大腦會湧現出更多的新鮮事物。而透過想像，這些留在我們大腦中的新事物將不再是抽象和生硬的文字或符號，而能夠變成一種直觀的圖像資訊和一種更加高級的思維活動。這便是想像力的重要性。

這樣說，可能很多人會感覺很抽象。下面，我們就以讀書為例，具體闡述一下想像力的重要性。

很多人都認為讀書是一件十分枯燥的事情，尤其是寫作文的時候，常常是頭腦一片空白，無從下筆。

事實上，如果我們能夠充分運用自己的想像力，將思維無限展開，讓豐富的聯想空間帶我們進入一個嶄新的世界，那麼，我們在寫作文的

時候，就能夠思如泉湧、下筆生花，從而更好地獲得動力，擺脫枯燥，找到樂趣。

湯瑪斯・愛迪生（Thomas Edison）說過：「每個發明家都需要具備一項重要的技能，那就是想像力。因為有想像力，我們才能創造發明，發現新的事物定理。如果沒有想像力，我們人類將不會有任何發展和進步。」我們的大腦裡只有先有了想像力，才會有前進的動力，很多事情不是做不到，而是想不到。如果你仔細研究一下就會發現，以前認為很多不可能做到的事情，在高速發展的今天全部都實現了。

愛因斯坦（Albert Einstein）之所以能發現相對論，就是因為他能經常保持創新的想像力。牛頓能從蘋果落地，取得萬有引力這一科學的重大發現，也是因為他的想像力爆發。而縱觀歷年的諾貝爾獎得主，也無不具有豐富的想像力。由此可見，想像力是促成成功的重要因素。

當然，想像力也不是讓你天馬行空的亂想，而是要以常識為基礎，客觀地進行思考。此外，在平時的學習、生活和工作中，要不斷的接觸新事物，開發新思路，不斷的累積知識和總結經驗，並讓這些在你的頭腦中留下深刻的印象，這些印象將是你進行豐富想像的寶貴素材。

如何培養自己的想像力

在上文中，我已經為大家介紹了想像力的重要性，那麼，在實際的生活中，我們又該如何培養和提升自己的想像力呢？以下幾點建議，值得參考。

第三章 思維先行，事半功倍—心智圖使用前的準備

如何培養自己的想像力

圖 3-5 如何培養自己的想像力

1、由一個事物創造出多個事物

每個事物，都會有與其相關聯的其他事物。在實際的生活中，我們要學會運用自己的想像能力，學會由一個事物創造出多個事物。

並不是每個人都擁有藝術家高度創造性的大腦，很多時候，我們因為承受著種種約束，所有不敢放心大膽地開啟自己的思路，生怕因為想像太過滑稽，而遭人恥笑。這樣做，其實是很不利於訓練自己的思維能力的。

2、在學習過程中，避免故步自封

所謂「讀萬卷書，不如行萬里路」，說的就是我們不應該只注重書本中的知識，也不能成天把自己關在家裡，而應該走出去，去感受外面的世界。你只有去感受了外面的人文氣息，才會有人生閱歷，才能激發你的靈感和無窮的想像力。而且學習的過程，本身就是書本知識與實際相結合的過程。

3、對想像力做有針對性地訓練

要想快速提升想像力,進行有針對性的訓練是必不可少的。歸納為以下幾點:

對想像力做有針對性的訓練

圖 3-6 對想像力做有針對性地訓練

①累積感性形象

走出去,眼界才能開闊,藉由自身參與其中,才能深刻感知。去關注人類社會與自然界的各種形態及各方面,並將其儲備,成為寶貴的素材。

②借用「朦朧法」

所謂的「朦朧法」,就是指在睡意朦朧的狀態下,去觸發想像和靈感,從而創造出一些新奇的事物出來。

③想像與判斷達到一致

豐富的想像力,不僅需要思維活躍,而且還需要正確的判斷力,這樣的想像才會顯的更加合理和高效率。

④運用比喻、類比和聯想

無論是我們寫文章,還是談吐上,盡量用一些比喻、類比,會讓文字和話語顯得更生動、易懂,也能讓我們的想像力變得更活躍,看上去不是枯燥呆板的。

例如,在看書讀報的時候就展開自己豐富的想像:看到一則報導,想像這種情況發生後,還會有哪些情況發生?導致的結果又會怎麼?長此以往,我們可以獲得更多的啟示,從中找到更多的樂趣。

⑤訓練隨意性想像

我們的思想不該有局限性,更不該被放在設定好的框架裡,這樣很難開啟我們豐富的想像力。

正確的做法應該是放開思想,發揮豐富的想像力,不管是不著邊際,還是天馬行空,先去引導自己開發新領域,再根據實際情況,將不合理的地方進行改善和刪除。很多這種隨意性想像,在豐富我們的想像力時都發揮了很重要的作用。

想像力訓練範例

假如要以「狗」作為聯想的中心,來寫一篇文章,那麼,我們就可以進行以下聯想:

想像力訓練實例

圖 3-7 以「狗」作為聯想

與狗有關的事物：狗屋、狗食、狗鏈、狂犬疫苗、寵物醫院……與狗有關的概念：人類的朋友、守門神、導盲犬、豬狗不如……與狗有關的特徵：友好、貼心、可愛、機靈、勇敢、敏捷……狗的品種：哈士奇、鬆獅犬、吉娃娃、博美、金毛、貴賓、薩摩耶……任何兩個不相干的事物，都可以透過豐富的想像，建立起關聯。

例如手機和花草本是兩個互不相干的事物，但可以透過聯想將兩者連結起來：手機 —— 戶外 —— 風景 —— 拍照 —— 花草。

總之，透過聯想，我們可以使兩個風馬牛不相及的事物關聯起來。

第三章　思維先行，事半功倍—心智圖使用前的準備

第四章
下筆如神，形象思維——
心智圖的實用繪製方法

　　作為一種實用的思維工具，心智圖只有被繪製出來，才能充分發揮作用。從這個角度來說，要想學習心智圖，僅僅掌握心智圖的理論知識以及繪製心智圖的具體原因是遠遠不夠的，還必須學習心智圖的繪製方法。

　　那麼，如何才能快速而完整地繪製出一幅有效的心智圖呢？在這一章中，筆者將為我們提供具體指導。

　　本章內容安排如下：

　　繪製心智圖的相關規則；

　　繪製心智圖的步驟和方法；

　　繪製心智圖的禁忌與失誤；

　　繪製心智圖的技巧；

　　心智圖的基本圖形。

第四章　下筆如神，形象思維─心智圖的實用繪製方法

4.1　繪製心智圖前，相關規則要記牢

　　繪製心智圖要遵循自身的規則和技巧，並且還要合理地掌握和運用，讓最終的繪圖符合自身的繪製習慣和需求。所謂無規矩不成方圓，心智圖也是如此。

　　當然，每個人思維模式的不同，就會導致每個人在心智圖時呈現出不同的風格和狀態。但萬變不離其宗，核心規則並不會隨之改變。接下來，我們看看在一般情況下，繪製圖的規則。

　　心智圖創始人東尼‧博贊歸納總結了 7 條規則，如下圖：

01	中心位置空起，保證留白
02	選取可以表達主題的圖像
03	繪製過程中注重色彩搭配
04	在連接時一定要用曲線
05	內容盡可能以圖形呈現
06	從主題開始一次連接各分支
07	在每條連線上寫下關鍵詞

繪製心智圖的規則

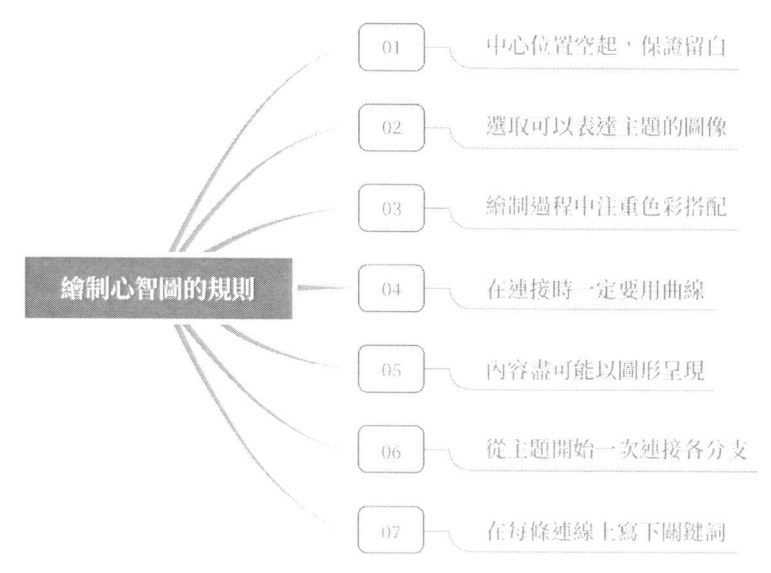

圖 3-8 東尼‧博贊的 7 條繪圖規則

　　除了東尼‧博贊總結出來的 7 條規則，我們在繪製心智圖的過程中也總結出其他經驗，還有一些繪製規則也是值得我們遵循的，如圖如示：

| 4.1 繪製心智圖前，相關規則要記牢

01 紙張使用規則

線條使用規則 02

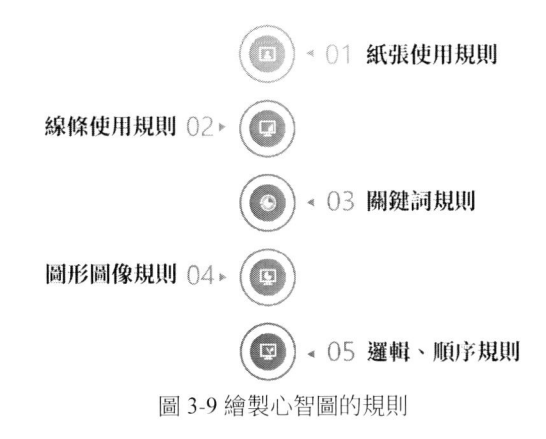

03 關鍵詞規則

圖形圖像規則 04

05 邏輯、順序規則

圖 3-9 繪製心智圖的規則

繪製心智圖的紙張使用規則

繪製心智圖前，我們對紙張的使用也會有一定的要求，其主要方面如下：

1、繪製心智圖時，盡量使用白紙

我們在做事情的時候，總覺得開始是最艱難的，有時候因為準備不充分、不及時、不到位，就會導致無從下手、起步不易。但是如果開好了頭，那麼好多事情就會迎刃而解，變得容易、簡單很多。繪製心智圖也是如此，在前期準備工作上，我們選擇合適的製圖紙張，會讓我們在心智圖上，事倍功半、得心應手。

其實對每個人來說，思維模式千奇百怪，然而隨著成長經歷的不斷累積，我們逐漸將自己的思維模式變的保守和安全起來，很多習慣便開始趨於穩定性和大眾化，我們的大腦似乎就像是筆記本中的橫格線，逐漸習慣於線性思考，將思維限定在這些框架裡，很難再有特立獨行和天馬行空的構想。

第四章　下筆如神，形象思維—心智圖的實用繪製方法

所以，心智圖需要一張白紙在這裡就顯得尤為重要了，我們絕不能將自己的思維禁錮在筆記本的橫格裡。在一張潔白無瑕的紙上作畫，才能發揮想像和聯想，不斷地創新和發散，才會讓白紙變得豐富多彩起來。當然，白紙最好還要足夠大，這樣我們的思緒才會更加不受束縛，自由馳騁起來。

當然也有人會問，為什麼就不能用帶格子的紙呢？其實，在我們心智圖的時候，會運用很多線條將各節點連線起來，而每條線又代表著各自的思考脈絡，而格子自身的線條會干擾到我們，在檢視上顯得多餘，又極不整潔，如下圖所示：

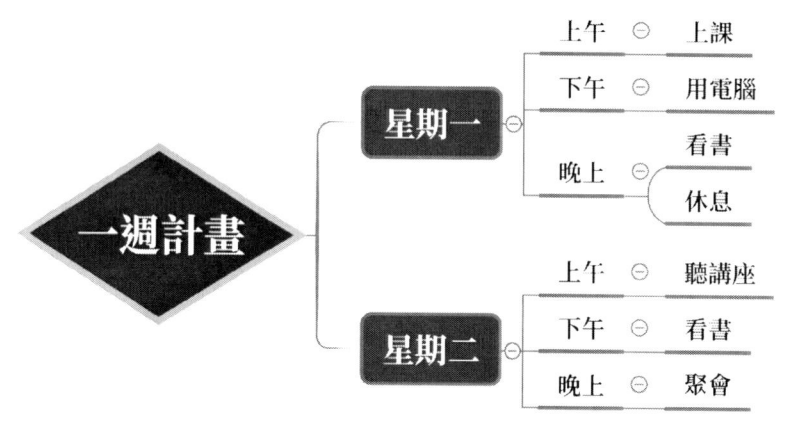

圖 3-10 帶格子的紙會對心智圖本身帶來干擾

2、心智圖的主分支數量決定紙張的擺放

一般分為兩種情況：

第一種情況主分支數量大於等於 4 時，說明心智圖呈現的內容較多，那麼紙張最好是橫向擺放，中心主題繪製在心智圖的中間位置為最佳。如下圖如示：

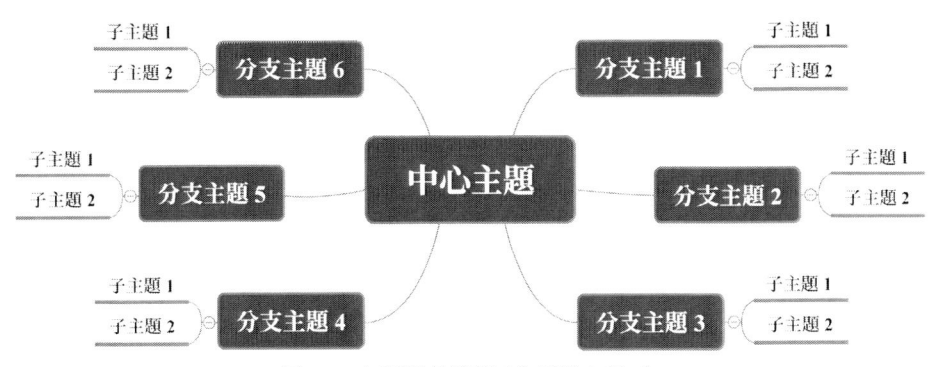

圖 3-11 白紙橫放範例（主題數大於 4）

第二種情況就是主分支小於 4 時，說明呈現的內容較少，我們就需要把紙張縱向擺放了，這個時候的中心節點就應該放在心智圖的左邊垂直中間的位置。如下圖如示：

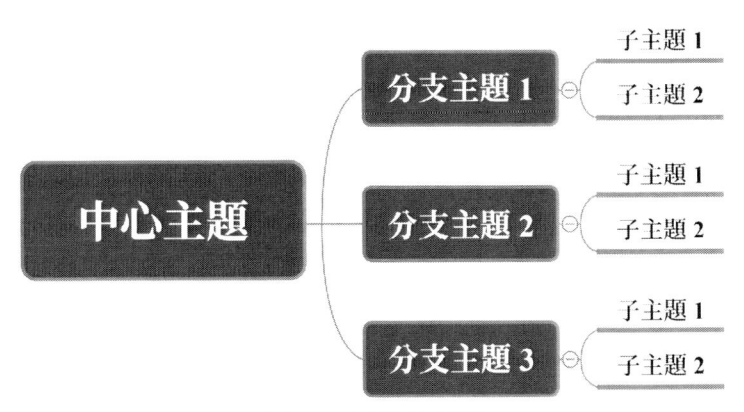

圖 3-12 白紙豎方範例

當然，無論是橫向擺放和縱向擺放，最忌諱的就是將心智圖的中心節點放在白紙左上角，這樣擺放既不美觀，而且大大束縛我們的擴散性思考，限制了各分支的延展方向，在檢視上不僅顯的雜亂無章，而且其擴散性思考本質也有所保留。

第四章　下筆如神，形象思維─心智圖的實用繪製方法

繪製心智圖的線條使用規則

　　雖然我們現在總是習慣用線性思維思考問題，常常被一些框架禁錮思想，但最初我們的思維在未被這些「規矩」束縛之前，它們其實是發散的，要想重拾這種放射狀的思考狀態，繪製心智圖能造成一定的喚醒作用。

　　在繪製心智圖時，線條是必不可少的無素之一。線條的作用不容小覷，因為每條線都代表著思維的脈絡和方向。線條用好了，心智圖從整體看上去就會顯得更加生動具體，而我們應該如何運用好這些線條呢？其規則就有以下幾條：

1、盡量使用曲線繪製心智圖

　　在人們的潛意識裡，曲線較之直線，總覺得曲線會更好看一些，因為直線給人一種枯燥生硬的感覺，在視覺上顯的特別死板，而曲線就顯得流暢柔美許多，使心智圖在視覺上變得優美，讓人有賞心悅目之感，我們常說的「曲線美」，也就是這個道理。

2、關於線條的粗細和長短

　　我們在繪製心智圖裡，對於線條的處理，不是隨心所欲，胡亂作畫，這裡面當然是有一定講究的。一般情況下，線條的粗細要依據層級關係，線條的長度要由線上的關鍵字長短來決定。

　　首先，我們來講為什麼心智圖的線條要由粗到細來呈現，其原因歸納為兩點：第一，突出層級關係，通常線條較粗的一端連線父節點，線條較細的一端連線子節點，這樣既突出了心智圖的中心，又清晰明瞭地

展現了各層級關係。值得注意的是，各層級之間線條的粗細應保持一致。第二，合理運用粗細線條，讓粗細線條在心智圖上自由轉換，不僅在檢視上更加生動美觀，而且在視覺上也是一種美好享受。

現在接著來看線條長度和關鍵字的長短關係，關鍵字的長短決定了線條的長度。原因歸納為兩點：第一，使其更加協調，關鍵字和線條保持一致，在心智圖上看上去相對緊湊和優美，反之，看上去就很散亂；第二，線條與文字要融為一體，線條引導文字，文字依附線條，相互適應才會讓我們的思維邏輯更清晰、更縝密。

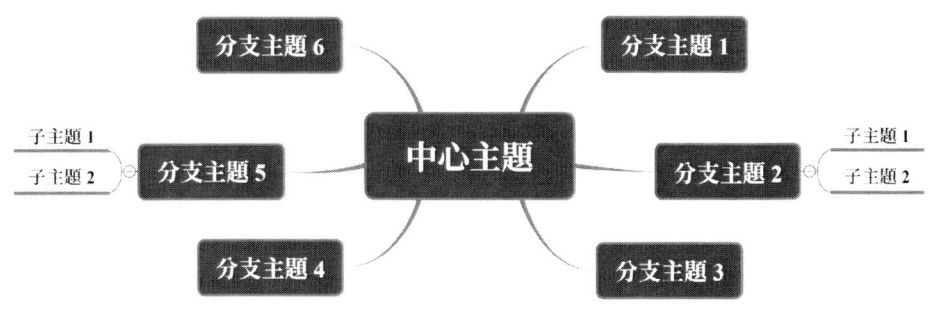

圖 3-13 從粗到細的線條

3、利用線條建立各分支之間的關聯

在繪製心智圖時，我們常常發現各不同分支的內容也會存在某種關聯，這個時候，我們就需要交叉線來建立連結。

如下圖所示，在「公司管理類」、「財務管理類」和「知識儲備」之間建立了連結，反映在心智圖上就可以採用交叉連線來確立這兩個分支的連結，讓人能一目了然地知道公司管理和財務管理，就是其公司內部的知識儲備，3,000 公尺跑步的體能訓練有利於身體健康。

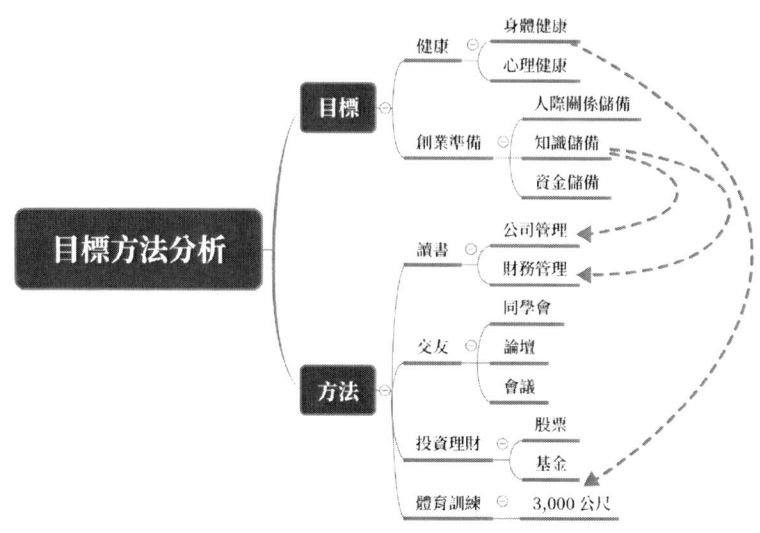

第四章　下筆如神，形象思維─心智圖的實用繪製方法

圖 3-14 交叉連線的使用

關鍵字在心智圖中的使用規則

在心智圖上最不可或缺的就是關鍵字，關鍵字的合理運用直接關係心智圖的成功與否。所以，我們來講講在心智圖中，如何良好地使用關鍵字。

1、關鍵字在心智圖中的突出作用

既然關鍵字在心智圖中如此重要，那麼在繪製時就要突出它的地位。我們從以下兩個方面來突出關鍵字：第一，確保每個分支都必須要有一個關鍵字，而這個關鍵字並不是隨便給的，要做到在分支上找到相對應且最合適的關鍵字並不是一件容易的事，對於剛接觸心智圖的人來說尤為困難，而這個需要謹慎斟酌，篩選出適當的關鍵字與之對應；第二，關鍵字在書寫上也要注意粗細之分，重點詞彙盡量選擇用粗一點的

字號顯示，以便於我們能夠更清楚的明白關鍵字在心智圖中的輕重之分，在檢視上也顯的更加清晰許多。

2、用簡短精鍊的短語做關鍵字

關鍵字在心智圖中產生的作用無需置疑，圖中所有的思路和擴散性思考都是由關鍵字詮釋的。好的關鍵字，不僅要簡短，能迅速被人記住，更要精鍊，與思路貼合，這樣我們在繪製時，才能提升心智圖的價值和意義，同時也能激發我們的擴散性思考能力，讓其更清晰。所以要提升自己在繪製時能具備高效率提煉和篩選關鍵字的能力，達到使其言簡意賅，就要在往後不斷的練習中多加努力。

3、有時也需要使用句子

在繪製心智圖中，大部分情況下我們會使用簡短精鍊的短語，但偶爾也會出現使用句子的情況。例如圖中需要詩句、對聯、特殊用語等情況；或者自身確實需要用句子來解釋才能詮釋意思的時候，都可以運用，具體情況具體分析，任何事情都不是絕對的。

繪製心智圖的圖像、圖示使用規則

合理運用圖像圖示，能使心智圖看上去更加清晰明瞭、美觀大方，將其運用到心智圖的中心節點、主節點等各個節點上是非常必要的。但值得注意的是，使用圖像和圖示表心中心節點，與表示其他節點的目地和意義有所不同，所起的作用也大相逕庭，中心節點使用圖像和圖示是為了突現主題，而其他節點使用圖像和圖示是為了突現內容。

第四章　下筆如神，形象思維—心智圖的實用繪製方法

下面我們看一下在心智圖中使用圖像、圖示所要遵循的幾條規則：

1、中心節點的選擇一定要合適

在繪製心智圖中，使用中心圖像能瞬間吸引人的眼球，讓圖顯的生動明瞭，然而中心圖像並不是我們隨隨便便找個差不多的圖一放了之，這樣不僅沒發揮其作用，反而容易使讀圖者產生誤解和疑惑，所以選擇一個合適的中心圖像，非常重要。

如下圖所示，讀圖者第一眼看到中心圖像是一個蛋糕，就會誤以為這是一個關於「生日」心智圖，當看到分支的文字部分時，卻發現與蛋糕並沒有多大關係，便會覺得一頭霧水，不明所以。後來細細看了文字部分後，認為換成個「茶壺」的圖像更為貼切，這樣才恰當的表達了該圖的中心主題。所以，一個不恰當的中心圖像，不僅耽誤了讀圖者的時間，更讓心智圖變得毫無引導價值。

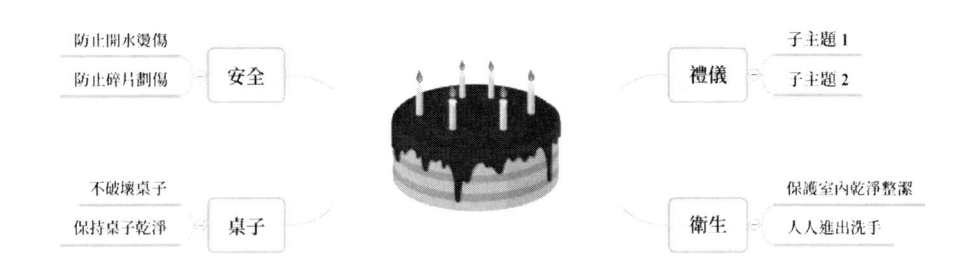

圖 3-15 中心圖像的不當使用

2、表達的內容與圖像、圖示要一致

為了使心智圖看上去更加言簡意賅、美觀大方，也為了提升我們大腦聯想的能力，我們在繪製時就需要加入符合心智圖的圖像、圖示來詮

釋，在進行擴散性思考和想像的時候要與節點內圖像及圖示相合，切不可張冠李戴，保持一致最重要。

3、控制圖像、圖票的使用頻率

首先我們要清楚我們在繪製心智圖時，運用圖像、圖示的目的和意義 —— 為了促進我們大腦思維的聯想和想像。而過多的使用圖像、圖示，就好像是在白紙上做一幅畫，我們不是要去欣賞一幅畫作，我們是真切希望心智圖能給我們提供一定的幫助。

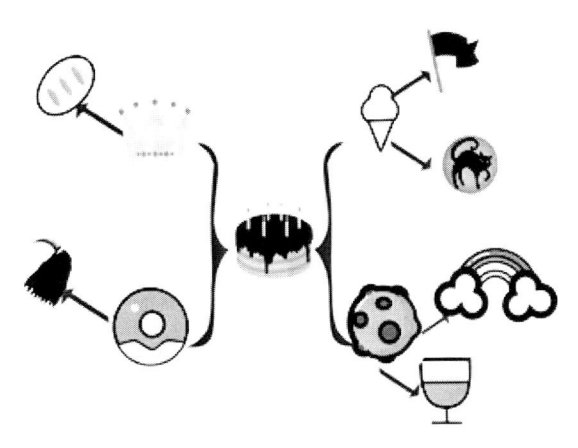

圖 3-16 圖像、圖示太多導致的費解

在實際運用過程中，請大家牢記以上規則，只要大家能夠認真對待，並能熟練掌握，相信會在以後繪製心智圖的路上更進一步。

第四章 下筆如神，形象思維─心智圖的實用繪製方法

4.2 如何繪製心智圖

心智圖就像是一本能讓我們的大腦在分析問題的時候，快速躍然紙上的「說明書」。初聽，你會以為這是一個非常專業複雜的軟體，其實你只需要花一點時間去了解它、讀懂它，它便猶如你雪中送炭的「朋友」，可以錦上添花地幫你解決你想解決的問題。

心智圖的製作流程

當你第一次開啟心智圖，是否會感到迷茫，它整潔的介面會讓你認為需要藉助專業的製圖工具呢？

有想法是正常的。心智圖作為一款呈現思維的工具，我們可以藉助專業的製圖工具來製作，也可以在心智圖裡面直接手繪出我們的思維。

不管是使用專業的製圖工具，還是在心智圖裡使用手繪，歸納起來都需要遵循以下五個基本的步驟：

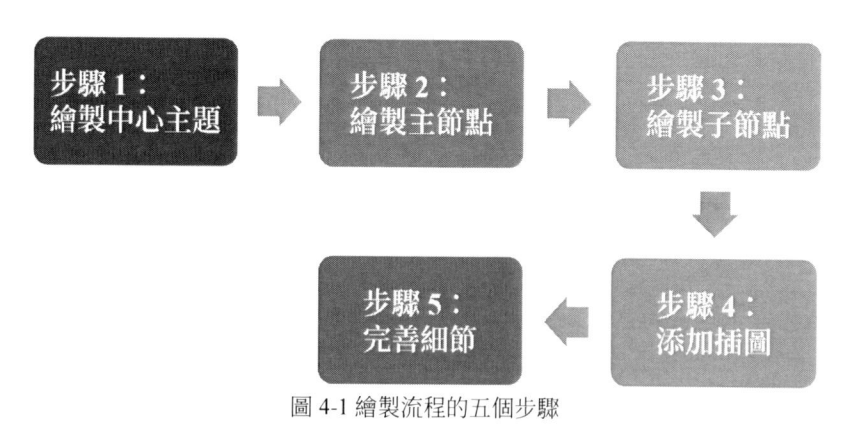

步驟1：繪製中心主題 → 步驟2：繪製主節點 → 步驟3：繪製子節點 → 步驟4：添加插圖 → 步驟5：完善細節

圖 4-1 繪製流程的五個步驟

1、繪製中心主題

首先，打開心智圖新建文件出現的第一個標題就是中心主題。心智圖的新建圖都需要確立一個主題，製圖者的思維必須圍繞這中心主題來展開，確立一個中心主題之後，我們才能展開下一步的工作。

在心智圖裡，中心主題是一種泛用的稱呼，你也可以修改這個名稱，讓它和你的思維更貼切一些。例如：你需要建立的是一份一週的工作計劃，可以直接把中心主題這幾個字修改成「一週工作計劃」，這個短語或者關鍵片語就成為你需要的新的「中心主題」了。

2、繪製主節點

什麼是主節點，主節點就是中心主題下的重要分支，它也是你列出的中心主題之後的基本脈絡。

例如我們繪製的一週工作計劃，在這個一週工作計劃中包括從週一到週五的時間節點。從「一週工作計劃」這個中心主題開始，就可以繪製從「週一」到「週五」五個主節點出來。

3、繪製子節點

從主節點再向後延伸，是下一層級的子節點。在這個子節點上，我們可以把上一節點的「週一」抽成每一天的時間段，例如：「早上」、「中午」和「晚上」。如果還需要細節化，在這個子節點上還可以分出下一層及的子節點，然後標註上每一個時間段所需要做的事情，例如：「早上」這個子節點後還可以延伸出「盥洗」、「晨練」以及「早餐」等新的子節點。

完成這一步之後，一張「一週工作計劃」的心智圖的輪廓大體上就豐

富起來，再根據主節點的脈絡，整張圖表的輪廓已經出現。順著這個製圖步驟，繼續把每一個次節點的內容填寫完整，整張圖是不是像一張血脈圖表一樣，變得有血有肉，立體豐滿了？

4、新增插圖

一張完美的心智圖僅僅只有脈絡是不夠的，就像一個人只有骨架而沒有血肉皮膚。如果我們需要讓它變得更好看一些，讓它變成一個賞心悅目的作品，我們需要為它新增圖片來美化。例如，在子節點的「中午」旁邊附上一張太陽或者是下雨的小表情，以此呈現這一天的天氣情況；還可以在「晚上」這個節點上附上一張月亮的圖片，整張心智圖立刻變得生動。

美化心智圖也應該注意適用類型，在一些娛樂性和嚴肅性不強的類型中會有很好的效果，但是如果在嚴肅性很強的心智圖類型中，過多的圖像就顯得不適用了。

5、完善細節

做完以上的工作，接下來需要對整張心智圖進行藝術再加工，讓整張心智圖更附和自己的要求，也讓其他閱讀者看到這張圖表的時候更容易理解。

例如：可以讓主節點到子節點其中的連線變粗，更加形象表明主次關係；又如：在工作使用的心智圖中，製作者還需要新增上自己的名字、職務、時間等等細節。雖然都是小細節，但是細節決定成敗哦！

溫馨提醒：雖然細節能讓整個畫面飽滿豐富，也能讓製作者的嚴謹認真得以展現，但是過分注重細節也會讓整個圖表變得主次不分。當閱讀者看到細節過多的心智圖時，注意力也容易被一些無用的細節分散。

當一張心智圖的層級、內容過少,會顯得製作者敷衍了事;當一張心智圖裡面細節過多,又會讓人覺得需注意的內容太多。如果製作一份工作計劃的心智圖,敷衍了事會耽誤工作;但是過多的細節,會造成重點過多,對應的工作量就會增加,大量的工作會讓工作中出現錯誤的機率就越大。鑑於以上兩點,要達到完美的平衡,就需要衡量一下主次關係,主要的節點不能少,次要的節點不能多。

　　製作一張心智圖是嚴謹的,難免會有出錯的時候,在心智圖裡,如果我們要刪除一個錯誤的節點怎麼辦?手指一點,輕鬆「減負」,刪除即可。

心智圖的畫圖範例

　　要想快速高效率地完成一張心智圖的繪製,當然是有技巧的。讓我們來看一下八種常見的藝術型心智圖的繪製方法:

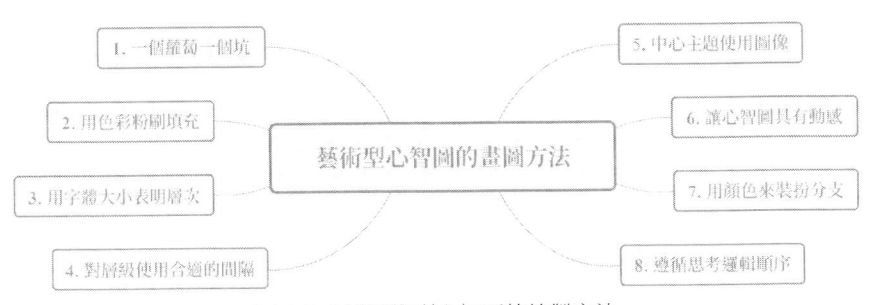

圖 4-2 八種藝術型心智圖的繪製方法

1、一個蘿蔔一個坑

　　什麼是「一個蘿蔔一個坑」?簡單來說就是在心智圖中,每一個節點上的關鍵字只能呈現唯一的屬性。我們不能為了圖方便,在一個關鍵節點上寫入太多的關鍵字,這樣容易造成後續節點的混亂。

第四章　下筆如神，形象思維—心智圖的實用繪製方法

例如，下圖是一張「水果」關鍵字的心智圖：

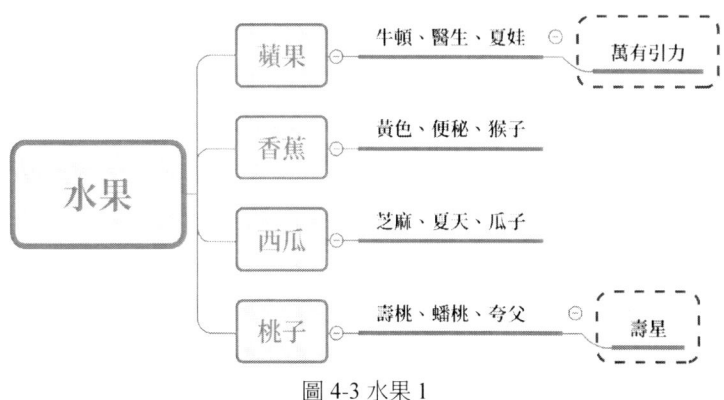

圖 4-3 水果 1

這張圖很明顯，在二級子節點的關鍵字位置上，同時出現了多個關鍵字「牛頓」、「醫生」、「夏娃」。當我們進入到第三層級節點之後，「萬有引力」這個詞需要對應上一層級的關鍵字匹配，出現了屬性不明的情況。

我們都知道，牛頓是「萬有引力」理論的提出者，但是在第二次節點層級中，醫生和夏娃和「萬有引力」沒有任何關係。這就是節點屬性不明，表述不清晰。

下面我們把整個圖表重新排列整理，得出一張新的、清晰的心智圖出來：

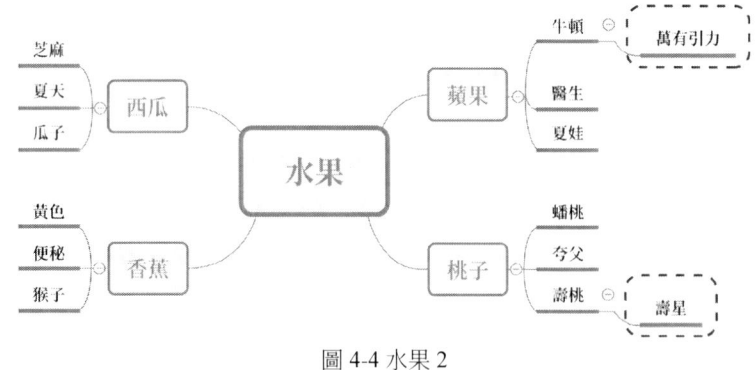

圖 4-4 水果 2

4.2　如何繪製心智圖

2、用色彩填充和豐富圖表

　　色彩豐富的心智圖，不只是藝術型心智圖的專用，在實際應用中，一些實用性的心智圖也要用到色彩填充，利用色彩對整張畫面進行分割，讓畫面中的主次層級關係更一目了然。

　　這種情況適合出現在層級節點上的分類比較多的時候，例如專為課程表而製作的心智圖：

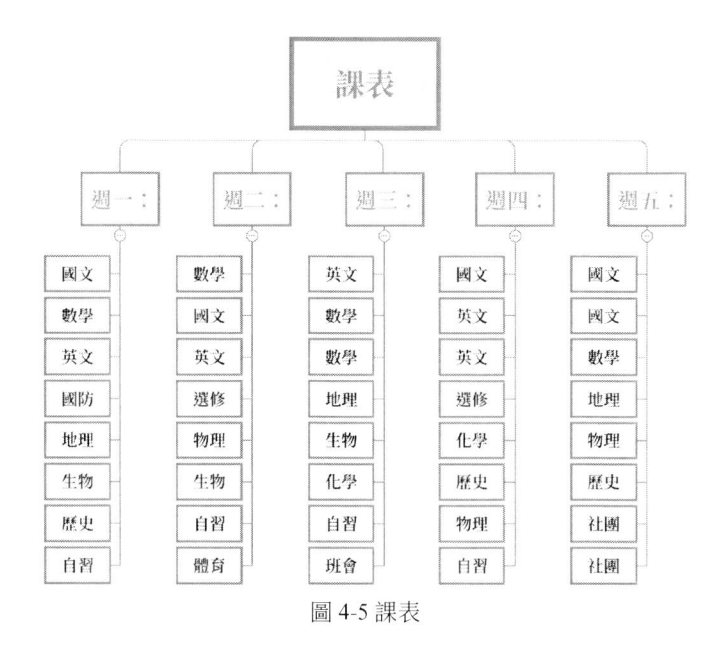

圖 4-5 課表

3、以節點關鍵字字型大小來區分層級關係

　　從中心主題到各分層子節點，心智圖所要展現的就是繪圖者清晰的脈絡層次。如果我們在製圖的過程中採用了單一的模板樣式，各層級關鍵字的字型採用一樣的大小，會很容易讓閱讀者有層次不明的模糊感。

　　例如以這張有這張「水果」關鍵字的心智圖為例：

109

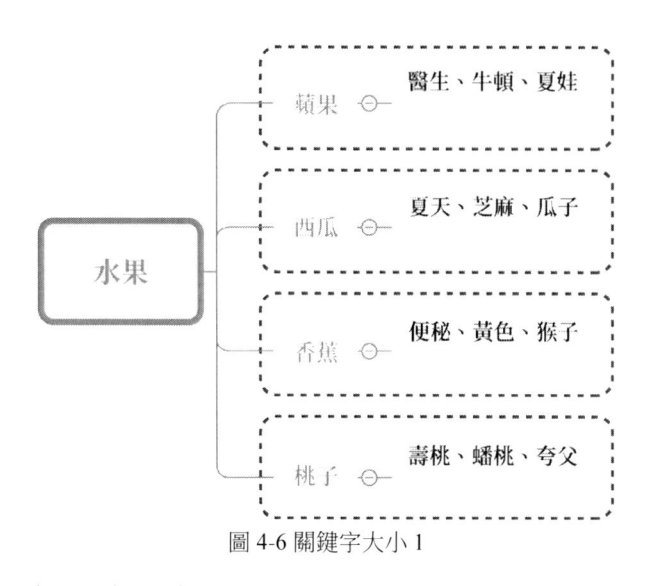

第四章　下筆如神，形象思維—心智圖的實用繪製方法

```
                    ┌─────────────────────┐
            蘋果 ─○─│ 醫生、牛頓、夏娃    │
                    └─────────────────────┘
                    ┌─────────────────────┐
            西瓜 ─○─│ 夏天、芝麻、瓜子    │
    ┌──────┐        └─────────────────────┘
    │ 水果 │────┤
    └──────┘        ┌─────────────────────┐
            香蕉 ─○─│ 便秘、黃色、猴子    │
                    └─────────────────────┘
                    ┌─────────────────────┐
            桃子 ─○─│ 壽桃、蟠桃、夸父    │
                    └─────────────────────┘
```

圖 4-6 關鍵字大小 1

　　在上面這張心智圖中，所有的層級分支，關鍵字都使用了同一種字型，而且大小都一樣。我們可以順著圖來看，「西瓜」和「蘋果」是同一層級的關係，但是在這張圖上，我們卻很容易以為「蘋果」和「醫生」、「牛頓」是一個層級，「醫生」和「牛頓」應該是「蘋果」的下一個層級才對。

　　解決這個問題，除了可以更換另一種模板樣式之外，還可以直接在當前的模板基礎上調節關鍵字的大小，用來差別不同層級之間的關係。例如，把「蘋果」和其對應的層級中的關鍵字全部調大、加粗；同時把「醫生」這個層級節點上的關鍵字調小，不加粗。最終的效果就是在主節點和次節點之間形成大小反差，就會得到如下的例子：

4.2 如何繪製心智圖

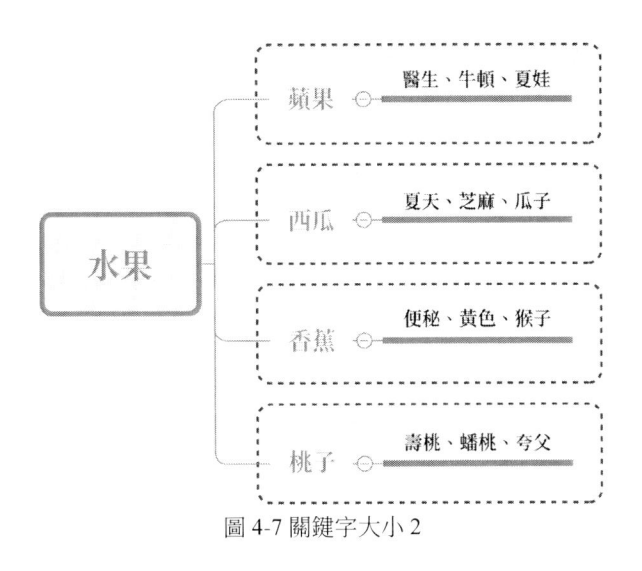

圖 4-7 關鍵字大小 2

4、合適的分支間隔

對稱美是畫面美感的一種，而雜亂無章的心智圖是缺乏美感的。使用合適的間隔距離，調整整個畫面的布局，讓圖表更具有對稱性的美感，是每個製圖者需要掌握的基本技巧。

下圖是一張沒有調整過間隔間距的心智圖：

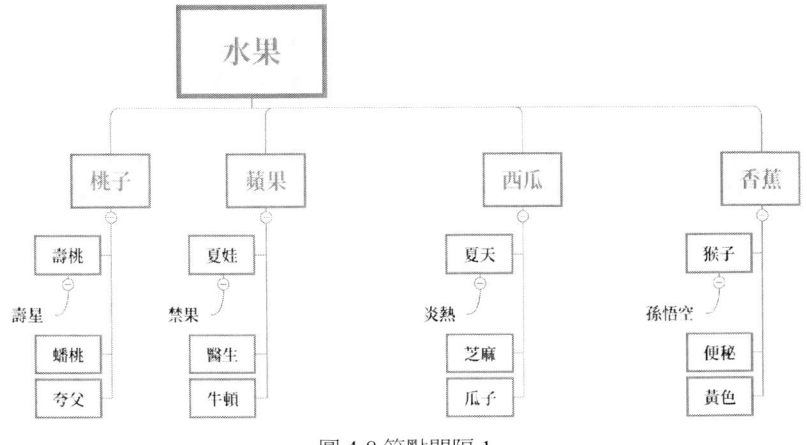

圖 4-8 節點間隔 1

111

第四章　下筆如神，形象思維―心智圖的實用繪製方法

　　從這樣一張心智圖中我們會發現很多的問題，問題主要出現在使用的心智圖的模板沒有按照節點的層級關係排列出合理的間隔。例如，「蘋果」和「西瓜」之間的間隔距離較小，而「香蕉」和「桃子」之間的間隔距離明顯較大。

　　左邊的擁擠和右邊的疏鬆形成明顯的對比，讓整個畫面缺乏「對稱美」。

　　這個時候，我們需要輕動滑鼠，調節一下這幾個層級之間的間隔距離，使其間距一致，看起來更加整齊，具有很鮮明的對稱統一的畫面。如圖：

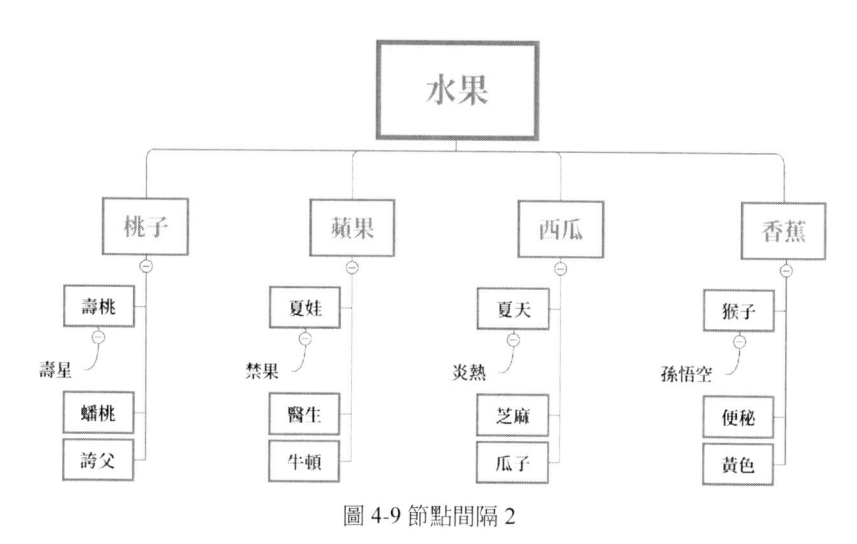

圖 4-9 節點間隔 2

5、對中心主題使用圖像

　　從正常的思維順序和閱讀習慣來說，中心主題就是一張心智圖的核心，它應該是閱讀者第一眼首先關注的地方。作為繪圖者來製作一張心智圖，應該首先來突出這個中心主題，讓其在第一時間就能吸引住閱讀者的眼球。

4.2 如何繪製心智圖

通常最直接的做法就是為中心主題插入一張圖片,用圖像「吸睛」閱讀者。

對於人的眼睛來講,圖像當然要比文字更具有視覺衝擊力。用文字作為載體顯得枯燥,相反在一堆文字中使用一張圖片就會有畫龍點睛的效果。

如下圖中兩種心智圖的對比,相信有圖片的那張圖一定是你第一眼聚焦的中心點。

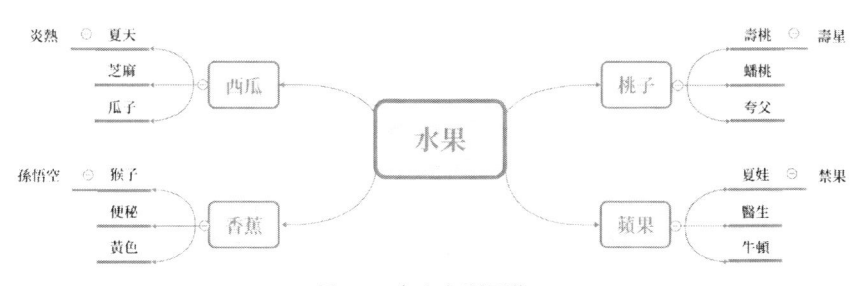

圖 4-10 中心主題圖像 1

圖 4-10 心主題圖像 2

在這裡,圖片還能造成幫助閱讀者拓展思維空間的功能,當閱讀者看到這張畫面,再聯想到心智圖旁邊的子層級的內容會聯想到這裡就是一個果籃,它應該裝載的就是子層級關鍵字所描述的水果。這要比單獨的寫上「水果」兩個字要生動的多。

6、讓心智圖動起來

上面我們講到了讓畫面「吸睛」，接下來我們講如何讓靜止的畫面具有動態的元素。當然，這不是製作動畫，這是一種心智圖的排版樣式，適合某些特定的類型，例如，我們在表述運動類型的心智圖的時候。

在下面一張心智圖中，我們使用了調節字型大小，以及調整排列間隔等多種方法，盡量讓心智圖更具有美感。如圖：

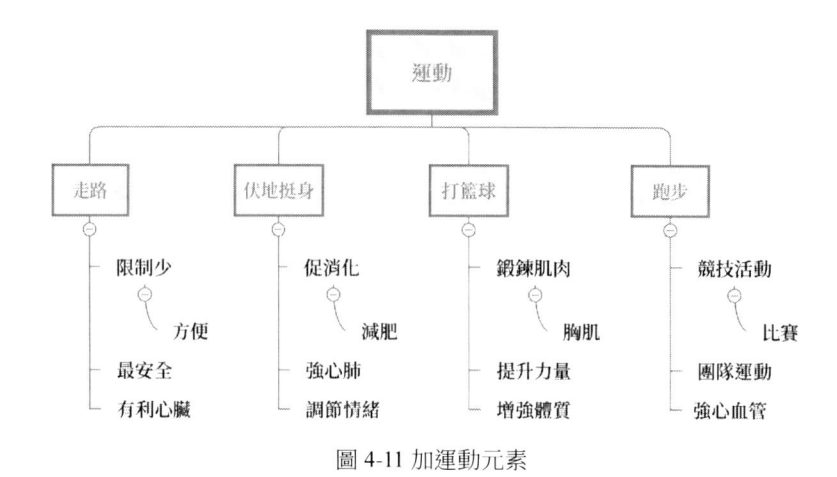

圖 4-11 加運動元素

7、遵循固有的順序

心智圖既然是表述繪圖者邏輯思維的，圖表本身就應該按照繪圖者的邏輯順序來呈現，這也是心智圖要遵循的特性。當一張心智圖具有明顯的邏輯順序的時候，圖表的排列就不應該被認為的打亂，否則條理不清，層次不明。

例如：時間規劃的心智圖，既然是時間，就必須按照前後順序排列，週五當然不可能排在週一的前面。週一的複習和週五的考試，變成了週一考試，週五複習，邏輯混亂。

4.2 如何繪製心智圖

圖 4-12 時間規劃 1

　　沒有人習慣看這樣的圖表，大家習慣性的順序都是從左到右，從上到下。從這一點上，排版一定要按照正常人的習慣來製作。這就是所謂的邏輯合理性！

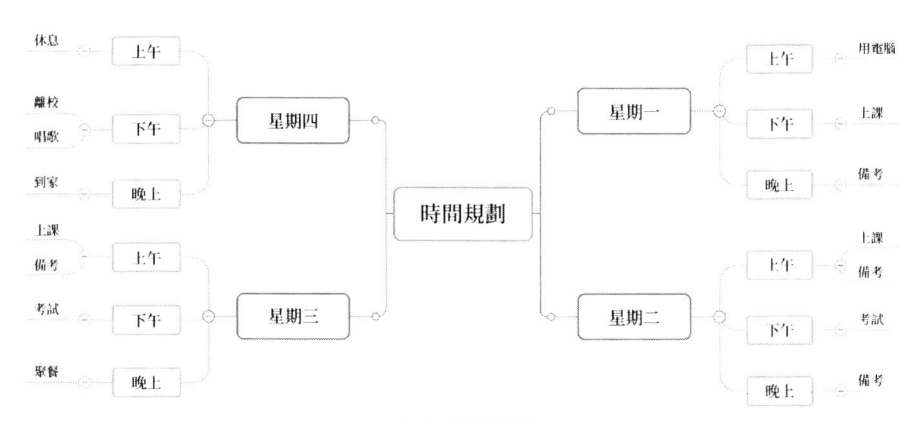

圖 4-13 時間規劃 2

115

第四章　下筆如神，形象思維─心智圖的實用繪製方法

4.3　繪製心智圖的五大禁忌與三大錯誤

雖然前面講了很多關於如何繪製心智圖及許多規則，但是很多理論知識真正運用到實際操作中，還是會犯各種錯誤，還會因為在這個過程中遇到各種問題，而不知所措。為了更清楚的讓大家理解，能真正的把繪製心智圖運用到工作學習中去，我們總結了繪製心智圖的五大禁忌與三大失誤，並作以下講解：

繪製心智圖的五大禁忌

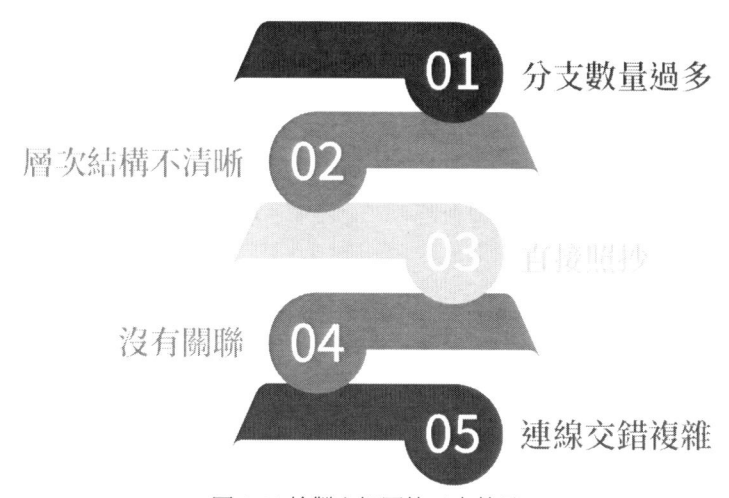

01 分支數量過多
02 層次結構不清晰
03 直接照抄
04 沒有關聯
05 連線交錯複雜

圖 4-14 繪製心智圖的五大禁忌

1、分支數量過多

大腦的擴散性思考能力，會讓我們在繪製心智圖時更加得心應手。然而，不是大腦發散出什麼，在繪製時就毫無章法的分支出什麼，更不

是分支的數量越多越好。一個好的心智圖應該讓讀圖者一目了然，看起來輕鬆愉悅，而不是加重讀圖者的壓力，讓其變得複雜。

如果中心主題確實較為複雜，需要多個分支去解讀，那也得有一定的輕重緩急，可以適當的將心智圖分解為一個全域圖以及單個或多個微觀圖，並且注意各分節點上關鍵字的合理運用。

2、層次結構不清晰

有些人擴散性思考到一發不可收拾的地步，就會貪心想要把自己想像的所有內容都繪製在心智圖裡，然後密密麻麻地畫了一大堆，最後也分不清主次及層次結構，導致邏輯混亂，讀圖者根本不知道思路在哪裡，更不知道中心主題在哪裡，所以保證層次結構是很重要的。

3、直接照抄

直接照抄，是作為繪製者在繪製心智圖時最容易犯的一個錯誤，初學者尤為明顯，總是將自己看到的各種事物就直接照抄畫成心智圖，卻完全忽略了繪製心智圖的本質。不應該總將看到的進行繪製，而是為了引導我們更好的分析思考問題，所以只有不斷地實踐練習，累積經驗，真正提煉到有價值的關鍵字，才有意義。

例如，在繪製有關閱讀的心智圖時，我們完全停止了自己的分析思考能力，直接照抄書名作為中心節點，然後將書的目錄作為關鍵點繪製在各分支節點上，這樣毫無思考的心智圖就是一個失敗的作品。如下圖所示：

第四章　下筆如神，形象思維─心智圖的實用繪製方法

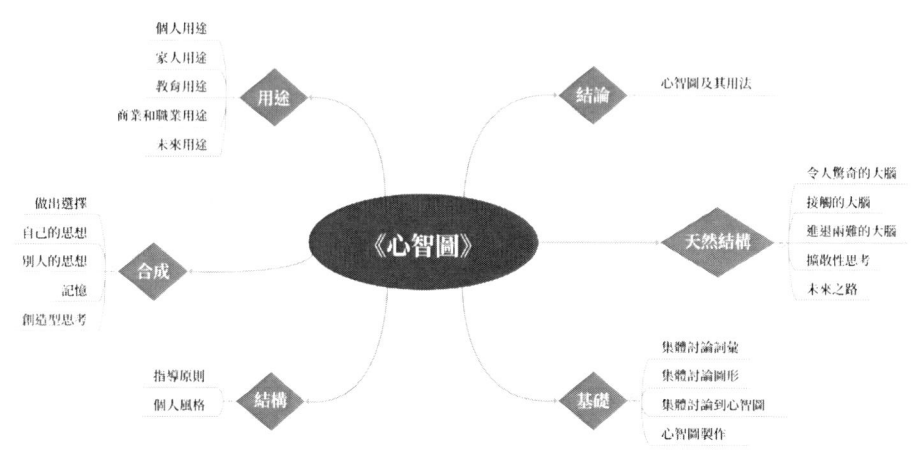

圖 4-15 直接照抄的心智圖

繪製心智圖其本質就是激發思維的擴散，需要想像力及思考力，直接照抄，毫無意義。

4、沒有關聯

我們在繪製心智圖的時候，都必須圍繞著中心主題發散展開，這就好比要寫一篇文章，我們要圍繞中心思想來寫一樣。而中心主題就是心智圖的核心，所有聯想和想像必須圍繞其進行展開。而漫無目的想像和毫無關聯的層次會讓心智圖不知所云，讓人費解。

5、連線交錯複雜

繪製心智圖時，一定要有清晰的線條，這就好比一個交流道，每條路都有通往自己的目的地，如果錯綜複雜，就會讓人如墜五里霧中，不知道每一條路的目的地。在心智圖中同樣是這個道理，心智圖的每一條線條都代表一個思想脈絡，如果連線交錯複雜，也會讓讀圖者找不到繪製思路，而且從檢視布局上看，也顯得凌亂和不美觀。

4.3 繪製心智圖的五大禁忌與三大錯誤

圖 4-16 連線交錯複雜

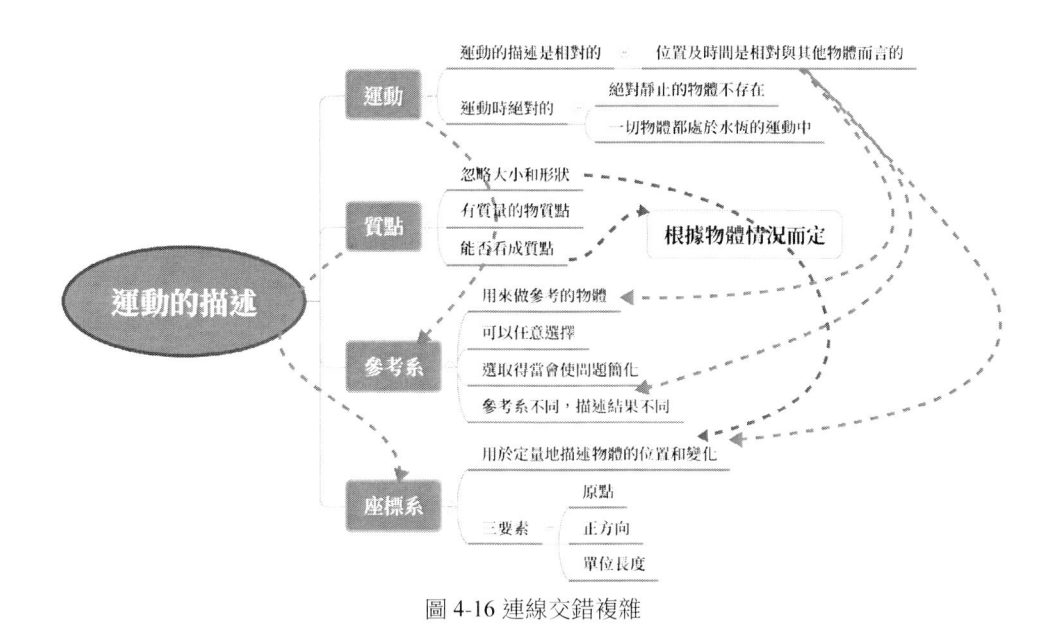

繪製心智圖的三大錯誤

1、在心智圖中新增了負面的想法

　　我們在繪製心智圖的時候，大腦中會湧現各種想法和靈感，這是不受控制的。這些想法中有正能量的，也有一些負能量的。我們雖然無法控制，但是我們在繪製心智圖的時候，可以只保留一些正向有用的內容，而忽略掉那些負面的內容。

　　例如我們在繪製日常生活的心智圖時，常常會在生活中遇到一些不如意的事情，而這些事情就會帶給我們糟糕的心情，並將這些負面的情緒記錄在大腦中，從而鬱鬱寡歡影響到我們的身心健康，這是非常不可取的。所以，在繪製心智圖的時候，就應該盡量避免這部分的情緒干擾，從而正向一些。

第四章　下筆如神，形象思維—心智圖的實用繪製方法

2、因心智圖「亂」而認為自己做不好

對於初學者來說，萬事起頭難，在學習繪製心智圖的時候，會天馬行空沒有目的，從而在繪製心智圖的時候，湧現出大量關鍵字，然後又不會取捨，就會在心智圖上出現很多的分支，使得心智圖看起來非常雜亂無章，最後認為自己學不會繪製心智圖，從而想到放棄。

其實這是完全沒有必要的擔心，對於初學者來說，能有大量的關鍵字湧出，證明的擴散性思考的聯想和想像是很開闊的，只是對重要的關鍵字沒有辦法捕捉和篩選，這種情況在初學的時候時常發生，只要經過不斷學習和長期訓練，就會杜絕這種雜亂無章的情況，從而繪製出思路清晰、結構分明的心智圖。

3、是因為繪畫功底差才繪製不好心智圖

首先我們要明白的是，繪製心智圖，並不是單純意義上的作畫，並不是畫的好看就是一個好的心智圖，因為這不需要當作畫來欣賞。其次，我們要認準繪製心智圖的主要目標的在於彰顯中心主題，抓住重點，清晰的表達邏輯思維能力，一個思路清晰的心智圖就是一個好的心智圖，就算是沒有繪畫功底，也是沒關係的。

4.4　繪製心智圖的技巧

心智圖中的文字與圖形，都具有重要的作用。可以說，正是由於採用了文字與圖形相結合的圖模式，才使得心智圖的內容更形象、更生動，並為我們解決問題帶來了極大的幫助。

當然，想要藉助心智圖的力量來行之有效地解決問題，就需要我們在繪製心智圖的過程中，學會運用一些技巧將心智圖的優勢展現出來。如此，才能將心智圖的作用發揮到最佳。

那麼，在繪製時需要掌握哪些方面的技巧呢？總結起來，主要有以下幾點。

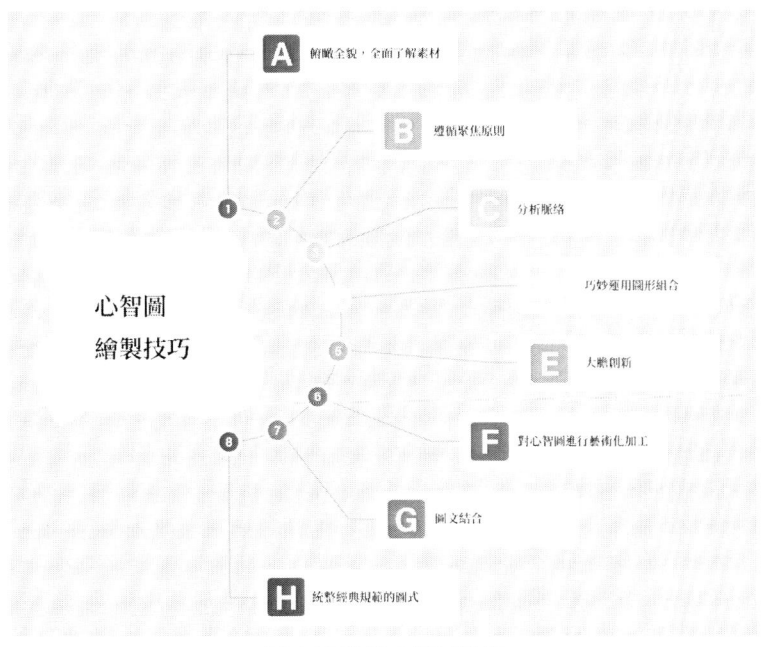

圖 4-17 繪製心智圖技巧

第四章　下筆如神，形象思維─心智圖的實用繪製方法

俯瞰全貌，全面了解素材

每當我們要開始一個新的專案時，應先了解一下該專案的概況，掌握和學習心智圖亦是如此，首先要俯瞰全貌，全面了解素材。

要想學習和掌握心智圖，首先要對所有的素材進行全面的了解。心智圖應該是一個有完整清晰的邏輯結構圖，不能想到什麼就畫什麼。必須先確定中心主題是什麼，然後透過全面深入分析，了解中心主題以及包含的內容。

只有在了解心智圖中心主題包含哪些內容過後，我們心中才會有一個方向，才能知道哪些內容是必要的，確認需要制定的內容以延展的方向。只有這樣才能避免在繪製心智圖的過程中出現遺漏或是跑題的情況；同時也能避免出現想到哪裡寫到哪裡，毫無邏輯的問題。

遵循聚焦原則

雖說繪製心智圖需要擴散性思考，圍繞中心主題盡可能多地延展和發散內容。但是並不是我們擴散性思考出的所有內容都可以填到心智圖上面。

在繪製心智圖的時候，我們會常常會出現思維混亂的情況。例如，當我們在面對一個分支的節點內容時，大腦中會一閃而過很多想法和資訊，但是我們卻不能確定這些內容是否有用，有時覺得好像全部都有用，而有時又會覺得全部都沒有用。

之所以會出現思維混亂的情況，是因為我們在進行擴散性思考之前沒有釐清自己的中心主題。所以，我們在繪製心智圖之前要先確定中心

主題，然後依據這個中心主題進行擴散性思考，也就是說，在繪製心智圖時需要遵循聚焦原則。

要繪製一個有效地、有意義地心智圖，我們必須摒棄那些會擾亂我們思緒的無關緊要的內容，這樣才能確保我們繪製心智圖的效率。因此遵循聚焦原則是非常重要的。

分析脈絡

分析脈絡對於心智圖同樣是非常重要的。

在繪製心智圖時利用我們左腦的分析判斷以及右腦的聯想，先設定一個中心主題，然後依據這個中心主題進行有效的擴散性思考，並抽絲剝繭，最後找出不同事物之間的關係。

心智圖可以充分利用我們大腦的思維邏輯，結構層級清晰分明，具有極強的脈絡，我們可以從中輕鬆地找到關鍵點。所以我們在繪製心智圖時，一點要分析脈絡，確保心智圖的結構層級有邏輯有條理，這樣才能繪製出有效的心智圖。

巧妙運用圖形組合

在繪製心智圖時，可以選擇一些形狀各異的圖形，然後巧妙地組合出一些極具創意的新圖形，利用新穎奇特的圖形去吸引人們的目光，並在吸引他人目光的同時，將自己的所思所想完整的表達出來。

既然心智圖的作用是為了解決問題並留下深刻的印象，那麼在繪製的過程中，我們不妨思維活躍一些，用大腦的創新思維去展開想像的翅

膀，讓圖更具代表性。

例如，處在畢業季的我們即將與朝夕相處的同學們各奔東西時，便可以繪製出一幅內容與形式上別具一格的心智圖，來記錄美好的校園時光。

對心智圖進行藝術化加工

心智圖在繪製時，線條、色彩、符號等方面的功能可以不受限制和束縛，視繪製者的個人需求來定。

需要注意的是，在自由發揮的同時，千萬別讓一些次要的東西掩蓋了心智圖的光芒和意義。

圖文結合

在繪製心智圖時，繪製者如果採用圖文並茂的方式，就能夠更清晰的闡述自己的觀點與意見。

總結經典規範的圖式

隨著心智圖的廣泛運用，越來越多的人開始藉助於心智圖來分析和解決問題。因此，我們可以將一些經典規範的心智圖圖式做為參考，從中汲取一些實用的經驗，方便下次遇到同類型問題時，輕鬆熟練的應對。

以上就是繪製心智圖的八大技巧。如果在繪製心智圖的時候，我們能夠全面地掌握並合理地運用這五大技巧，那麼，我們就能更容易地繪製出一幅精美又實用的心智圖。

4.5　八種基本類型，豐富你的心智圖

心智圖是一種有規律、有邏輯的表達擴散性思考的思維工具，在繪製心智圖的過程中，若想將自己的思考方式清晰明瞭的呈現在他人面前，那麼在繪製心智圖時就一定要思路清晰、邏輯嚴謹，這樣繪製出來的圖內容才更豐富，更讓人通俗易懂。

下面便為大家介紹心智圖的八種基本圖類型。

圓圈圖：爆發腦力激盪

所謂圓圈圖，從字面意思來看自然是與圓圈相關。繪製這種心智圖時大多圍繞著一項中心內容來開展，並以中心圓圈中的中心內容為主題來爆發腦力激盪，讓大腦思維得到發散。

兩個大小不一的同心圓，再配以中心主題，就組成了圓圈圖。而圓圈圖中的內圓便是圖的中心，中心主題的內容繪製者可以自由發揮，不受某些框架的束縛，但外圓的內容則需要和內圓的中心主題密切相關。

圓圈圖最早來源於國外對學齡兒童的啟蒙教育上，利用這種圖型，可以有效的激發和挖掘出隱藏在兒童體內的思維與潛能。基於圓圈圖在人們日常生活和工作中的重要性，也為了讓思維得到更好的發散，在繪製圓圈時我們可以一步步將外圍的圓圈畫大。

看起來，圓圈圖有些複雜，但其實它是一種繪製十分簡單的圖，下面便是一個圍繞「大地」為中心主題的圓圈圖。

第四章　下筆如神，形象思維—心智圖的實用繪製方法

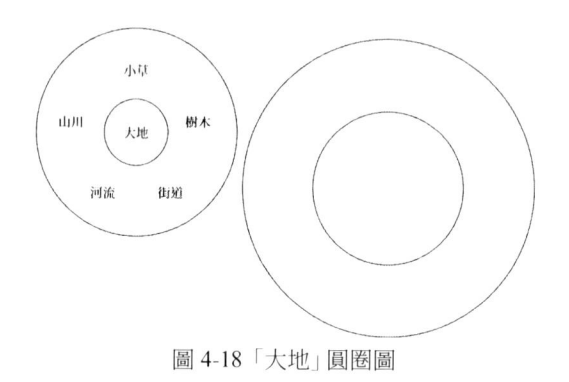

圖 4-18「大地」圓圈圖

氣泡圖：觀察和發現世界

　　氣泡圖實際就是由圓圈圖延伸而來，也是由圓圈組成，但它卻不止內外兩個圓圈，而是以中心圓圈為主題，由上而下、由左到右逐漸延伸到下一層。氣泡圖具有一定的發散延展性，因此，可以不受任何束縛的向外無限延伸。

　　在繪製氣泡圖的過程中，繪製者的思維不僅可以得到多元化的發展，其中心主題也可以藉此得到發散。

　　氣泡圖裡面的中心圓通常用來描繪和填寫某件事物的中心思想，圍繞中心圓四周的圓圈則是它延伸出來的分支，描繪和填寫中心思想發散延展出的有關內容。可以說，氣泡圖的作用就是對事物加以明確定義、詳細解釋、透澈描述的一種圖類型。

　　一張清晰易懂的氣泡圖，不僅可以讓我們快速尋找到一件事物的中心思想和相關內容，還可以鍛鍊和提升思維的發散能力，何樂而不為呢？

图 4-19 氣泡圖

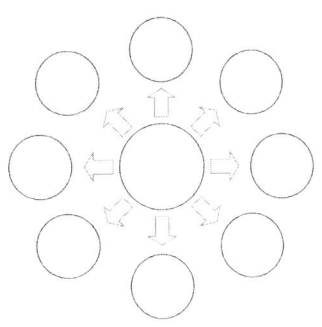

雙氣泡圖：對比更清晰

　　雙氣泡圖由是單一的氣泡圖延伸而來，在圖形結構上看上去和上面所講的氣泡圖有些許相似的地方，但它最大的差別就在於：雙氣泡圖是由兩個不同中心主題且獨立的氣泡連線而成的一個氣泡圖，但兩個中心主題之間卻可以互相對比，將彼此的異同點一一呈現出來。

　　所以，在繪製雙氣泡圖時，我們應在不同的氣泡中心圓圈裡分別填寫所要闡述的中心主題內容，並在分支的圓圈內圍繞中心主題填寫內容。如果兩個氣泡之間的主題內容存在一定的關聯，那麼在繪製心智圖時就要共用一個或多個圓圈，運用分支將兩個獨立的氣泡關聯起來。

　　單看文字描述，可能覺得雙氣泡圖給人的感覺很混亂，不僅有兩個中心主題，在某些主題內容方面又有著共同與不同的分支，縱橫交錯在一起。不過，這些都不用擔心，只要我們思路清晰、邏輯清晰，想要將雙氣泡之間的各項關係分辨清楚，其實是很容易的。因為雙氣泡圖最大、最明顯的特點，就是將兩個中心主題之間的異同點作出清晰而準確的對比。

　　所以，雙氣泡圖常常被用在兩件既有差異又有共性的事物中，以便人們做出更好的對比。

第四章　下筆如神，形象思維—心智圖的實用繪製方法

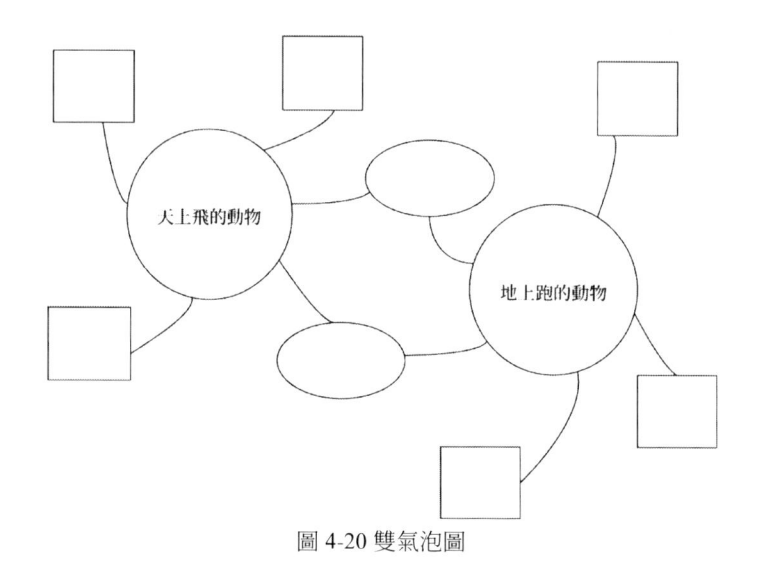

圖 4-20 雙氣泡圖

樹狀圖：歸類更明確

　　樹狀圖的取名來源於他盤根錯節樹枝樣的形狀，與圓圈圖、氣泡圖、雙氣泡圖不同的是，樹狀圖在層級上可以由中心主題進行無限延伸，並在延伸出的層級上再次進行延伸。

　　當然，第二層需要圍繞第一層所要表達的中心主題的關鍵字延伸，第三層需要圍繞第二層所要表達的中心主題關鍵字延伸，並以此類推。因其圖形象樹枝一樣呈發散狀，因而得名，它最明顯特徵就是對即將完成的事物，進行明確的分類或分組。

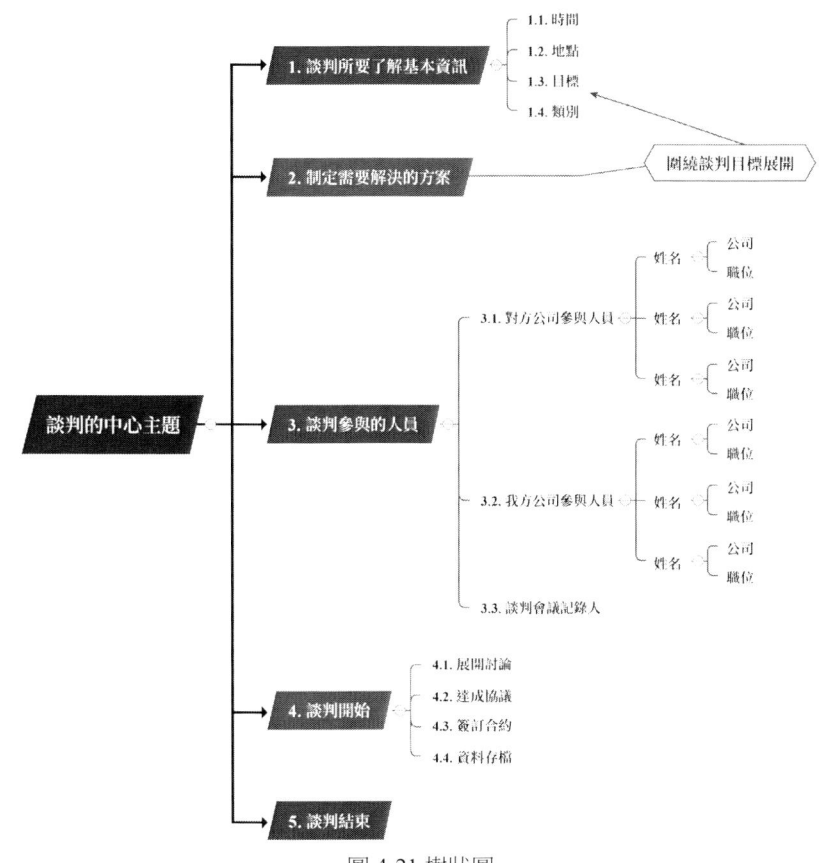

4.5 八種基本類型，豐富你的心智圖

圖 4-21 樹狀圖

括號圖：細化分解

單純從括號圖的形狀上來看，似乎與樹狀圖有些相似，但差異還是存在的，樹狀圖是圍繞中心主題進行無限延伸，而括號圖則是對一件事物進行詳細而透澈的分解。

舉個例子，我們要對某個州進行細化分解，由州到郡、到區、甚至市、鎮、村進行劃分的話，便可以運用括號圖。

第四章　下筆如神，形象思維—心智圖的實用繪製方法

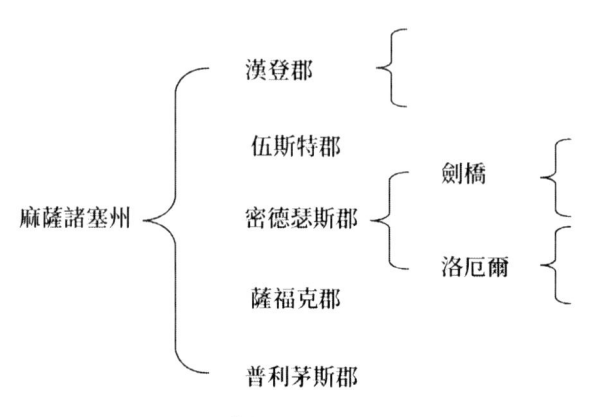

```
                ┌ 漢登郡      {
                │
                │ 伍斯特郡
                │              ┌ 劍橋     {
麻薩諸塞州  ┤ 密德瑟斯郡 ┤
                │              └ 洛厄爾   {
                │ 薩福克郡
                │
                └ 普利茅斯郡
```

圖 4-22 「麻薩諸塞州」括號圖

透過上面這幅括號圖，想要輕鬆了解麻薩諸塞州的部分組成，一目了然。

當然，在繪製括號圖時方向一定不能隨意，其中心主題一定要在圖的最左側中心位置，以括號的形狀來對每一層級進行細化和分解。

流程圖：思維更具程序性

流程圖，顧名思義就是對事物的步驟、順序等內容進行概述，它也是我們在日常生活和工作中廣泛運用的一種圖。

流程圖的繪製其實很簡單，只要把中心主題的關鍵字填寫在起始方框中，然後以箭頭的形式將接下來的方框一級一級的連線起來，且在每個方框中填寫每一階段所要完成的步驟、順序等相應內容。這樣，一幅邏輯清晰的流程圖就繪製出來了。

正是因為流程圖具有的清晰性，使得其在各行各業得到了廣泛的運用。也因此，我們在繪製和運用流程圖的過程中，可以讓自身思維更具程序性。

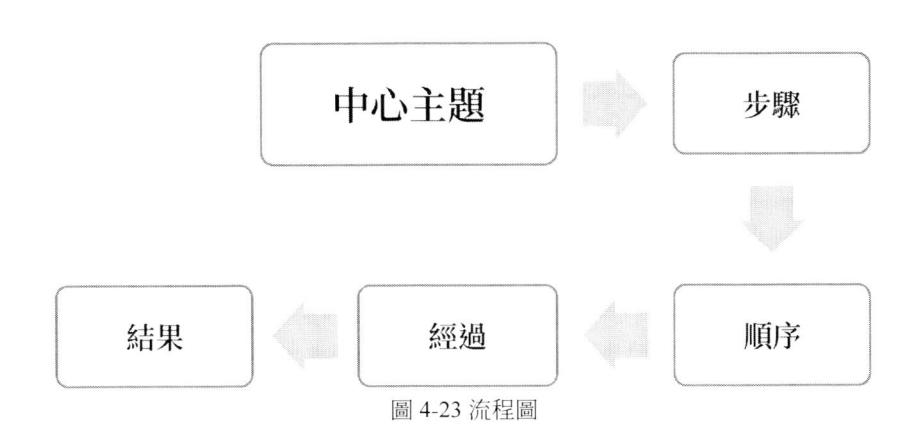

4.5 八種基本類型，豐富你的心智圖

圖 4-23 流程圖

因果圖：探究原因和結果

和前面一樣，因果圖也可稱之為普通流程圖的更新版，在形狀上看著與普通流程圖相似，但在內容和繪製上卻有著明顯差異，因此因果圖也可稱為多重流程圖。

具體來說，其不同之處主要展現在以下兩方面：

1、描述內容不同

普通流程圖是由中心主題向外延伸，透過流程圖一級一級的向人們描述事情的發展經過，而因果圖則是對一件事情的來龍去脈做描述。

2、繪製方法不同

普通流程圖在繪製的過程中，是將中心主題做為開端，並放在最前面，對延伸的內容進行一級一級的描述；而因果圖在繪製時，則是將中心主題放在正中間，左右延伸的方框內容都與正中間的中心主題內容相關。

第四章　下筆如神，形象思維—心智圖的實用繪製方法

而且，因果圖在方向上也是靈活多變的，既可以橫向也可以縱向。當然，因果圖在做橫向繪製時，左側方框的內容需要圍繞正中間的中心主題思想來展開，可以寫事件的起始原因，透過中心主題的延伸就演變成了右側的最終結果；但若是以縱向的方式來繪製因果圖，那麼事情的起始原因便可以填寫在上方方框中，而結果則填寫在下方方框中，中間依舊是整個事件的中心主題。

透過因果圖的描述，想要將一件事情的來龍去脈了解的清晰透澈，將不再是難事。

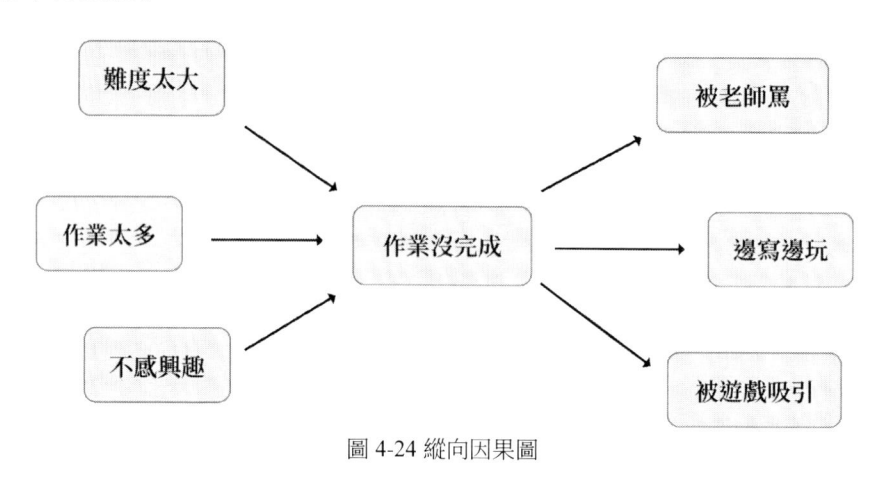

圖 4-24 縱向因果圖

橋形圖，建立類比關係

和上面其他圖形相比起來，橋形圖可能會讓人感覺比較陌生，但實際上它也是心智圖的八種基本類型之一。

當我們遇到幾個同類或不同類的事物時，想要突顯它們之間的不同之處，或是將它們做出類比時，這時運用其他的心智圖來表現的話，結果可能會一塌糊塗。

這時候，橋形圖就派上用場了，它最大的特點就是建立類比關係，以類比和類推的方式，將同類或不同類的事物做出分析和比較。當然，在做分析和類比時，其內容一定要圍繞中心主題展開，讓彼此間有關聯才行，然後依據它們的相關性，再來列舉一些具有關聯性的事物。

例如，下面這幅橋形圖就向人們展示了其關聯性。

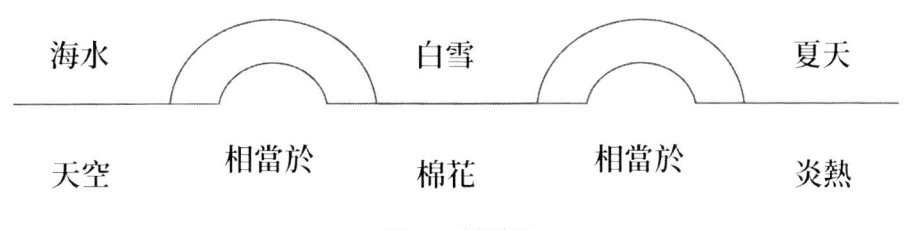

圖 4-25 橋型圖

第四章　下筆如神，形象思維―心智圖的實用繪製方法

第五章
抓重點,理脈絡 ——
心智圖的高效閱讀技巧

如果說閱讀是「輸入」,是吸收資訊,那麼,繪製閱讀心智圖就是「輸出」,是將所理解的資訊有效地表達出來。在閱讀的過程中只有在「輸入」的基礎上進行「輸出」,才能更容易理解閱讀內容、抓住閱讀重點、建立閱讀邏輯、加深閱讀記憶、吸收閱讀知識。

當然,繪製閱讀心智圖也是一個循序漸進的過程,本章,筆者將為大家詳細介紹繪製、閱讀心智圖的相關理論知識,以期讓大家更好地了解閱讀心智圖的重要作用和繪製方法。

本章內容安排如下:

閱讀的四個層次、閱讀的不良習慣和快速閱讀的基本原則;

心智圖閱讀的好處及應掌握的基本能力;

繪製閱讀心智圖的方法;

閱讀心智圖的繪製範例。

第五章　抓重點，理脈絡—心智圖的高效閱讀技巧

5.1　你真的懂閱讀嗎？

提到閱讀，你一定不會陌生，然而，提到閱讀的四個層次、閱讀的不良習慣以及快速閱讀的基本原則，相信大多數人一定會一頭霧水，而這些問題，也正是我們本節要探討的主要內容。

閱讀的四個層次

一般來說，閱讀，就是我們從書本上獲得知識、思想和資訊的一種行為，它不但能豐盈我們的內涵，還是能讓我們開闊眼界。愛好閱讀的人，都有很強的求知欲，往往會根據自己的需求主動去學習，以完善自己的知識。

閱讀是一種輸入，而表達是一種輸出，有很多人閱讀完一本書後，就認為自己讀懂了書裡的全部內容。但是當別人問起書裡所講的內容時，就陷入似懂非懂的狀態，不知從何說起，就算說起，也是沒有主次之分，缺乏邏輯性。為何如此呢？這是因為在閱讀的過程中，只是片面地理解了文字表面的意思，卻沒有理解文字背後的深刻意涵。這樣的閱讀是無效的閱讀，對我們沒有任何作用。

有效的閱讀讓我們從文字到字義、再從字義到句子、再從句子到段落、乃至到整篇文章的理解過程，掌握文章的含義，理解作者要表達的意思，才是有效的閱讀。

有效的閱讀，在於我們透過閱讀來體會且感悟作者在書中所傳達的思想，在讀懂背後概念的基礎上，結合我們生活中的各種經驗，從而悟出屬於自己的一套處世之道，最終創造屬於自己的人生財富。

歸納起來，閱讀理解力可分為以下四個層次：

1. 掌握關鍵要素：5W2H（Who、What、When、Where、Why、How、How many、How much），即「人、事、時、地、物、因、果、成本」。
2. 掌握書中重點之間的邏輯關係。
3. 了解文字背後的隱含意義、理解內容與自己的關係。
4. 如何將書中的思想運用在自己身上。

閱讀有高低層次的差異，低層次的閱讀，只要簡單分析出「作者講什麼？如何講？」就可以了。但是高層次的閱讀，就必須具備良好的閱讀能力，還要提煉出文章中的結晶，來結合自己的人生經歷、知識背景和思想深度，使之變成自己的知識。

想要對書本有更深層次的理解，我們可以參加一些有內涵的讀書群，大家一起分享讀書感悟，進行「批判性思考」，可以得到全面的理解，也可以進一步挖掘文章深度。閱讀具有自我性，想要達到更高的閱讀層次，還需自己慢慢摸索，學會運用多角度去解讀書中的內容，豐富自己的知識系統，以便學以致用。

三種常見的不良閱讀習慣

在閱讀上，沒有人是十全十美的，都存在各式各樣的缺點，這讓有些人對自己的閱讀能力不是很自信，也就對閱讀效果感到不滿意。其實有的人也明白在閱讀中遇到的障礙，卻不知道具體的障礙到底是什麼。

前面我們已經講過，閱讀是我們從書本上得到思想與知識的行為，這個行為過程，讓我們得到的不僅是文字，還包括符號、公式、圖示、

第五章 抓重點，理脈絡—心智圖的高效閱讀技巧

圖表和文章架構等。通常在閱讀時，很多人都犯下這樣的不良習慣，例如默唸、逐字閱讀、和回頭閱讀。正是因為這三個不良的習慣，導致了我們的閱讀成果收效甚微，甚至對閱讀有沉重又壓抑的感覺。

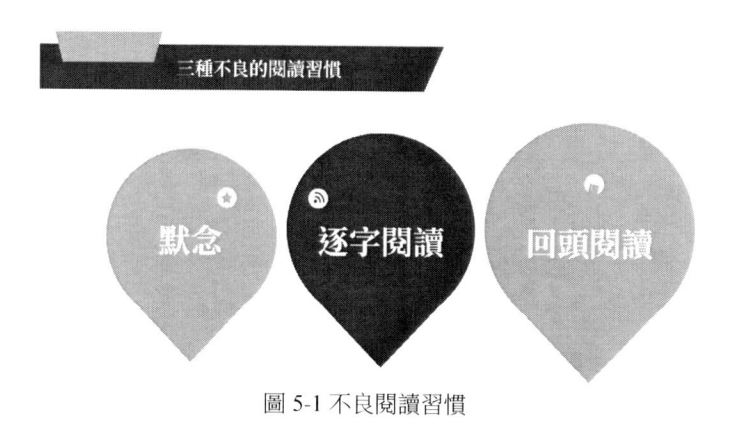

圖 5-1 不良閱讀習慣

1、默唸

從我們開始學習國文時，老師就經常教我們默唸課文，一般老師先讀一遍，我們在下面跟著默唸一遍，這種學習方式，久而久之，就變成了一種不良的習慣。然而，我們從未對這種學習方式提出過質疑，以至於我們今後閱讀時習慣默唸。

我們知道，默唸的速度比說話的速度慢，而說話的速度比大腦在閱讀時思考的速度更慢，由此推斷，在閱讀的過程中，默唸嚴重地拖住了閱讀速度的後腿，導致閱讀效果不理想，也會耗費自己的時間。

就拿讀英文單字來說，如果我們默唸單字，最快的速度是每分鐘大約 150 個單字。但是透過出聲閱讀單字，最快的速度則是每分鐘 200 至 300 個單字，這就能充分表明默讀不是閱讀的好習慣。

2、逐字閱讀

　　逐字閱讀，是很多人都會有的閱讀習慣，這種習慣，會為我們帶來兩種不良的效果，其一是嚴重影響閱讀的進度，其二是妨礙我們理解書中的內容。當我們在逐字閱讀時，往往把更多的注意力傾注到某個字或詞上，而忽視對整段落或整篇文章的理解上。導致我們「撿了芝麻，丟了西瓜」，得不償失，不能更容易理解整篇文章。

3、回頭閱讀

　　其實很多人都有回頭閱讀的習慣，之所以會不自覺地回頭閱讀，是因為覺得自己前面閱讀時注意力不集中，或者記憶力差，亦或是對某些句子或段落不太理解。可偏偏這種閱讀習慣為自己帶來很大的閱讀障礙，會更加造成解讀混亂，分不清前後關聯。

　　其實，回頭閱讀對我們對全文的理解幫助並不大，只會為我們的理解帶來難度，要是我們陷入對某一個詞或某一個句子的重複閱讀，勢必會影響我們大腦的充分發揮，導致我們不能理解整體內容。

　　回頭閱讀只會引起不良的結果，因為最近閱讀的文字不能及時了解，又重新回頭閱讀，就導致閱讀的內容越多，需要重複閱讀的次數也就越多，久而久之，就會形成一種惡性循環，弱化我們的記憶力，使我們對內容的掌握做不到系統性，知識資訊雜亂無章，不利於記憶。由此可知，在閱讀的過程中，務必要全神貫注，對自己有信心，自覺地從內而外進行改善和訓練，以便改善自己回頭閱讀的不良習慣。

　　上面所講的，全是我們在閱讀時養成的不良習慣，希望大家透過了解之後，改善自己，讓自己養成良好的閱讀習慣。

第五章 抓重點，理脈絡—心智圖的高效閱讀技巧

快速閱讀的基本原則

生活在如今高效率學習和高節奏工作的社會環境中，我們只有高效率地學習，有效地閱讀，才能短時間內發揮學習的功效，才能更好適應社會。不斷加強學習，就要求我們學會快速閱讀，以便高效率地吸收新的知識，完備自己的知識，加深自己的思考深度。那麼，我們怎麼做到快速閱讀呢？

通常來講，只要我們在閱讀的過程中充分掌握下面的基本原則，就能提高自己的閱讀速度了。

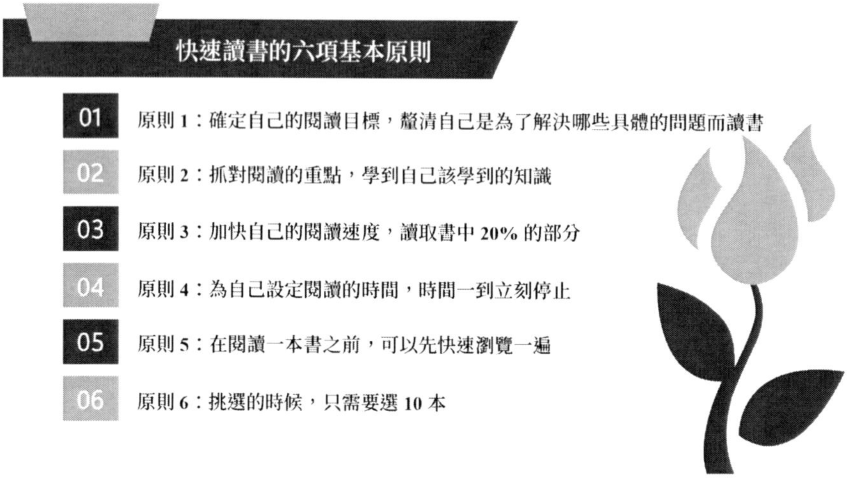

快速讀書的六項基本原則

01 原則1：確定自己的閱讀目標，釐清自己是為了解決哪些具體的問題而讀書

02 原則2：抓對閱讀的重點，學到自己該學到的知識

03 原則3：加快自己的閱讀速度，讀取書中 20% 的部分

04 原則4：為自己設定閱讀的時間，時間一到立刻停止

05 原則5：在閱讀一本書之前，可以先快速瀏覽一遍

06 原則6：挑選的時候，只需要選 10 本

圖 5-2 快速閱讀的基本原則

1、確定自己的閱讀目標，釐清自己是為了解決哪些具體問題而讀

只有在我們釐清自己的讀書目標之後，才能忽略那些不重要、枝微末節的部分，直接抓住自己需要的、重點內容的部分，以達到快速閱讀的目標。

2、抓對閱讀的重點，學到自己該學到的知識

閱讀一本書，並非要求自己從頭到尾讀完，而是先了解作者想要表達的主旨與主題，我們才能直接掌握重點。一旦掌握重點，那麼就算選擇跳讀也不會影響你對內容的理解。

3、加快自己的閱讀速度，讀取書中 20% 的部分

很多人都擔心在閱讀的過程中遺漏重要的內容，其實不用太擔心。我們閱讀時，多少都會有遺漏，只要不影響整體理解的情況下，可以快速閱讀，因為快速閱讀可以節省時間，還可以大大提高我們的閱讀量，吸吮到更多的知識。我們讀書的目的是為了充實自己，儲備自己的知識庫，建立屬於自己的知識架構，好讓我們在生活和工作中順利地實現目標。所以，讀書時，若是讀 20% 的部分就能理解全部的內容，就可以忽略那 80% 的部分，這樣是一種有效的閱讀。然後把更多的時間用在閱讀更多的書籍上，以便自己廣泛地得到其他書上的精髓。

4、為自己設定閱讀的時間，時間一到立刻停止

為自己設定閱讀的時間，使我們在精神上有緊迫感，這種緊迫感促使我們更專注，潛意識地把多餘的內容和沒有內涵的部分剔除掉。當然，不同類型的書籍，有不同的時間設限。例如讀一本商業書，最好是 1 至 2 小時讀完；有助於我們潛能開發類的書籍，讀一本只需花 1 小時就可以；對於我們從未涉獵的書籍，需要 2 小時進行閱讀即可。

5、在閱讀一本書之前，可以先快速瀏覽一遍

一般來說，當我們拿到一本書，先看書名和作者。知名作者所著，書的品質就能得到保證。還有根據作者所屬的領域，學者類的作者，書

第五章 抓重點，理脈絡—心智圖的高效閱讀技巧

的內容肯定偏向學術方面。企業類的作者，書的內容肯定側重於企業經營、成功案例等。

再者，快速瀏覽書的前言、目錄和後記等，了解這些要素，才能大概了解這本書的範圍和主題。

6、挑選的時候，只需要選 10 本

懂得選讀書目，有助於我們快速掌握某一領域的資訊與動向，例如商業書籍，不需要買全部回來閱讀，而是從中精選 10 本出來閱讀就能大概掌握當前的商業形勢，因為商道萬變不離其宗，很多書籍的內容，都是換湯不換藥，差別只是在運用技巧上。

那麼，我們如何挑選出這 10 本書呢？

首先，釐清我們要做什麼，想實現什麼，確定自己的讀書目標。然後圍繞這個目標挑選相關的書籍，而且要挑選出其中有品質的書籍。

確認自己的讀書目標後，選書可以用類別集中法。要是對心理學感興趣，就專注選讀這個類別的書，進行大量閱讀。我們想讀透某一領域的知識，必須靠大量的閱讀，才能妥善分析哪些是屬於客觀存在的規律，哪些是屬於作者自己的觀點。

其次，適合自己的才是最好的，選書也是這樣。不管我們想要實現哪種目標而讀書，也要懂得選擇適合自己的書，因為晦澀難懂的書，閱讀起來只會讓自己失去信心，從而耽誤自己的時間。

最後，為了讓我們在生活和工作中更順利，經驗類的書最為適合我們，因為這方面的書是作者根據個人的生活經歷提煉出來的，給我們參考的價值很大，例如讀商業類的書，就能學習別人的成功之道，以防自

己走彎路，走錯路。而專業類的書，則理論重於實踐，我們能用來借鑑的地方就很少。

總之，在讀書時，建議我們採用二八法則，在我們明確讀書的目標之後，能夠又快又好地掌握書中的知識。

5.2 心智圖閱讀的好處及應掌握的基本能力

　　心智圖靈活的思考方式決定了它可以廣泛運用到生活、工作中的各個領域。在閱讀的時候，我們其實也可以運用心智圖來梳理一本書的閱讀脈絡。並且，這種特別的閱讀方法有它自身獨特的魅力和優勢。那麼，在本節的內容中，我們就將和大家共同來探討一下心智圖閱讀的好處以及在運用心智圖來製作一本書的閱讀脈絡時所需要具備的基本能力。

運用心智圖進行閱讀的好處

　　查詢、刪除、排序、分析、創新是運用心智圖閱讀可以增進的五種閱讀能力：

1、查詢

　　運用心智圖能讓我們更好地用正確關鍵字查詢出重點資訊並進行閱讀。當然，快速瀏覽也可以幫助我們找出和抓住重點，但是二者相比，運用心智圖能更好地提高閱讀效果和閱讀速度。

2、刪除

　　心智圖能幫助我們在時間緊迫的情況下，擁有略讀、跳讀的能力；而在時間充裕的情況下，擁有足夠的耐心去充分理解書的內容。

3、排序

心智圖可以幫助我們把書籍的閱讀次序排好,並且根據自己的閱讀目的挑選書籍。

4、分析

書中哪些知識是可以用的,哪些地方存在不足之處,怎樣改進等系列問題如何破解?運用心智圖閱讀就能幫助我們分析,從而讓我們擁有更好的分析能力,並進行批判性思考。

5、創新

運用心智圖閱讀,可以創新自己的思維,有助於我們更好地學習跟閱讀。

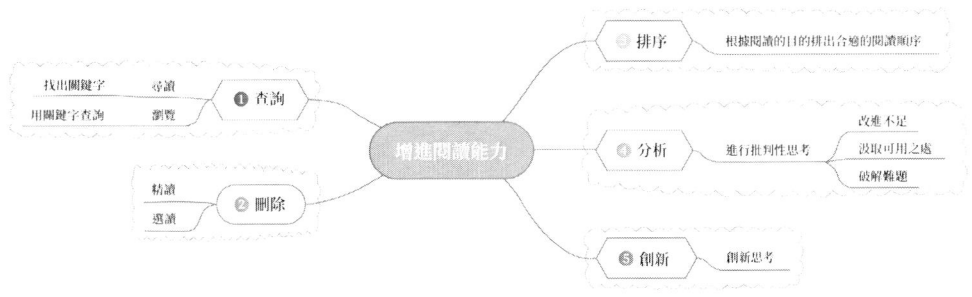

圖 5-3 運用心智圖閱讀法可以增進的五種閱讀能力

心智圖閱讀應掌握的基本能力

以上我們分析了心智圖閱讀的好處,看到這裡,很多人可能已經迫不及待地想要嘗試一下心智圖閱讀法了。需要注意的是,儘管心智圖閱讀法並不複雜,但是在進行具體的操作前,我們還是要掌握一些基本能

第五章　抓重點，理脈絡—心智圖的高效閱讀技巧

力。具體來說，就是要學會文字化和圖解化。

閱讀文章、找關鍵字、分辨主要重點與次要重點、圖解關鍵字及彼此的關聯性、結合圖像記憶術是我們閱讀書籍時常用的五個步驟，如圖所示：

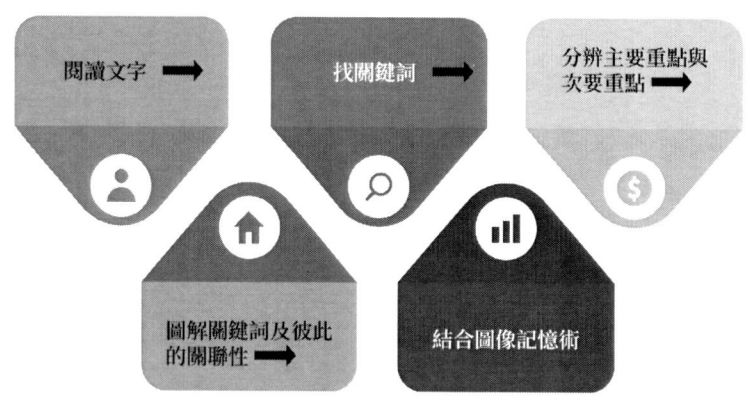

圖 5-4 閱讀心智圖的五個步驟

其實以上的五個步驟，在我們把心智圖運用於閱讀的過程中，主要只需記住第四和第五這兩個步驟：圖解關鍵字彼此的關聯性、結合圖像記憶術。

那麼接下來我們來了解一下心智圖繪製的四種類型：基本文字型心智圖、插圖型心智圖、圖解型心智圖、圖像記憶型心智圖。

①基本文字型心智圖

顧名思義，基本文字型心智圖就是指由文字關鍵字構成的心智圖。這類圖使用線條把關鍵字連結起來，用線條來表示各關鍵字彼此間的邏輯關係。因為整個畫面看起來本身就是圖像，因此常用手繪心智圖可以增強理解記憶的能力。

5.2 心智圖閱讀的好處及應掌握的基本能力

圖 5-5 基本文字型心智圖

②插圖型心智圖

通常，圖像比文字還容易記得久、記得牢，並且，有插圖的心智圖看起來也比較有趣。

正常來說，插圖型心智圖裡的圖形，多數人都是能夠理解的。如果依照圖像等級來說，插圖型心智圖裡的圖形其實就是幼稚園等級的轉圖像能力，例如，「音樂，就畫個音符」，這在我們上幼稚園的時候就有這種能力了。

由於圖像記憶能力必須透過不斷地畫，才能逐漸熟能生巧，因此，很多心智圖初學者可能畫出的心智圖並不理想。甚至，很多人還會因此而放棄畫插圖，這其實是很可惜的。

第五章　抓重點，理脈絡—心智圖的高效閱讀技巧

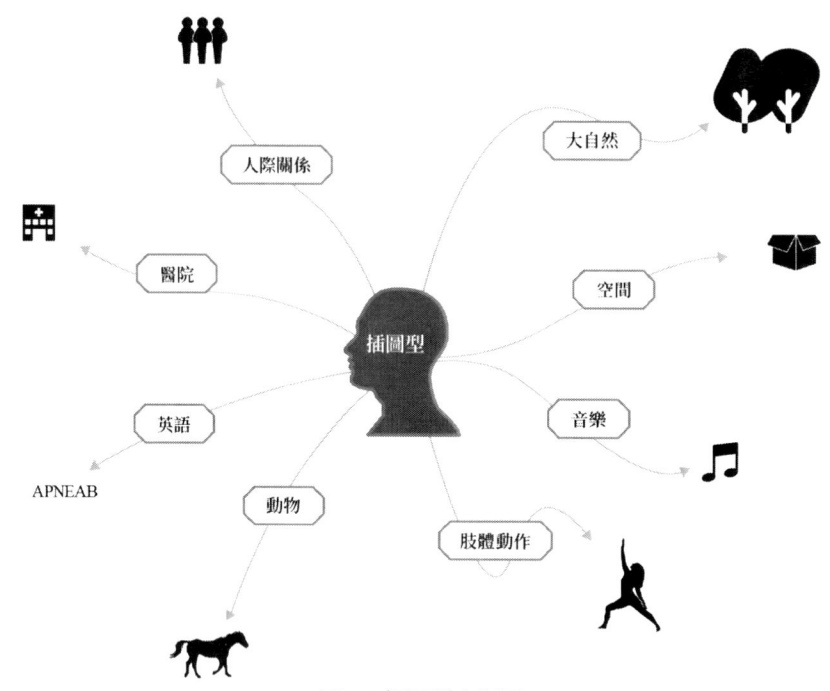

圖 5-6 插圖型心智圖

③圖解型心智圖

包含有文字、插圖和表格，並且由關鍵圖構成的心智圖就可以稱之為圖解型心智圖。如圖所示：

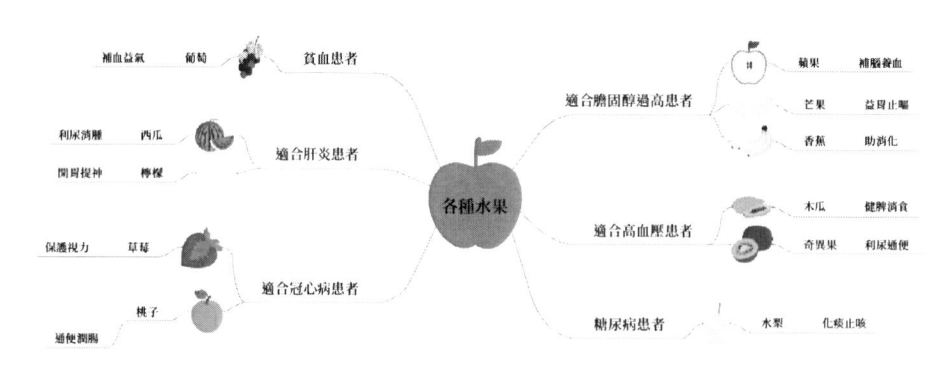

圖 5-7 圖解型心智圖

④圖像記憶型心智圖

所謂的圖像記憶型心智圖，就是指那些將每一各分支的關鍵圖都結合成為了一個有前因後果和關聯性記憶圖像的心智圖，它的主要特徵是兼具了圖像及整理記憶。

我們都知道，理解記憶和圖像記憶是圖像記憶的兩個階段。理解記憶顧名思義就是在讀懂後，才可以記憶得更深刻。基本文字型心智圖本身的圖像化效果對於我們理解並記憶心智圖主要內容是非常有幫助的。從這個角度來說，基本文字型心智圖能夠讓我們記得更久、記得更牢。

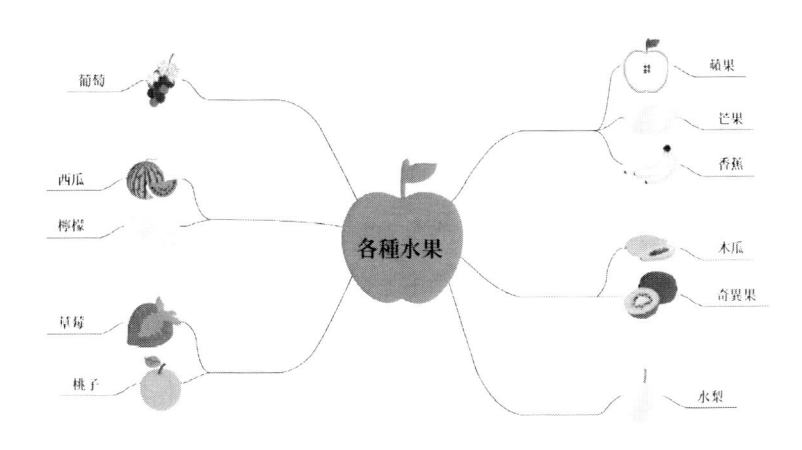

圖 5-8 圖像記憶型心智圖

以上四種心智圖，也代表著繪製心智圖的學習重點——從「文字化」到「圖解化」。

想要達到閱讀理解力的第一層次「掌握關鍵要素」及第二層次「掌握重點間彼此的邏輯關係」程度，你需要具備畫出正確的「基本文字型心智圖」的基礎能力。

插圖型心智圖可以訓練並引導右腦的圖像化能力，它是文字化到圖

第五章　抓重點，理脈絡—心智圖的高效閱讀技巧

解化的一個過渡期。那麼，應該如何表示自己的左腦邏輯力與右腦創意圖像力在同步提升呢？簡單來說，當你進展到能用各種不同的圖表、圖解來展現重點間的邏輯關係，並能繪製出「圖解型心智圖」和「圖像記憶型心智圖」時，你的思考效率會愈高，記憶力也會愈強。

在畫心智圖時，還有一個事實我們需要清楚：雖說畫出圖解型或圖像記憶型心智圖對加強記憶最有幫助，但假如真的遇到自己畫不出來的文字，寫字還是必要的。因為如果圖像漂亮，關鍵字和邏輯卻錯誤，那花費過多時間在畫圖上，心智圖就就變得本末倒置了。要明白，雖然畫圖像可以提升記憶效果，但它絕非畫心智圖的唯一重點。心智圖的關鍵還是在於寫出關鍵字，並妥善表達關鍵字間的邏輯關係。

當然，每個人繪製的心智圖都是只屬於自己的心智圖，是獨一無二的。因為每個人的閱讀目的、閱讀對象、背景知識和邏輯架構都是不一樣的，只要自己使用起來得心應手，不管是什麼樣的心智圖，都是好的心智圖。

5.3　閱讀心智圖如何畫？

藉由上面的章節，我們學習了心智圖閱讀的好處以及基本能力。接下來我們將繼續了解繪製閱讀心智圖的具體方式及步驟。

在繪製閱讀心智圖的時候，為了有足夠大的空間將一本書的關鍵情節或內容展現出來，選擇一張足夠大的紙是繪圖的第一步。

在繪製的過程中，整理出書中的關鍵字和重點才是最重要的。因為繪製心智圖的目的就是讓自己清楚、明確地知道自己想要了解的重點是什麼。心智圖的繪製不用太花俏，只需要明示書中的流程，用簡單的方式表達即可。 接下來，我將從心智圖的繪製階段、繪製步驟、錯誤的繪製過程三方面來和大家共同聊一聊心智圖的繪製。

繪製階段

我們要繪製讀書類型的心智圖，並不是從開始讀書就下筆繪製的。那麼，我們究竟要從哪裡開始繪製心智圖呢？

沒有調查就沒有發言權。同樣的，繪製讀書心智圖也是如此，想要繪製一本書的心智圖，至少要先把這本書通讀一遍。我們知道在繪製心智圖前應該對所要了解的問題有一定的先備知識，也就是說在繪製時需要俯瞰全域性。當我們把書通讀一遍後，就能了解這本書的主要內容和整體框架了，然後才能了解書中想要表達的主要思想是什麼。

了解了一本書的主要內容和整體框架後，在進行第二遍或第三遍閱讀的時候，我們就可以開始繪製心智圖了。

第五章 抓重點，理脈絡—心智圖的高效閱讀技巧

在運用心智圖對一本書進行脈絡整理時，是側重呈現梳理書籍大綱，還是側重呈現書中的知識要點，或者是側重呈現自己讀書後的讀後心得呢？首先，要選擇出我們想要呈現在心智圖上的內容。

關於中心問題的選擇，我們可以根據所閱讀的書籍類型，以及自己所需要記憶的具體內容，去選擇不同的中心主題。然後根據自己選定的中心問題，從不同的角度出發，展開擴散分析。

剛開始繪製心智圖時，我們很可能對於書中關鍵點的掌握不熟練，那麼我們可以把自己認為重要的點都放進去，然後在總結的時候，再根據自己對書籍的理解重新梳理關鍵點，調整心智圖。在最後整理心智圖的時候，可以更深入的整理。把書中精彩的內容或是非常重要的關鍵點，作為備注分支新增到心智圖中，這樣整個心智圖就會更加完整。

繪製步驟

在書中得到所需要的知識是我們讀書的目的。運用心智圖，我們可能更快地掌握書中的知識，因為心智圖可以把一本書變成一張對我們來說簡單易懂易記憶的圖，然後把所學的知識複製到我們的大腦之中。

多說無益，為了讓讀者更容易理解用心智圖讀書的好處，下面，我們會給出一個運用心智圖讀書的步驟。

需要注意的是，接下來的步驟只是為大家提供一種思路，而並不是強制性的。在具體的操作中，還是需要根據實際情況來定，並透過不斷地練習、摸索繪製出適合自己的讀書心智圖。

繪製閱讀心智圖的步驟如下：

5.3 閱讀心智圖如何畫？

- 第一步：為了對整本書的內容有一個初步的整體了解，我們首先需要瀏覽書的目錄，然後快速翻閱書章節的內容。接著根據這本書的封面及內頁插圖在 A3 紙的中央畫一個圖像（紙張不能太小，否則沒有足夠的空間記錄一本書的內容），當然所畫的這個圖像也最好與本書的主題和內容有關，否則會干擾我們對本書的理解和記憶。

- 第二步：根據書的目錄和章節內容，從中央開始畫出這本書心智圖的第一層和第二層，確定好主要分支的位置，把空間預留好，然後為自己設定閱讀時間和閱讀任務量。如果主要分支數超過 7 個分支，為了保證各分支有足夠的記錄空間，那麼支目過多的這本書最好製作兩個心智圖。

- 第三步：找關鍵字。一般情況下，關鍵字占詞彙總量的 10% 左右，多半為名詞。迅速地把書中的內容瀏覽一遍，並在紙上寫出關鍵字。瀏覽的時候速度最好快一些，不要把時間留在一些枝微末節上，如果確實遇到難點，可以先標註出來，然後在後面留出時間解決。

- 第四步：為了更快地搭建出這本書的知識結構，我們需要根據書中的語境和語意把之前寫下的關鍵字進行分類總結，並把分類總結後的知識點寫在心智圖的第三層及後面各層的分支上。接著在心智圖上標出各知識點之間的邏輯關係，如果有需要調整的細節，則留在後面解決。

- 第五步：修改和完善已經完成的心智圖。為了加深讀者對整本書知識結構的印象和記憶，我們還需要把第一層和第二層的分支加粗，適當新增一些色彩、簡圖、圖示和符號等。

- 第六步：重複繪製。原本運用艾豪斯（Hermann Ebbinghaus）遺忘曲線（Forgetting curve）複習已經完成的讀書心智圖，但如有必要，你

第五章 抓重點，理脈絡─心智圖的高效閱讀技巧

也可以重新繪製一遍，因為這樣可以進一步加強對本書內容的理解和記憶。

不管是做讀書筆記還是應對考試而讀書，心智圖都可以幫我們快速學習、拓展自己的知識，達成自己的讀書目標。因為運用心智圖閱讀法，可以幫助我們迅速掌握一本書的知識體系和重點，並弄清各知識點之間的邏輯關係。

錯誤的繪製過程

在繪製閱讀心智圖的時候，容易犯以下幾大錯誤。

1、和玩連連看一樣，先將所有的字都寫好，而後再把所有的線都畫完

若用此法，假如內容再多一點，就很容易不小心連錯關鍵字。而且剛開始畫總是不好控制版面，這樣畫也難以訓練一次就畫出整齊版面的能力。

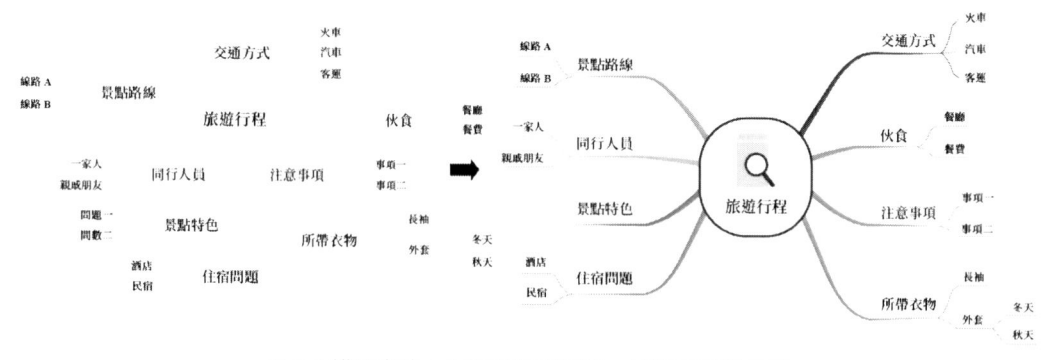

圖 5-9 錯誤畫法：先把所有字寫好，最後再整體串連

2、用鉛筆打草稿

用鉛筆打草稿的話，這樣你需要重複畫幾次才能完成一張心智圖，這種動作太浪費繪製時間了，我們不是很建議。

3、用單色原子筆寫字，用各種顏色的色筆畫線條

畫心智圖時，若因為色筆太粗，必須用原子筆寫字時，盡量找顏色跟色筆一樣的原子筆來寫字，否則會看起來脈絡很明顯、文字存在感卻很淡薄，相形之下，就容易淡忘掉上面的文字。如果文字量再多一些，整個版面色塊會變得很雜亂，更不容易閱讀了。

4、用「人、事、時、地、物、因、果、成本」當主脈

如果你是文學的研究者，例如紅學（研究《紅樓夢》的學問），想要就文章中的人、事、時、地、物、因、果、成本逐一分析，就可以用5W2H來當主脈。

除此之外，具備故事性質的文章類型應該要用5W2H這幾種思考角度來「挑選重點」，然後，用作者的描述次序或是事情演變的時間順序為主，把該事件內的各種人、事、時、地、物、因、果、成本都整理在一起，這樣才能看出作者的寫作結構（即思考結構）。正確的「5W2H抓重點」方法，可參考前文中的閱讀的四個層次相關內容。

以上，我們向大家詳細講解描述了繪製閱讀心智圖的步驟和在繪圖過程中容易犯的錯誤，希望透過這個章節，可以幫助大家提高自己的閱讀能力。

> 第五章　抓重點，理脈絡—心智圖的高效閱讀技巧

5.4　用心智圖閱讀不同書籍的範例

　　閱讀的方式分為很多種，包括基礎閱讀、限時閱讀、分析閱讀和比較閱讀等，無論透過何種方式閱讀，我們都可以透過心智圖進行規劃和設定，以求達到提到閱讀效率的結果。下面我們透過對議論文、記敘文的文章分析，來教會大家如何用心智圖來閱讀不同種類的書籍。

運用心智圖閱讀議論文

　　首先，我們來閱讀某本商業書文章節選。

第三篇　第七章　風險：來自公司文化的觀點

　　從一開始，每個以顧客為主的專案，都會暴露公司觀點與顧客觀點之間存在著極大的歧異，而這些歧異有可能會完全毀掉投資原本會帶來的利益。

　　為了確保成功的顧客經驗，理想的做法是從顧客的觀點由外而內設計接觸點。第六章討論到這麼做可能有的機會，以及不這麼做可能擔負的風險。不過，如果你嘗試做但卻做得不理想，所冒的風險可能會更大。用意良好的顧客提案卻被公司文化給搞砸，這是常常可以看到的結果。

　　到底何謂管道接觸點？從公司的觀點來解讀，管道泛指通路（Distribution Channel），換句話說，所謂的管道是分配並推出產品和服務到市場的媒介。但從顧客的觀點來看，卻是由顧客選擇媒介來取得產品、服務和資訊。你能看出公司和顧客的看法不一樣了吧，這還不過是開始呢！

5.4　用心智圖閱讀不同書籍的範例

　　所有的產業都看得到這種現象，這裡將以銀行作為例子，想必我們都是某家銀行的顧客，銀行的例子將有助了解，觀點的不同如何阻礙公司與顧客之間的關係臻至理想。

　　幾乎所有公司的文化、觀點和經營策略，都是認為與顧客的互動主要透過公司的通路，像是零售店、網路、電話中心等，銀行可能還包括分行及ATM。此外，大型銀行會認為它的企業，是由多種獨立且以產品為重的單位所組成，每個單位自成一局，雖然有共同的顧客，卻無法共享顧客的資訊。每個企業單位通常有自己的產品，像是信用卡，也與他們的顧客維持一種獨斷的關係。這些企業單位使用分行、ATM、網路、電話客服中心、語音回覆系統等通路，分配並推出產品和服務到市場，但是對於支持這些管道的基礎架構卻未能、甚至抗拒共享。從獨立的企業單位觀點來看，因為各自為政，所以每個單位都需要獨特的基礎架構，銀行中使用的組織、流程、文化、甚至是語言是由內而外設計並實行的，並以產品主導一切觀點。顧客在人生事件及顧客生命週期當中透過銀行的觀點來檢視。

　　最後，銀行將顧客區隔視為依照共同特性分群顧客的方式，不過卻是出自銀行內部觀點，像是「顧客的價值」或「有相同銀行產品的顧客」。銀行從企業模型和觀點出發，想開發計劃改善顧客忠誠度與留住顧客。

　　銀行觀點：

　　根據產品的分配策略

　　　　　　　　　　　　　　　　──《誰偷了我的顧客》節選，

　　　　　　哈維・湯普森（Harvey Thompson）／著，晨星出版

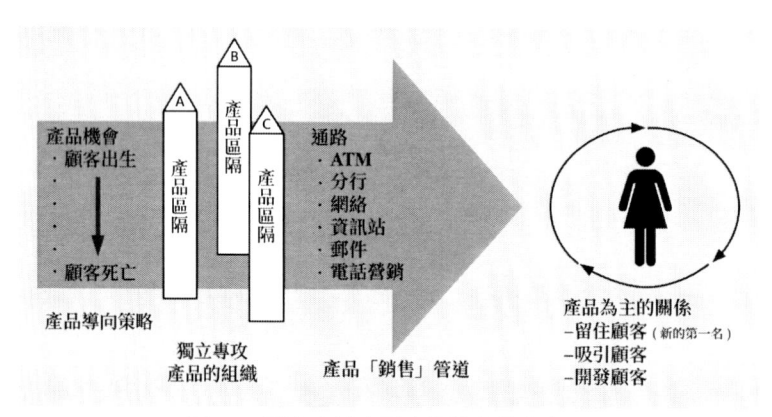

第五章 抓重點，理脈絡—心智圖的高效閱讀技巧

圖 5-10 顧客忠誠度最大的障礙是什麼？

其次，我們需要找到這段節選的中心，然後將其文字化。

議論文的中心其實就是作者的論點，《誰偷了我的顧客》屬於企業管理類書籍，透過對本章節選的瀏覽，我們發現作者透過闡述銀行和顧客的觀點，用範例對比論證了自己的論點。這些範例主要支持作者的觀點。

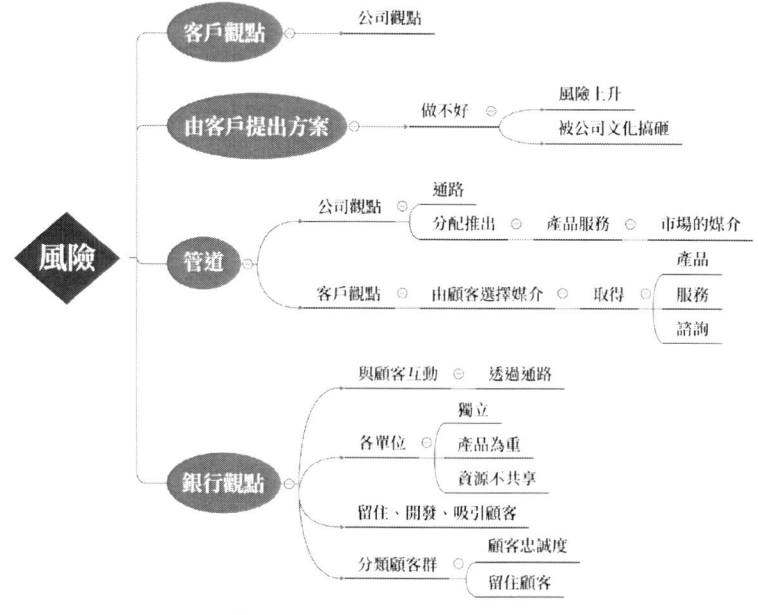

圖 5-11「風險，來自公司文化的觀點」心智圖

158

根據以上節選，我們進行層層梳理便可以繪製如上心智圖，圖將作者的觀點和範例全部文字化、圖示化，非常方便閱讀和理解。

第三，學會利用心智圖來閱讀，用圖解的方式加深記憶。

透過心智圖來閱讀文章可以有效加強我們對文章的記憶。我們所要做的只是理清楚四條脈絡即可：

第一脈絡：了解顧客觀點和公司觀點，知道它們彼此之間的分歧和公司因此而隱藏的風險。

第二脈絡：透過列表格的形式，從三種角度將銀行和顧客的觀點一一列舉出來，由此便可以得知銀行對自我的認知是「以產品為重」，而顧客對銀行的認知是「以銀行自己的需求為主」。

第三脈絡和第四脈絡：用「箭頭圖」陳述流程。

繪製心智圖時，可以將圖解圖形全部融入脈絡，如此一來會更加便於我們記憶和理解。

運用心智圖閱讀記敘文

首先，我們來閱讀《愛麗絲夢遊仙境》文章節選。

第一章　掉進兔子洞

看來，守在小門旁白等也沒有什麼用處，於是，她又回到桌子旁，希望再找到一把鑰匙，或者找到一本教導把人像望遠鏡那樣縮小的書。這次，她在桌上發現一個小瓶子。「它剛才一定沒有在這裡。」愛麗絲說，瓶口上繫著一張小紙條，上面寫著兩個很漂亮的大字：「喝我。」

「喝我」聽起來好像很不錯，可是聰明的小愛麗絲不會急忙那麼做。「不行，我得先看看，」她說，「上面是否有寫著『毒藥』兩個字。」因為

第五章　抓重點，理脈絡—心智圖的高效閱讀技巧

　　她聽過一些精彩的小故事，關於小孩子被燒傷、被野獸吃掉，以及其他一些可怕的事情，都是因為沒有記住大人的話，例如，火鉗握得太久就會把手燒壞；用小刀割手指就會出血；還有一點，她也牢牢記在心中：如果把寫著「毒藥」瓶裡的藥水喝進肚子裡，那麼遲早會遭殃。

　　然而，這個瓶子上並沒有標記「毒藥」字樣，於是愛麗絲大膽地嚐了嚐，味道很好，它混合著櫻桃餡餅、奶油蛋糕、鳳梨、烤火雞、牛奶糖、熱奶油麵包的味道。愛麗絲一口氣就把一整瓶喝光了。

　　「好奇怪的感覺呀！」愛麗絲說，「我一定是像望遠鏡裡那樣變小了。」

　　果然，現在她只有十吋高了，大小正好可以穿過小門到達那個可愛的花園裡去。她高興得眉飛色舞。不過，她又等了幾分鐘，看看自己會不會繼續縮小下去。想到這點，她有點緊張了。「結果會怎麼樣呢？」愛麗絲對自己說，「也許我會一直縮小下去，就像蠟燭的火苗那樣到最後全部熄滅。那麼我會怎麼樣呢？」於是她又努力想像蠟燭熄滅後的樣子，可是想了半天也想不出來，因為她不記得見過那樣的東西。

—— 《愛麗絲夢遊仙境（愛藏本）》節選，

路易斯・凱洛（Lewis Carroll）/ 著，晨星出版

　　其次，我們需要找到這段節選的中心點，然後將其文字化。

　　《愛麗絲夢遊仙境》屬於故事性記敘文，記敘文講究六要素，即事情發生的時間、地點、人物、起因、經過和結果。或者還有常見的的5W1H，即Who，When，What，Where，Why，How。透過這兩種方式吧我們都可以找到文章的中心。

　　對於記敘文來說，理清故事的順序是非常重要的，它可以幫助我們掌握故事的來龍去脈。舉一個簡單的例子，在「今天媽媽帶我去超市買了很多東西，因為家裡的冰箱空了，可是現在我們有吃的了。」這句話

中，很明顯句子是按照「在什麼時間」、「誰」、「在什麼地點」、「做了什麼事」、「為什麼要這麼做」、「做完的結果是什麼」的順序描寫的，那麼那麼這句話的重點順序就是：「時＞人＞地＞事物＞因＞果」或是「人＞時＞地＞事物＞因＞果」。

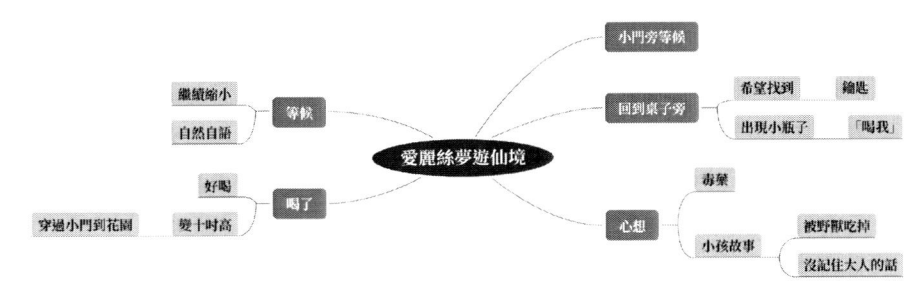

圖 5-12 愛麗絲夢遊仙境（掉進兔子洞）

而如上圖在《愛麗絲夢遊仙境》這段節選中，愛麗絲按照時間的順序分別做了幾件事，我們從圖中便可以了解。

在繪製記敘文心智圖時，表示絕對因果關係的關鍵字要上下層分級，先因後果也可，先果後因也可，可按照自己的喜好來繪製，只要方便自己理解即可。

最後，學會利用心智圖來閱讀，用圖解的方式加深記憶。

我們可以透過「結合心像法轉圖像」的方式將以上故事繪製成心智圖，主要理清以下五條脈絡。

第一脈絡：愛麗絲站在門邊，愛麗絲很大，門很小。

第二脈絡：愛麗絲發現了放在桌子上的小瓶子，小瓶子上寫著「喝我」，愛麗絲充滿疑惑，腦子裡想著鑰匙和一本書，書旁邊還有個三角形，這個本來很大的三角形變成了一個小三角形。如此一來故事便按照其本身的發展繪製到了一起。

第五章 抓重點，理脈絡─心智圖的高效閱讀技巧

　　第三脈絡：用一個問號來表示後面的一系列疑問。畫著骷髏頭的瓶子是「毒藥」，小孩旁邊是一系列文字，代表「聽有關小孩的故事」，下面分支的關鍵字用動作代替。

　　第四脈絡：愛麗絲喝瓶子裡的液體，大拇指代表很好喝，然後愛麗絲喝完變成了小人，旁邊的的量尺展現出她的身高，變小之後就可以從校門透過並看到花園了，而笑臉則代表了愛麗絲很「高興」。

　　第五脈絡：愛麗絲頭上有個表，代表她在「等待」。大三角形變成中三角形再變成小三角形，代表愛麗絲不斷縮小，兩個一樣的人中一個對另一個我說了些東西，代表「自言自語」，蠟燭的火焰上有叉和問號，代表「像蠟燭一樣熄滅」。

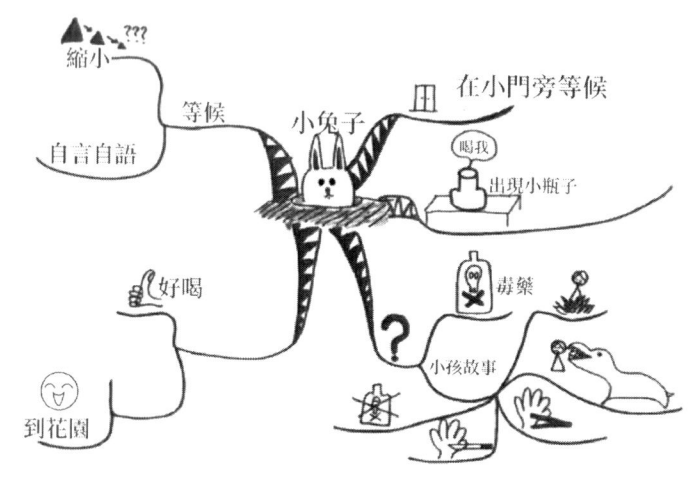

圖 5-13 愛麗絲夢遊仙境（掉進兔子洞）（結合心像法轉圖像、插圖）

　　很多人看記敘類文章，例如小說和故事，只是為了消耗時間，即便如此，還是可以透過畫心智圖的方式提高自己的理解力，這樣一來可以透過故事和小說不斷練習，提升自己對記敘文題材整體的理解力。

運用心智圖閱讀報導性文章

首先，我們來閱讀《萊斯：世界上最有權力的女人》文章節選。

西元1992年，萊斯也因他的貢獻被人類和科學學院授予「教學獎」，並被評為「年度女士」。參議員摩根（Becky Morgan）稱讚她說：「萊斯代表了一個女人所能做到的一切：聰明、有才幹、備受尊敬。她是年輕女士的傑出榜樣。」

一年後，她被任命為史丹佛大學教務長──財務負責人和學校第二高職位，這又為她帶來一場驚喜。

她的職位讓許多教育者都感到不可思議：她剛滿三十八歲。她的前幾任都比她老得多，至少都六十歲。不少批評家挑剔她對這項工作沒有經驗，說她不適合。有些人中傷說，她得到這個職位只是基於皮膚的顏色。毫無疑問，這些貶低都是由於一些人的忌妒和怨恨，她必須經過長時間的考驗才能使那些人明白她的所有成就。

萊斯的工作並不簡單，這是肯定的。身為教務長，她不僅要管理學校的十億預算，還要管理1,400名師生及員工。住宿問題愈來愈多，大學的教學改革早就該做了，此外，史丹佛大學還有200萬的虧空。

萊斯果斷地著手處理這些事。在接下來的幾年裡，那些曾否定過她在這個職位上能力的批評家們都不再對她有微詞：她減少預算、裁減人員。在她節儉政策的帶領下，史丹佛大學擺脫了赤字。

「她知道她想要什麼。」史丹佛大學國際關係研究學院的副院長凱特（Coit Blacker）說，「她說過，我們將在兩年內消除掉赤字。這包括一些痛苦的決定……在這些痛苦的決定中，意味著必然會激怒到許多人。一個讓萊斯感到害怕而又必須去完成的步驟就是消除赤字。」

身為一位鐵面無私提倡節儉的委員，萊斯是如何對待她的工作的？「當人們必須改變生活環境時，我總是覺得不舒服。」她說，「當我調換

第五章　抓重點，理脈絡—心智圖的高效閱讀技巧

別人職位時，總是試著讓他們的過渡期變得簡單容易些。但是，有時我也要做一些很難做的決定，而且還必須堅持。」

然而有一點萊斯卻沒能做到：那就是盡她所能讓更多女性走上領導者的職位。

基於她和白宮的關係，並且又是「布希的朋友」，她很快就以顧問和高層管理人員身分進入了不同的監督機構以及跨國石油公司雪佛龍公司（Chevron Corporation）、嘉信理財（Charles Schwab Corporation）、惠普公司（Hewlett-Packard Company）以及J．P．摩根投資銀行（J. P. Morgan）。

儘管美國政界人士轉進雪佛龍公司石油產業，或者由石油產業轉入內閣的事不足為奇，但至今仍有許多人對萊斯轉入雪佛龍石油公司的董事層還是不能理解。在公益的「新生代中心」，她把精力投入到孩子們的身上，並和弱勢者打成一片。身為石油業的經理，她又代表著強者。有人察覺到這裡有矛盾衝突：她從弱勢者的維護者突然變成強者的維護者了嗎？她的動機是什麼？她在跨國石油公司尋求什麼？影響力、權力、石油、美元？她覺得大學格局太小了嗎？她對影響力和權力產生了興趣嗎？「權力是一種烈性激素。」李辛吉（Henry Alfred Kissinger）說。她沉溺在這種毒品嗎？

──《萊斯：世界上最有權力的女人》，P160～162

埃里希‧沙克／著，晨星出版

其次，我們需要找到這段節選的重點，然後將其文字化。

透過對文章的閱讀，思考萊斯在什麼時候做過什麼？這些事有沒有關聯？

類似於人物自傳、回憶錄等文章大部分也都富於故事性，因此也可以像記敘文那樣來透過六要素或5W2H來選擇關鍵字。同樣的以時間順

序，將各事件連結起來，理清脈絡，再把具體的特點填充到心智圖中。

這裡需要提醒大家的是，六要素只是提取關鍵字的方法，而並不是主幹，若是直接將它們當成主幹，那麼各事件之間的關聯性和結構性就會被打亂。

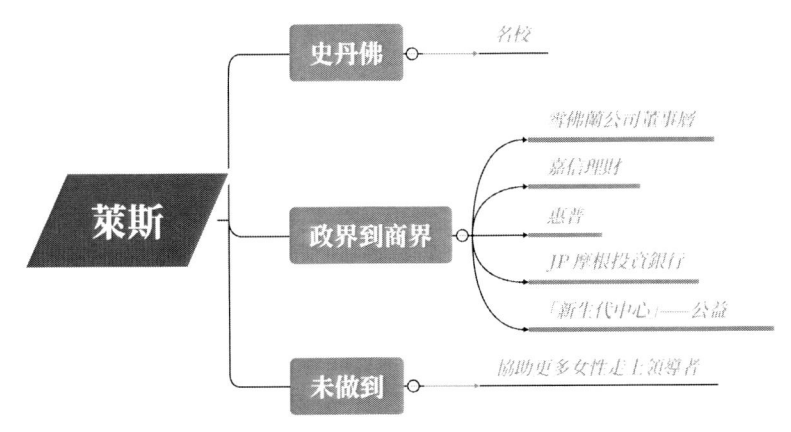

```
萊斯 ─┬─ 史丹佛 ─── 名校
      │
      │            ┌─ 雪佛蘭公司董事長
      │            ├─ 嘉信理財
      ├─ 政界到商界 ┼─ 惠普
      │            ├─ JP 摩根投資銀行
      │            └─ 「新生代中心」——公益
      │
      └─ 未做到 ─── 協助更多女性走上領導者
```

圖 5-14 萊斯的職涯

抓好關鍵字之後便可以找準各個關鍵字之間的邏輯關係，進而繪製心智圖了。

最後，學會利用心智圖來閱讀，用圖解的方式加深記憶。

通常我們可以利用數學中的「數線」來表示連續的數字。喜歡看歷史性書籍的人不難發現，書中很多地方會使用「時間軸」，以此代表各個事件發生的先後順序。如下圖所示，第一脈絡便是以「時間軸」展現的。

在繪製心智圖的過程中，不必過於拘泥，只要用精簡的方式將我們的邏輯思維關係展現出來即可，心智圖是幫助我們認知和學習知識的，因此一切以自己為主，只要自己能看得懂即可。

第五章　抓重點，理脈絡─心智圖的高效閱讀技巧

第六章
掌控時間，高效規劃——
用心智圖管理時間

在生活中，你是否也常常有這樣的困惑，總是感覺有做不完的事情，時間根本不夠用；許多事情總是集中擠在同一個時間段，完全分身無暇；明明對一件事情期盼已久，卻總是抽不出時間去完成……而導致這一切的根本原因，正是因為你並沒有合理而高效率的管理和利用時間。

在本章中，筆者將教給大家一個合理有效的時間管理辦法——用心智圖進行時間管理。相信只要掌握了這一「獨門絕技」，高效率管理時間就不再是難題。

本章內容安排如下：

導致時間浪費的原因；

四大常用的時間管理方法；

制定工作計劃，高效率管理時間的具體操作；

心智圖管理時間範例。

第六章　掌控時間，高效規劃—用心智圖管理時間

6.1　你的時間都去哪了？

很多時候我們會感覺事情多得忙不完，時間根本不夠用，巴不得一天不是二十四小時而是四十八小時；有時候很多事情又擠在同一個時間裡需要處理，讓我們分身無暇，不知從何做起；還有些時候我們對一件事明明期盼了很久，卻總也抽不出時間來做。

我們是真的沒時間嗎？我們的時間真的不夠用嗎？其實，在這個資訊零碎時代，人們的時間總是零零碎碎地被浪費掉，不管是工作、學習還是生活，大家總是在不知不覺中降低了對時間的利用率。那麼我們的時間究竟是如何被浪費掉的呢？

導致時間被浪費的原因

大體上講，我們的時間基本浪費在以下四個層面：

效率低引起的浪費　　　　　　　　　　　零碎時間上的浪費

S　W

T　O

精神不集中引起的浪費　　　　　　　　情緒低落引起的浪費

圖 6-1 導致時間被浪費的原因

1、效率低引起的時間浪費

效率低引起的時間浪費指的是本來可以一天完成的事情，卻因為各式各樣的原因拖到兩天完成。例如開會這件事，日常會議通常沒什麼中心主題，因此會議上討論的內容雜七雜八，如此一來便很容易拉長會議的時間。除此之外，日常生活中也有很多因為做事效率低而引起的時間浪費，我們一起來看一個案例：

大學生阿華明天要參加英文考試，他打算晚上七點半開始看書複習。七點鐘時，阿華想起最近一直在追的綜藝節目今天更新，於是他便開啟手機，想讓自己在複習前先消遣半個小時，可是這一消遣便到了九點鐘，阿華忍不住誘惑將整個綜藝節目全部看完了。

此時天色已晚，他趕快拿起書來想抓緊僅有的時間複習。誰知十五分鐘後，媽媽打來了電話，母子倆一頓噓寒問暖之後已是將近十點鐘。

阿華掛掉電話，本想著再看上半個小時的書就盥洗睡覺的，結果隔壁寢室的同學來借開水想要泡麵，阿華忍不住誘惑便和同學一起泡麵享受了一頓宵夜，兩人邊吃邊聊，談笑甚歡，不知不覺已經十點半了，吃飽喝足之後一陣強烈的睡意襲來，阿華趕快刷牙盥洗然後上床睡覺了。

第二天考試時，阿華腦子空空如也，說好的背單字呢？說好的背文法呢？說好的背句型呢？他甚至連一個知識點都想不起來。考試後他還跟同學訴苦，說自己昨天晚上一整晚都在看書，事實果真如此嗎？

阿華在自己所規劃的看書時間裡，確實做了「看書」這個動作，而這個動作只是穿插在整個時間線內，作為做其他事情的陪襯，反而一系列跟看書沒關係的事情占用了他大部分的時間。

第六章　掌控時間，高效規劃─用心智圖管理時間

透過以上案例我們知道，做任何事情都要先確定好中心主題，做一個完善的規劃，這樣中間無論遇到什麼意外，做起事情來都能主次分明，提高任務完成的效率。

2、小額時間上的浪費

在這個時間零碎化的時代，無論是在學習、工作還是生活當中，都會產生一系列的碎片時間，例如等公車的時間、打電話等待對方接聽的時間、比預約時間提前早到而等待的時間等。

除此之外，請試著回憶一下，你有沒有在早上鬧鐘響起的時候賴床，白白耗費了幾分鐘甚至十幾分鐘的「回籠覺」時間？這些零碎時間往往容易被我們忽略，而它們疊加起來卻會形成一筆很可觀的時間財富，可以說零碎時間的浪費往往是你與別人拉開距離的關鍵所在。

當我們拾起這些時間，那麼就可以用它們做一些更有意義的事情，例如排隊等公車的時間背幾個單字、早上按時起床，將那些看起來微不足道的賴床時間用來為自己做一頓簡易的早餐，既營養又健康

3、情緒低落引起的時間浪費

據相關調查顯示，很多人在情緒低落的時候會因潛意識而造成時間上的浪費。人們遇到不順心的時候就會產生悲傷、後悔等負面情緒，而這些負面情緒往往容易讓我們分心，做任何事情都難以集中精力。我們一起來看一個案例：

阿偉是一名公司職員，前一天晚上他跟女朋友吵架最後導致分手，阿偉因此而傷心不已。第二天上班的時候，他的腦子裡全是跟女友分手的場景。

此時，上級安排了一項非常重要的工作給阿偉，雖然心情不太好，但阿偉還是接了下來。可是在完成工作的整個過程中，阿偉仍然難以擺脫失落的情緒，動不動就出現晃神的現象。最後一天下來，他幾乎什麼都沒有做成，不僅被上級罵，而且還得加班將工作完成。

透過以上案例我們知道，負面情緒不僅會降低我們的工作效率，而且帶著負面情緒不管做任何事情都容易出錯，在無心中增加做事的時間，因此只有消除負面情緒，改善自己的心情，早點讓自己走出來，才能避免時間上的浪費。

4、精神不集中引起的時間浪費

無論做任何事情，只有專心致志才能做到最好，一旦精神不集中，出現晃神的現象，那麼很容易一事無成，浪費寶貴的時間。下面我們來看一個案例：

阿梅工作的時候總是喜歡跟旁邊的同事侃侃而談，兩個人因為都喜歡看偶像劇而總是有聊不完的話。她們時常跟對方分享最新的偶像劇，第二天還會根據前一天所演的內容而發表各自的看法。

雖然因為工作的原因兩個人一次並不會聊太長的時間，但是聊完之後她們總是沉浸在剛剛的話題中，很難快速融入工作，因此做起事來也很難定下心來，總是出現精神不集中的現象。每到這個時候，阿梅都要重新整理思路，而這個整理思路的過程總要耗費很長時間，而且本來腦海中曾經閃現的一絲創意也消失得無影無蹤了。如此一來，原本一上午便可以完成的任務，甚至花費一天的時間都難以做完。

透過以上案例我們發現，做任何事情都要專心致志，一心不能二用，如果一邊聊天一邊工作，或者一邊吃東西一邊工作，那麼那麼精神

第六章　掌控時間，高效規劃—用心智圖管理時間

就難以集中在工作上，從而打亂工作安排，造成時間上的浪費。

除了因為自己精神不集中而導致的時間浪費之外，換一個角度來說，我們也會因為別人的打擾而造成時間的浪費。例如有同事主動跟自己聊天，即便手頭的工作多，我們往往也得忙裡偷閒做出一些回應，否則看起來會不太禮貌，影響跟同事之間的關係。

除此之外，有些人過於「熱心」，他們總是喜對別人的工作指指點點，即便對方沒有請他們幫忙，他們也會主動請纓，幫助同事完成工作專案，以展現自己的能力。或者，有的人為了與同事搞好關係，總是會幫別人列印文件，或者幫老闆端茶送水等。不管是幫別人完成工作，亦或是幫老闆端茶送水，這種刻意的「好心」往往會耽誤自己的工作進度，最後得不償失。

為了珍惜自己寶貴的時間，我們除了要做好自己的分內工作之外，當同事向我們提出不合理的要求時，也要懂得委婉拒絕，如果因為礙於面子答應下來，那麼最後不僅浪費自己的時間，而且也會讓雙方處於尷尬的境地。

無論做任何事情，都要制定好合理的時間規劃，不要因為別人的打擾而亂了方寸，最後出現雙輸的局面。

導致時間管理不善的原因

之所以會出現時間浪費，主要還是因為我們自己對時間的管理不得當，只有發現在時間管理上出現的問題，我們才能對症下藥，從根本上解決問題，避免不必要的時間浪費。

那麼時間管理不善主要展現在哪些方面呢？

> 做事沒有計劃

> 做事沒有進取心

圖 6-2 導致時間管理不善的原因

1、做事沒有計畫

很多人無論做任何事情都沒有計畫,想要做一件事便馬上付諸行動,不會提前做好規劃,這樣一來在做事情的過程中一旦遇到問題就會慌了手腳,不知道下一步具體該如何做,最後導致事情拖延,沒有辦法進展下去。

做事情沒有規劃是浪費時間的很大原因之一,只有提前做好規劃,理清楚哪一步容易出現問題,找出解決問題的方案,才能合理安排時間,少走彎路。要時刻清楚,同一件事會有不同的處理方式,只有提前做好規劃,進行周密的分析和整理,才能找到最佳的解決方式,制定出合理的時間規劃,從而最高效率地完成任務。

制定周密而完善的計畫,是完成一項工作的重要環節,同時也是保證工作能夠順利完成的有效手段,它可以減少不必要的時間浪費,並釐清我們的中心目標,按規劃步驟一步步完成自己的任務。

2、進取意識不強

一些人在面對工作時總是持消極的態度,他們總是無意識地浪費時間,不管遇到什麼問題都只是一味地推卸責任、找各種藉口,而且做事情還拖拖拉拉,一旦工作沒辦法完成,他們就會怨聲載道,找各種理

第六章　掌控時間，高效規劃—用心智圖管理時間

由。這樣的人沒有責任心和進取心，因此做任何事都很難成功。

沒有進取意識的人對時間不敏感，他們總是將時間浪費在刻意逃避問題上，根本不會有任何時間規劃，因此必須要建立正確的價值觀，做好自我反省，才能從根本上提升自我，避免被時代淘汰。

時間是公平的，每個人的一天都是二十四小時，關鍵看你要怎麼過，只有做好時間規劃，充分利用碎片化時間來提升自己，才能從根本上避免時間的浪費，做時間的主人。

6.2　四大常用時間管理方法

透過前面章節的學習，我們已經了解了合理利用時間、做好時間管理的重要性，那麼時間管理到底為何物呢？

時間管理，即充分而有效地規劃時間、運用時間，提高時間的利用率、降低不必要的時間浪費。

通俗來說，時間管理其實就是提前規劃好自己要做什麼事情、不能因為什麼事情而分了心、先做什麼事情、後做什麼事情、每件事情大概要花費多長時間等。在做時間管理的過程中，梳理好主次脈絡是非常重要的，這樣才能有重心地提醒和指引自己完成任務。

那麼具體如何來進行時間管理呢？常見的時間管理方法包括以下四種，我們可以根據自己的實際情況進行選擇。

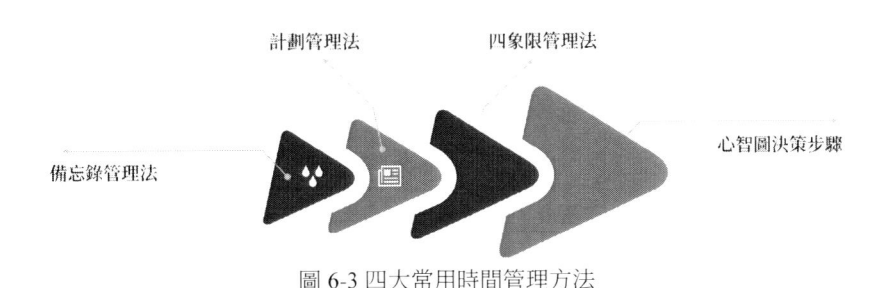

圖 6-3 四大常用時間管理方法

備忘錄管理法

簡介：備忘錄管理法就是透過記錄重要事件的方法進行時間管理。

常用工具：紙質版日曆或是手繪日曆、心智圖等。

特點：實用、操作簡單，具有普遍適用性。

第六章　掌控時間，高效規劃─用心智圖管理時間

局限：只適用於時間較為充裕的任務管理中。

舉例：業務利用備忘錄管理法進行時間管理時，可以記錄自己當月的工作任務、具體時間需要拜訪的客戶，銷售會議的開展時間等。透過這種方式避免出現工作內容遺漏的現象。

心智圖是利用備忘錄管理法進行時間管理的有效工具，可以根據自己的實際情況繪製年度備忘錄心智圖、月度備忘錄心智圖、週備忘錄心智圖等。這樣一來便可以很清楚地了解自己的工作任務，以及每一項任務之間的關係等。

計劃管理法

簡介：將同一時間段需要做的多項事務進行時間規劃和安排得管理方法。

適用範圍：多適用於時間緊、任務多的情況。

工具：心智圖。

舉例：提前為下週進行時間規劃時，可以利用心智圖繪製「一週工作計劃」，上面註明一週內需要完成的事項，並明確標出每一件事的具體執行時間。

利用心智圖實施計劃管理法時，不僅可以整體掌握一週的作息計劃，同時還可以隨時隨地一目了然地明確自己在每個時間段該做什麼，做起事情來會更有調理，也更得心應手。

下圖為一個公司職員所繪製的「一週計劃」心智圖。

6.2　四大常用時間管理方法

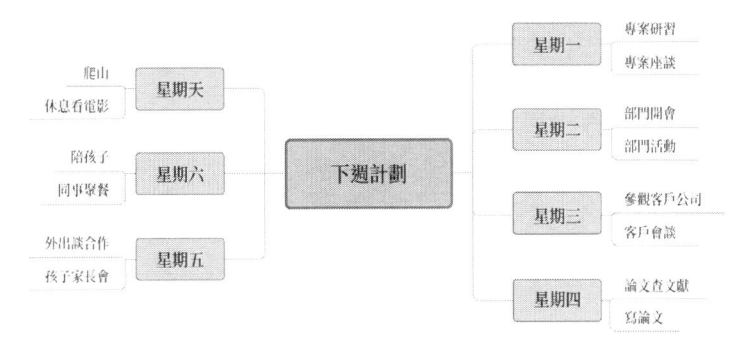

圖 6-4 心智圖做計劃範例

四象限管理法

簡介：將需要完成的事項抽成四種類型，即重要且緊急的事情、重要但不緊急的事情；不重要但緊急的事情以及既不重要也不緊急的事情，然後根據個人情況依次列於四大象限中。（參考下圖）

適用範圍：需要完成的事項多而雜，不可能全部安排在時間表上。

特點：輕重緩急分明、有條理、便於做出決策。

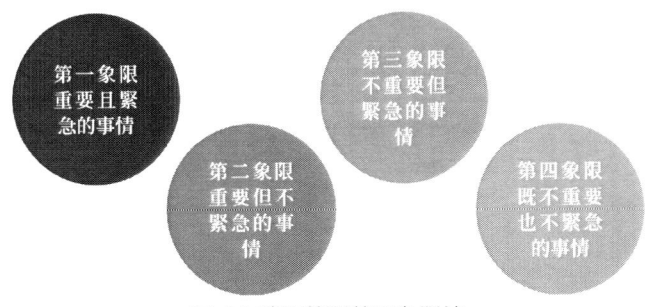

圖 6-5 時間管理的四象限法

我們經常看到一些人做事情時不分主次，一整天下來忙得頭暈目眩卻做不出什麼成績來，之所以會出現這樣的現象是因為他們沒有主次觀念，也沒有進行合理的時間安排。四象限管理法可以透過對事情的輕重緩急進行分類，讓人們在做事情時有效避免上述狀況的發生。

第六章　掌控時間，高效規劃—用心智圖管理時間

需要注意的是，在具體運用四象限管理法時，我們要根據自己的實際情況將所有事項合理分配到不同的象限中，提前做好主次規劃。例如對於乒乓球運動員來講，做各項乒乓球練習運動自然要比跑步或者讀書更為重要。此時可能有人會問，如果四個象限中的所有事情都需要在同一時間完成，那麼到底該先做什麼事後做什麼事呢？很多人的第一反應可能是按照第一象限→第二象限→第三象限→第四象限這一順序來完成任務，他們的準則就是先完成重要的事情，可是如果需要將一定的時間分配到不同象限中時，又該如何做呢？

要回答這個問題，首先我們需要考慮將大部分時間用在不同象限的事情上時會有什麼後，如下面的心智圖所示。

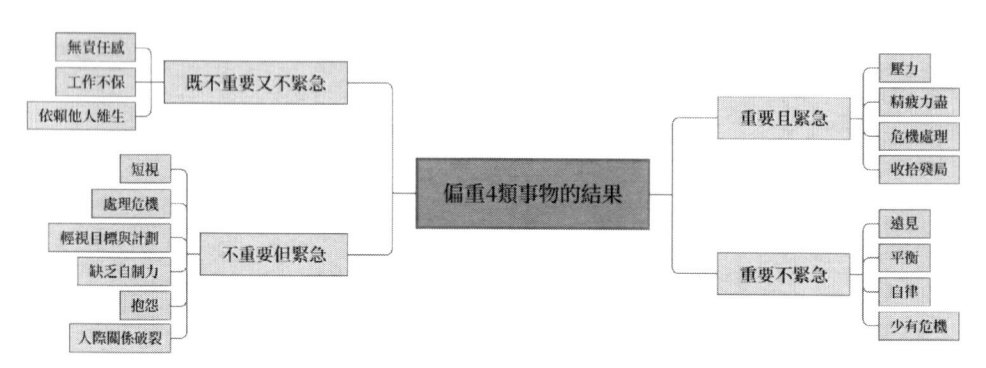

圖 6-6 偏重不同類型任務的結果

當我們將自己的大部分時間用在處理重要且緊急的事情上時，容易出現壓力大、過度勞累的現象，需要精神時刻集中起來應對跟各式各樣的危機，絲毫不能懈怠，還要不斷收拾各種殘局；相反，當我們將己的大部分時間用在處理重要但不緊急的事情時，壓力相對來說就不會那麼大，做起事情來也就從容很多，考慮事情的角度也會更加全面，我們可以根據自己的遠見、平衡力和自律能力將事情做到趨於完美。

但一些人認為，自己每天需要處理的事情大部分都是重要且緊急的

事，因而根本無暇顧及那些重要但不緊急的事。其實很多時候重要且緊急的事情都曾經是重要但不緊急的事情，只是因為我們沒能有計畫地完成重要且緊急的事情，最後導致不緊急的事也變得緊急了。因此，在進行時間規劃時，一定要將目光放長遠，並多關注那些重要但不緊急的事情，這樣處理起事情來才能有條不紊。

具體說來，可以採用以下態度處理各象限事務：

重要且緊急的事情：嚴格掌握，讓該項事務保持在一定的範圍，防止其擴大，給自己徒增壓力。

重要但不緊急的事情：多花時間和精力在該項事務上，為長遠利益做好鋪陳。

不重要但緊急的事情：盡量將該項事務的範圍縮小化，避免不必要的時間浪費。

不重要且不緊急的事情：盡量避免這種事項的出現。

四象限法同樣可以用心智圖來展示，如此一來我們便可以針對各項事務進行有效分析和歸類，實現全局掌握，做起事情來主次分明。如下圖我為一名大三學生做的心智圖四象限分析圖：

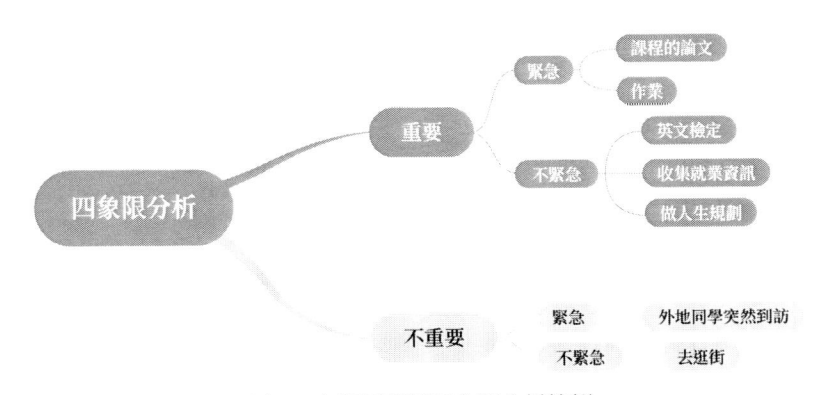

圖 6-7 心智圖用於四象限分析範例

第六章　掌控時間，高效規劃—用心智圖管理時間

二八定律管理法

　　二八定律也被稱為帕雷托法則（Pareto principle）、不重要多數法則等，是著名的義大利經濟學家帕雷托（Vilfredo Pareto）提出的重要定律。該定律指出，所有事情中，重要的部分通常只占20%，而剩下的80%基本是次要的。

　　這一定律同樣可以運用在時間管理上。我們通常會將80%的時間用在一些瑣事上，而這些瑣事給我們帶來的僅僅是20%的成效；反過來說，我們又時常將20%的時間用在比較重要的事情上，而這些事情卻能給我們帶來80%的成效。所以，運用二八定律進行時間管理時，我們首先要找到自己在那20%的時間內所做的較為重要的事情，然後設法將做這些重要事情的時間擴大化，透過這種方式來最佳化我們的時間分配，降低不必要的時間浪費，這樣才有效提高我們的所得價值。

　　同樣的，二八定律也可以用心智圖的方式表達出來，如下圖所示，我們可以將所有事情按照收益的大小抽成兩大分支，再根據每件事的投入大小進行下一步劃分，如此一來我們便可以從心智圖上清楚地看到自己在什麼事情上需要花費較多的時間和精力，並有針對性地進行實施，透過最佳化時間管理以求得到更好的收效。

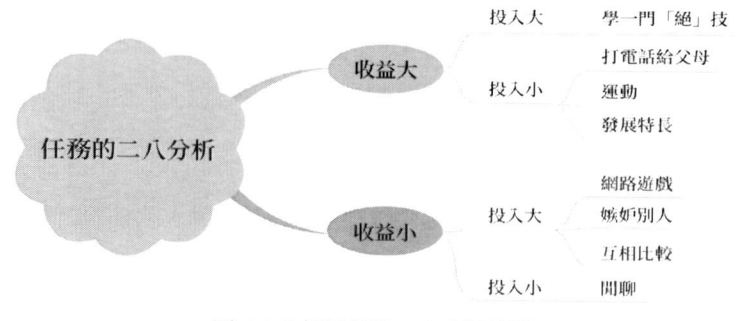

圖 6-8 心智圖用於二八分析範例

以上四種時間管理方法各有自己的特色，我們在實際運用的過程中可以根據自己的需求選擇合適自己的方法，當然也可以綜合多種方法進行時間管理，只要能最大程度地達到自己的目的即可。

6.3 制定工作計劃，高效率管理時間

熟悉方法之後就要進行有效利用，不管想要透過何種方法實現高效率的時間管理，都要提前制定工作計劃。平時我們不管做任何事情也都要提前計劃和安排，這樣一來目標就更為明確，具體實施的細則也會更加詳盡，不僅有助於提高做事情的積極性，也能使整個工作程序有條有理地進行下去。

工作計劃的作用

鑒於計劃的督促效能，我們每個人在做一項任務之前都要制定工作計劃，這不僅可以有效考核工作進度和完成品質，同時還可以維持工作秩序、提高工作效率。有關工作計劃的作用，我們具體總結如下：

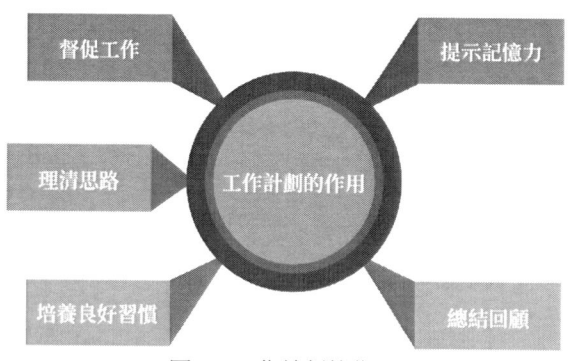

圖 6-9 工作計劃的作用

1、制定工作計劃可以有效督促我們的工作

人類具有劣根性，如果身邊沒有人督促，或者沒有指標進行量化考核，那麼很難單靠自覺性去完成一項任務，我們往往會因為懶惰或外界

的引誘而偏離主題，做一些沒有價值的事情，最終不能及時完成任務，造成工作上的延宕。所以，為了克服這種劣根性，我們在做任何事情之前最好先制定計劃，這樣一來對照計劃逐步進行實施，往往會得到令人滿意的結果。制定計劃可以有效督促我們工作，防止在完成任務的過程中出現延宕。

2、制定工作計劃可以幫助我們提示記憶

前面我們提到過「好記性不如爛筆頭」，大腦的記憶時長是有限的，因此只有將資訊內容手頭記錄下來，才能隨時隨地檢視、翻閱。做事情亦是如此，提前做好計劃，將一切事務細節記錄下來，那麼不管在任何階段都可以清楚地看到自己的工作程序，同時也知道下一步該做什麼，防止任何一個環節出現遺漏的現象。因此，制定工作計劃可以幫助我們提示記憶工作程序。

3、制定工作計劃可以幫助我們理清思路

如同繪製心智圖一樣，制定工作計劃其實也是大腦進行思考的一個過程，一旦工作計劃制定完成之後，我們基本上也對這項工作進行了一遍梳理，明確輕重緩急和重點難點，那麼在接下來的工作心裡也有個底了。

4、制定工作計劃可以幫助我們培養良好的習慣

制定一份合理的工作計劃，然後按照計劃一步步施行，這個過程會讓我們在無心中養成良好的習慣，想要完成計劃，做事情就不會拖拖拉拉，想要完成計劃，自然而然就會有一定的責任感，不會推諉，更不會依賴別人，可因此，制定工作計劃可以讓我們養成良好的作息和精神習慣。

5、制定工作計劃可以幫助我們總結回顧

完成一項工作計劃後,我們便可以從中得出一些經驗,這樣透過不斷的累積,整個人就會得到一定的進步,一次會比一次做得更好,其實這就是不斷回顧總結,累積經驗的過程。透過不斷分析問題,還可以避免同類問題再次出現,這樣就會做得越來越得心應手。

工作計劃可以是月計劃、週計劃甚至是當日計劃,不過,將三種計劃進行結合,不斷對一系列工作內容進行梳理,才能更好地完善進度,讓工作安排更合理。

計劃如何制定?

明白了製作工作計劃的重要性之後,我們又該如何來制定工作計劃呢?我們以週計劃為例為大家講解。

週計劃做好了才能更好地落實月計劃,從而更進一步地為年計劃的實施做好鋪陳,我們可以利用心智圖來製作週計劃,具體如下。

圖 6-10 如何制定一個清晰的「一週計劃」

1、先安排固定時間

　　製作週計劃前，首先要確定出合理的時間範圍，可以是從週一到週日，但也可以是從週四到下週週三，可以根據自己的工作習慣或公司的工作安排來制定，要以工作的考核管理為基礎。

　　在週計劃中，每一天都要分出早、中、晚三個階段作為分支，這一點在工作日時間內尤其要嚴格執行，而休息日則可以根據自己的實際情況進行分支和規劃。

　　不管是學生還是上班族，我們都會有一部分固定的時間。對於學生來說，上學的時間是固定的，而對於上班族來說，上班的時間是固定的，因此在安排其他活動，例如休閒娛樂活動時，就要考慮這些固定時間，只有充分安排好固定時間，才能看出來自己具體的可自由利用時間有哪些，如此便可以將其他事項穿插在固定時間的間隙，將這些較為零散的時間充分利用，實現有效的時間管理。

　　需要注意的是，安排一系列事項時，一定不要過於飽和，適當為自己空出一些休息時間，這樣才能防止大腦壓力過大，做事情也會更有效率。

2、以自己的生理時鐘時間為基礎

　　當我們平時的作息時間安排本身就比較規律的時候，就沒有必要刻意去重新進行安排並強制自己適應一個新的習慣了。製作計劃表要以自己的生理時鐘為基礎，讓一切事務跟著自己本來的習慣走。

　　除此之外，在進行工作計劃安排的時候，要根據自己的生理時鐘，將較為重要的事項安排在自己工作效率高的時間段完成，這段時間可以學習新知識，或者做重要的工作，而將那些不太重要的工作安排在空白時間容易受外界干擾的時候去做。

3、為自己設定一個「自由的一天」

在一週的時間裡，可以選出來一天作為自己「自由的一天」，在這一天時間裡，我們可以處於完全自由和放鬆的狀態，沒有任何非做不可的工作，也不用去考慮任何讓自己有壓力的事情，這一天可以任由自己支配，同時還可以作為一個緩衝的調控時間，防止自己在出現問題的時候不知所措。

4、計算並且預留可控時間

正如《阿甘正傳》中的一句臺詞意義：「生活就像是一盒巧克力，你永遠不知道下一顆是什麼味道。」所謂計劃趕不上變化，不管是生活還是學習中，總會出現計劃以外的事情，因此，我們在製作計劃的時候，要進行合理計算，並且預留出可控時間，這樣一來，當發生意外狀況的時候，我們便可以冷靜地應對，避免問題的擴大化。

需要注意的是，在實際操作的過程，真正的可控時間往往是我們留出來的可控時間的一半。因此要合理進行安排，把握好可控時間才能真正掌握時間，從容面對一切不可控因素。

5、為計劃確定一個目標

當我們想要完成的事項有很多的時候，首先要進行仔細思考和總結，設定一個完整而明確的最終目標，這個目標沒有必要是多麼遠大宏偉的，反而是越小、越容易實現最好。因為相對於目標的數量和大小來說，目標能否成功實現才是更加重要的。那些小而容易的目標更方便實現，這樣一來就會增加我們的成就感，完成週計劃的過程也會更有動力，為以後的計畫實施提高了可行性。

6、設定合理的獎懲制度

在制定計劃的同時，也要根據實際情況設定合理的獎懲制度。只要按規定時間完成某個計劃，就給予自己一些「好處」，可以是一頓美餐，也可以是某項娛樂活動等，與此同時，一旦未能按時完成計劃，那麼就要接受一定的懲罰，例如罰自己一個星期之內不准吃最喜歡的零食等。透過獎懲制度，給自己一定的動力，這樣一來在完成計劃的過程中會更具積極性和主動性，也帶有一定的娛樂色彩。與此同時，獎懲制度本身就與考核掛鉤，是一種正面而積極的鼓勵方式，能促進我們在工作和學習中更加上進，取得更好的成績。

第六章　掌控時間，高效規劃—用心智圖管理時間

6.4　實操：心智圖管理時間

無論做任何事情，時間管理都是很重要的一環，而心智圖則可以幫助我們進行有效的時間管理。這一節我們一起來學習如何利用心智圖進行時間管理。

老師：做好時間管理，掌控教學進度

老師的工作是教書育人，他們需要在有限的時間裡完成一定的教學任務，並準確掌控教學進度，保證學生在一定的時間內學習安排好的知識和內容。

作為一名老師，要做好時間管理，掌控教學進度，因此可以利用心智圖做教學計劃和安排，這樣便可以有效而直觀地了解教學計劃的完成情況了。

老師在製作教學安排心智圖的時候，可以根據自己的實際需求，相應地製作長期或短期教學安排心智圖，下圖為某一中學教師繪製的一個單元的教學進度心智圖。

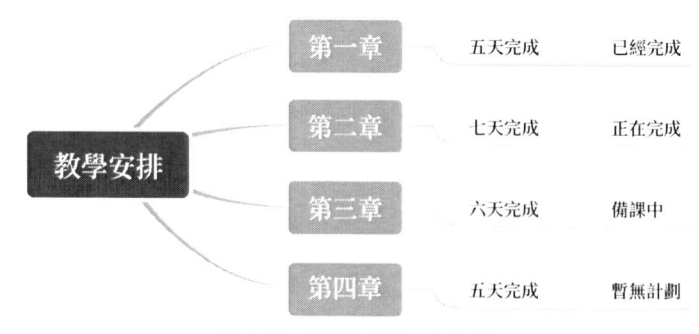

圖 6-11 「教學安排」心智圖

學生：做好時間管理，提高學習效率

隨著學習壓力的增加，一些學生總是愛抱怨自己的時間不夠用，其實時間是最公平的，並不是時間不夠用，而是你的學習效率不夠高，不能充分而合理的利用有限的時間。因此，在學習的過程中，學生可以自己繪製一張有關學習計劃的心智圖，規定好什麼時間做什麼事，透過將計劃展現在心智圖上這種做法，可以讓自己充分利用時間，並督促自己合理而有效地完成計劃，提高自己的學習效率。

繪製有關學習計劃或者學習時間的心智圖時，學生也要連結自己的實際情況，例如下圖某個學生便從「來源」和「節流」兩個方向入手，為自己接下來如何充分利用時間，提高學習效率做出了合理規劃。

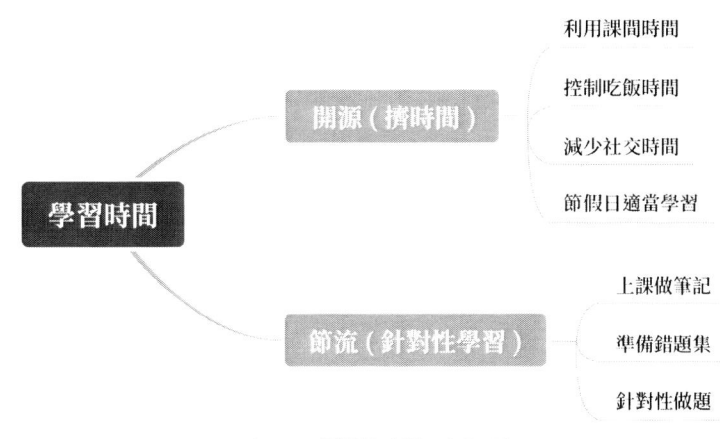

圖 6-12 「學習時間」心智圖

圖書作者：做好時間管理，按時交稿

寫一篇作文和寫一本書有很大的差別，對於圖書作者來說，不僅要使自己寫出來的內容連貫流暢，同時還要構思和規劃整個書稿的結構安排。

第六章　掌控時間，高效規劃－用心智圖管理時間

因此，圖書作者在撰稿過程中也可以利用心智圖製作合理規劃，不僅要對圖書結構的安排進行設定，同時還要掌握時間，合理分配並按時交稿。

在製作時間管理的心智圖時，圖書作者可以根據設定的時間週期和書稿結構，整體掌握整個撰寫流程，讓自己合理有效地利用時間，並準時完成撰稿工作。

在實際繪製心智圖時，圖書作者可以根據所寫書稿的內容和結構完成時間的規劃，下圖是某一書稿作者所繪製的一幅「圖書撰寫計劃」心智圖。該作者的交稿週期為三十五天，由圖可知，作者將撰寫書稿的流程分為策劃大綱、正文寫作和審閱校對三個部分，而且根據每個部分的特點又相應地畫出了具體的操作項目的時間分配，最後，其將整個撰稿時間設定為三十天，留出五天時間防止不可控因素的出現。

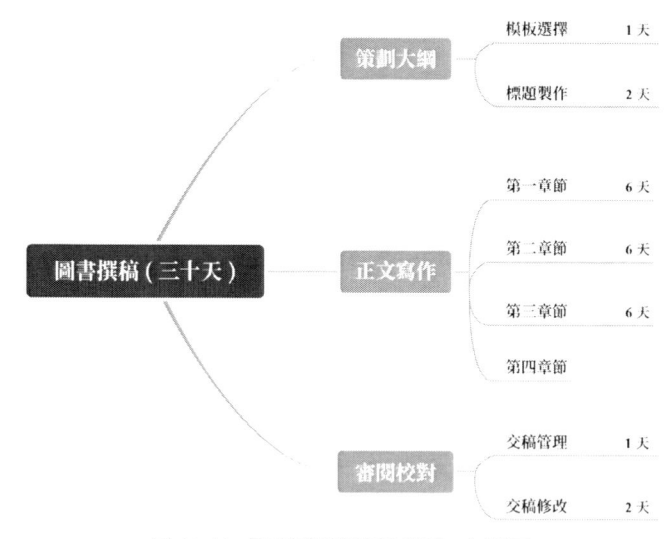

圖 10-13 「圖書撰稿時間管理」心智圖

職場人：做好時間管理，提高工作效率

很多時候，作為職場人，需要處理的事情雜而多，如果沒有進行合理的時間規劃，那麼做任何事情都容易丟三落四，最後把自己弄得手足無措。因此職場人想要提高工作效率，就要提前做好計劃，安排好時間，透過繪製心智圖來將一切工作進行合理的排序，這樣工作起來會更具邏輯性，工作效率也會得到有效提升。

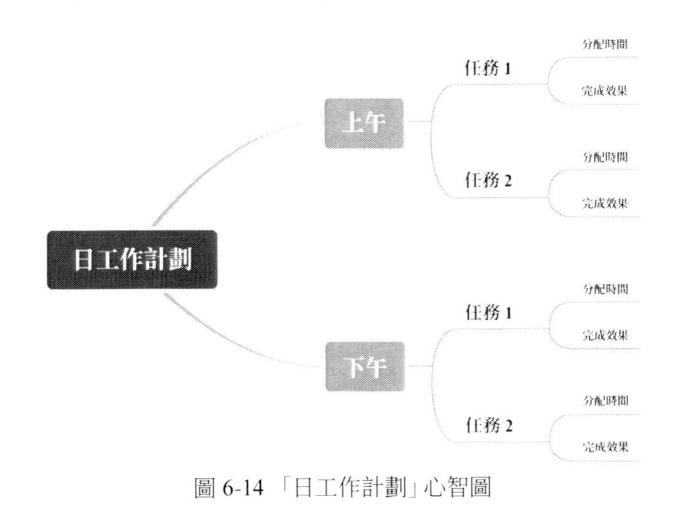

圖 6-14 「日工作計劃」心智圖

商務人士：做好時間管理，妥善安排出差工作

商務人士常常需要出差，因此提前做好計劃，進行妥善的時間安排就顯得尤為重要了，這樣一來才能防止自己因為事務繁忙而遺漏重要事項，或者因為沒有提前進行規劃而錯過好的商機。

為了在出差和工作中避免出現差池，商務人士最好根據需要有針對性地做一個時間規劃和安排，常見的商務人士出差計劃心智圖呈四象限形，如下圖所示，可以將出差任務分為「重要緊急的事」、「重要但不緊

第六章 掌控時間，高效規劃－用心智圖管理時間

急的事」、「不重要但緊急的事」、「不重要又不緊急的事」然後將瑣事歸類分支，這樣一切事務都一目了然，想落下一件事都是非常困難的。

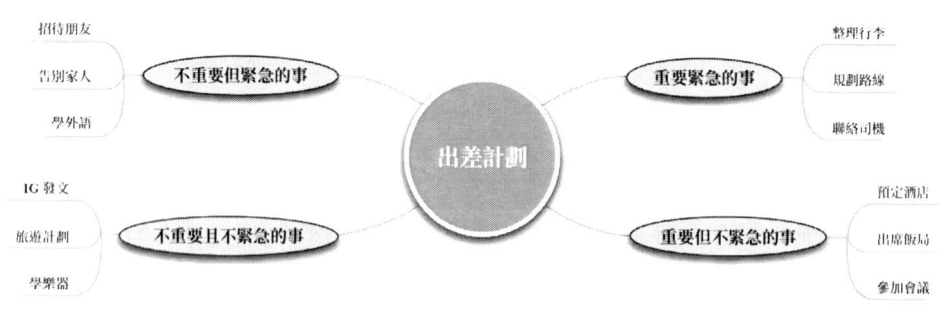

圖 6-15 「出差安排」心智圖

這裡有一點要提醒大家，在繪製出差安排心智圖時，需要考慮同一件事因所處的情境不同，可能緊急情況也會有所不同，所以一定要根據實際情況做出最合理的規劃。

全職司機：做好時間管理，合理安排出行

全職司機的時間通常受老闆的支配，具有一定的靈活性，但是從細節上來講，全職司機對每一次工作任務的準時完成也有必要提前做出規劃，因為老闆通常會因為工作需要對全職司機提出「XX 時到達 XX 地的要求」，而司機往往也會有一份老闆的日程安排，如此，全職司機可根據老闆需要和自身實際情況繪製一份出行規劃心智圖。

例如，可以將心智圖的主題設定為「XX 老闆出行規劃」，分支即為到達各個地方的時間，而次分支則可以根據不同分支，也就是到達不同地點的時間，設定為「預計行駛時間」、「剩餘時間計算」和「最佳路線」。這樣，全職司機便可以透過心智圖了解當前工作任務，並以最高效率的出行方案按時完成任務。

6.4 實操：心智圖管理時間

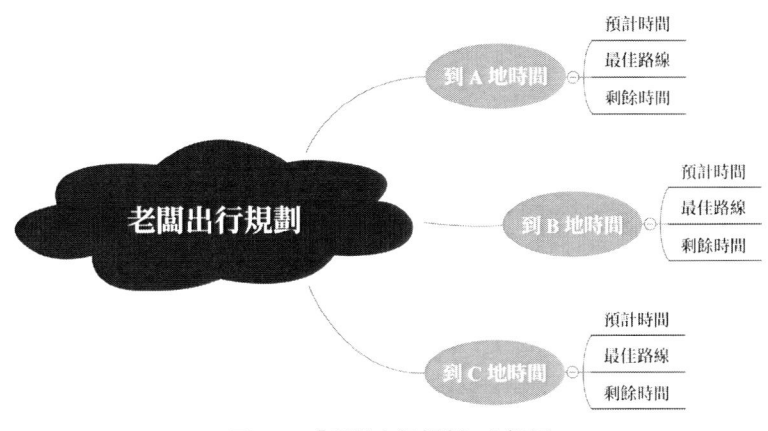

圖 6-16 「老闆出行規劃」心智圖

記者：做好時間管理，保證採訪與編輯的即時性

對於記者而言，最重要的就是搶到頭條新聞，獲得第一手資料，因此他們的工作對及時性的要求非常高，只有採訪與編輯及時，才能獲得最有價值的材料，而只有做好時間管理，才能保證及時性。因此，對於記者來說，繪製採訪編輯規劃心智圖也是一件非常重要的事情。

正常來說，記者的任務可以簡單分為「採訪前」、「採訪中」和「採訪後」三大部分，採訪前通常要做好準備工作，如數據的查詢、問題的準備和相關人員的聯絡等；而採訪中則主要負責提出問題並作好筆記；採訪後記者不僅要透過對採訪內容的審查和各項材料的蒐集進行文章的構思，還要撰寫和提交稿件。將這一系列工作內容進行分門別類之後，一張心智圖也就做好了。

第六章　掌控時間，高效規劃—用心智圖管理時間

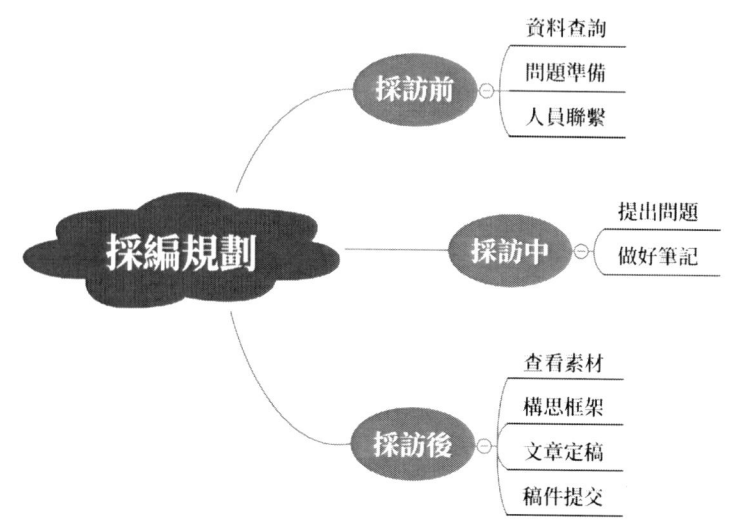

圖 6-17 「採編規劃」心智圖

心智圖可以讓記者隨時隨地檢視自己的工作任務，同時幫助他們合理安排時間、制定工作方案，有效提高工作效率。

家庭主婦：做好時間管理，最佳化時間利用率

家庭主婦的時間通常由自己來掌控，沒有太多外界給的的壓力，但她們每天的任務卻非常多，例如做飯、清潔房間、洗衣服、購物等，很多家庭主婦還要負責接送孩子上學，除了接送孩子有時間要求之外，剩下的工作內容大多瑣碎而自由，因此容易拖延，浪費很多寶貴的時間。因此對於家庭主婦來說，繪製心智圖、最佳化時間利用率是極其重要的。

家庭主婦可以根據需要繪製任務和所需時間心智圖，並在此基礎上繪製具體時間段規劃心智圖。例如，在繪製任務和所需時間心智圖，可以先將自己當天需要完成的任務羅列出來，作為第一分支，然後將各項

6.4 實操：心智圖管理時間

任務需要的時間羅列出來，作為第二分支。接著，在繪製具體時間段規劃心智圖時，將自己的可利用時間進行具體的分配即可，如哪個時間段做飯、哪個時間段做家事等。

繪製心智圖可以讓家庭主婦清晰明瞭的了解自己的工作任務，心中有了一定的目標，便更容易督促自己完成一系列瑣碎的工作了。

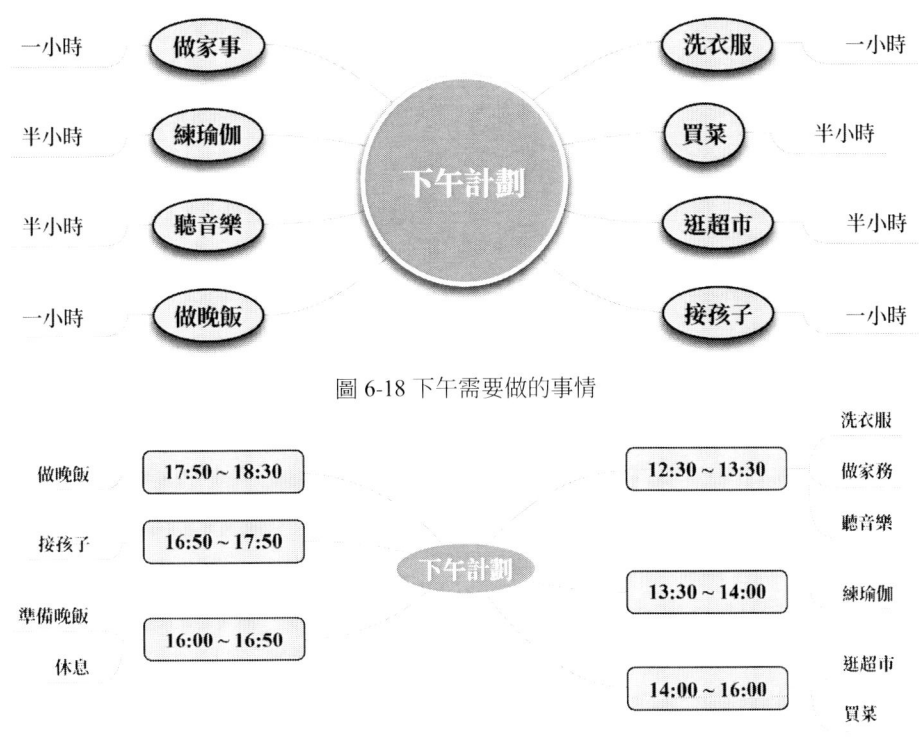

圖 6-18 下午需要做的事情

圖 6-19 「下午規劃」心智圖

導遊：做好時間管理，安排出行有條不紊

導遊的日常工作除了帶領遊客遊覽和介紹景區之外，還要完成督導指派的任務，而對遊客進行出行管理是極其重要的，因為這直接決定了

第六章　掌控時間，高效規劃－用心智圖管理時間

整個行程能否順利完成。因此，作為導遊，一定要有效掌控出行活動，那麼具體如何來規劃行程呢？

導遊可以根據實際情況繪製「一日遊規劃」心智圖，將上午和下午具體要做的事項一一羅列，並將具體時刻表都要清楚地規劃出來，這樣一來才能避免浪費時間，讓整個出行任務有條不紊地進行下去，具體可參考下圖。

一日遊規劃

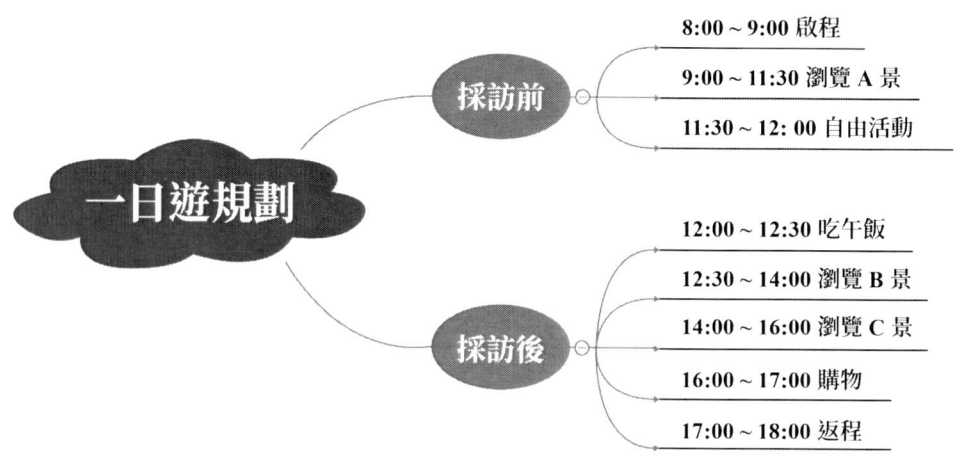

採訪前
- 8:00～9:00 啟程
- 9:00～11:30 瀏覽 A 景
- 11:30～12:00 自由活動

採訪後
- 12:00～12:30 吃午飯
- 12:30～14:00 瀏覽 B 景
- 14:00～16:00 瀏覽 C 景
- 16:00～17:00 購物
- 17:00～18:00 返程

圖 6-20 「一日遊規劃」心智圖

第七章
條理清晰，效率倍增——
心智圖輔助學習祕訣

　　心智圖是東尼・博贊為解決學習問題而發明的。如今，隨著心智圖的日益發展和不斷完善，它在學習中的指導作用也變得越來越廣泛。利用心智圖，我們可以更好地建構知識體系、理清學習思維、完成學習計劃、提高學習效率。

　　在本章的內容中，筆者將從心智圖對學習的重要意義出發，詳細地闡述利用心智圖進行高效率學習的方法和技巧。

　　本章內容安排如下：

　　利用心智圖建構知識體系；

　　利用心智圖提高上課記筆記的效率；

　　利用心智圖記憶和理解詞彙；

　　利用心智圖完成學習計劃；

　　利用心智圖考出好成績。

第七章　條理清晰，效率倍增—心智圖輔助學習祕訣

7.1　心智圖助你有效地建構知識體系

很多學生在學習的過程中總是跟知識硬碰硬，一些學習成績較差的學生甚至連基本概念都不理解。在這樣的前提下，應付相對簡單的月考、期末考等階段性考試還可能勉強通過，但隨著知識點的不斷增加，各個知識點之間會形成較為複雜的連結，此時，不管是定義、定理，還是各種原理，想要記住並理解是非常困難的，很容易顧此失彼，最後亂作一團。因此，要想成為真正的學霸，就要擺脫硬碰硬知識點的僵局，嘗試建構屬於自己的知識體系，這樣才能將知識掌握通透，為我所用。

那麼如何用心智圖有效地建構知識體系呢？在本節的內容中，我將為大家詳細介紹。

心智圖建構個人知識體系的原則

用心智圖建構個人知識體系需要遵循兩個原則：

圖 7-1 用心智圖建構知識體系的原則

1、用心智圖繪製知識內容要簡明扼要

  作為建構知識體系的有效工具，心智圖一定要在簡單的基礎上點名要旨，否則便失去了其根本意義。用一個關鍵字代表知識點，然後引起一些相關思考，透過不斷地延伸圖，實現從一到十，甚至到百的裂變。讓自己透過掌握一個關鍵字便可擴散性思考，全域性掌控完整的知識圖解。

2、用心智圖繪製知識系統要實用高效率

  繪製心智圖也要講究經濟實用，要設法讓視覺化的學習內容從真正意義上促進個人知識體系的形成，這樣一來不僅方便日後檢視、深化理解，同時還有助於知識的不斷累積，只用數十個關鍵字便可以將整套知識體系串接起來，將心智圖的優勢進行充分發揮。

用心智圖建構知識體系的步驟

  用心智圖建構知識體系主要有以下步驟：

OPTION 1　先畫課時圖，奠定知識體系基礎

OPTION 2　再畫單元圖，構建知識體系模型

OPTION 3　最後畫體系圖，完善整個知識構架

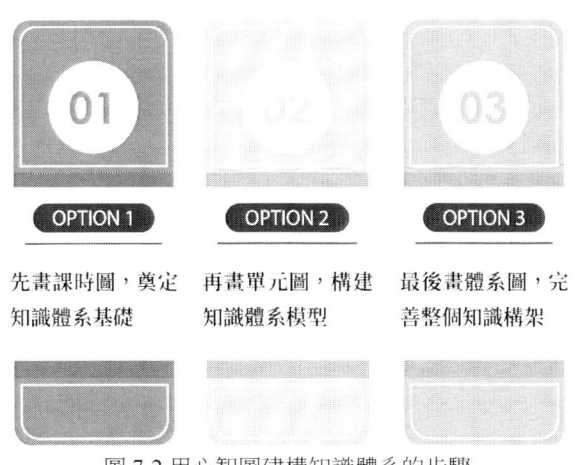

圖 7-2 用心智圖建構知識體系的步驟

第七章　條理清晰，效率倍增─心智圖輔助學習祕訣

1、先畫課時圖，奠定知識體系基礎

　　所謂的課時圖，其實就是對一節課或幾節課上老師所講的重要知識點的整理，是整個知識體系的基礎，針對性較強，主要目的是加深概念與概念之間的連結，讓知識更加立體和視覺化，課時圖中的內容通常具體到每個知識點，可以在聽課完成後，於課下時間進行複習、歸納和繪製，具體步驟如下：

①明確知識點

　　結合教材和老師課上講解內容將本課所有的知識點進行整理並列舉。

②選擇關鍵字

　　將知識點進行梳理列舉之後，透過分析對比，便很容易發現本節課的核心詞，老師在講課的過程中通常也會不斷重複這個詞，那麼該詞就是關鍵字。當然，也可以自己總結提煉關鍵字。

③明確第一分支

　　在圖中，第一分支的選擇是非常重要的，它集中概括了本節課的所有知識點，不僅讓知識點之間彼此獨立，同時也能使其共同搭建成本課的主要內容，並為下一分支的拓展奠定基礎。第一分支要高度概括知識點內容，但不可過於繁瑣，點到為止。

④完善成圖

　　課時圖一般包含兩到三個分支，可根據實際情況進行繪製，需要注意的是，在繪製的過程中一定要將各個分支之間的關係羅列清楚，位置設定也要有邏輯，不要在後期複習檢視時連自己都理不清思路。

　　課時圖完成之後，還要隨著學習的不斷深入對其進行最佳化和完善。

2、再畫單元圖，建構知識體系模型

單元圖是對教材的某個單元進行的知識整理，包含的知識內容要比課時圖更多，是各個課時圖的有效結合體，可以讓學生的知識體系得到拓展，讓知識系統之間的連結進一步加深，具有較強的整合性，單元圖的具體繪製步驟如下：

①明確知識點

將本單元所有課時的知識點進行梳理和列舉。

②選擇關鍵字

單元名即可做關鍵字。

③明確第一分支

各課時知識點即可做第一分支內容。

④完善成圖

在單元圖中，第一分支內容是整個體系的重要連線點，因此學生必須能準確而快速地對第一分支內容進行有效回憶和整理，這樣才能推動第二分支及後續知識的整理，使其融入到整個知識體系中。單元圖完善成圖的過程就是知識體系模型的搭建過程。

單元圖與課時圖相比，不僅僅是知識的羅列，它對知識點之間的內在連結進行了有效說明，使其有條不紊地緊密相連，是整個知識體系的雛形。

3、最後畫體系圖，完善整個知識構架

體系圖是對某一階段學習內容的整理和繪製，此時老師對整個知識內容的講解基本已經進入完結狀態，學生也已掌握該階段的所有知識。

第七章　條理清晰，效率倍增—心智圖輔助學習祕訣

從某種程度上講，體系圖是對整本教材中的知識系統進行的梳理和整合，是學生縱向發展的有效保障。

體系圖的建構與課時圖和單元圖基本一致，但需要指出的是，由於體系圖是在整個教材學完之後建立的，所以分支內容較為靈活，既可以按照教材本身的順序進行搭建，也可以透過自己的總結、整理和加工自行搭建。由於心智圖本身就是學生對自己所學內容的梳理、感悟和總結，具有一定的主動性，因此沒必要拘泥於教材，盡量自主完成建構,，因為只有透過自己思考、總結的知識才是自己的，這樣也更容易讓自己的心智圖知識體系更具特色，更易為我所用。

用心智圖完成個人知識體系之後，還要常常與同學和老師進行溝通，不僅要讓知識框架銘記在心，同時還要能有效表達出來，這樣更容易掀起腦力激盪，激發靈感，為現有的知識體系添磚加瓦，使其更加牢靠，讓隱性的知識更加明顯，顯性的知識更加視覺化，最大限度的提高學習效率，成為真正意義上的學霸。

7.2　心智圖助我們提高上課記筆記的效率

　　說到記筆記,很多人自然而然便想到了心智圖的發明者東尼·博贊,博贊先生在大學時期非常喜歡做筆記,每次看到自己記下來的一頁一頁的成果都深感欣慰。

　　可是,這種看似勤奮的學習方式並沒有給伯贊先生帶來優異的學習成績,之後經過反覆思考,他認為過去自己記筆記的方式不但耗費了大量的時間,而且並沒有多大的效率,於是他開始改變方法,在關鍵字下面畫下劃線,再將這些關鍵字謄寫到另一張紙上面,接著用線條將這些關鍵字連線起來。

　　為了方便記憶,他還用不同顏色的筆來標記關鍵字,將它們區分開,逐漸的,這些關鍵字和線條便形成了一幅地圖。這種記筆記的方法與腦科學、心理學、記憶學等原理相結合,便形成了如今舉世聞名的心智圖工具。

　　在本節的內容中,我們就將和大家共同來聊一聊用心智圖記錄筆記的話題。

心智圖能助我們提高上課記筆記的效率

　　心智圖這種擴散性思維的記筆記方式有效調動起大腦的記憶和理解積極性,從相當程度上提高了學習和思考的效率,與傳統記筆記方式相比,具有很高的利用價值。

第七章　條理清晰，效率倍增—心智圖輔助學習祕訣

表 7-1 傳統記筆記與心智圖記筆記對比

	傳統筆記	心智圖筆記
形式	線性	多方面
顏色	單色	彩色
內容	文字為主	圖文結合
邏輯	順序、有限、雜亂	多角度、想像豐富、有分析力

從上圖可以得知，利用心智圖記筆記知識點聚焦、重點突出、內容有序而不枯燥、易理解，而且解放了大腦。除此之外，在現實生活中，老師上課的時候，常常會不由自主隨著自己的聯想而將主題帶偏，如此一來，學生在記筆記的時候就容易不知所措，不知道應該記什麼，也不知道該將某個內容放在什麼位置等，如果用心智圖記筆記，那麼當老師從一個主題換到另一個主題的時候，學生就可以自然而然的隨著老師從一個圖分支跳到另一個分支。

如何用心智圖記筆記？

那麼具體來說，我們應該如何利用心智圖來記筆記呢？以下幾點建議，值得參考。

圖 7-3 如何用心智圖記筆記

1、準備工具

手繪：筆記本或紙、不同顏色的筆。

電腦繪：了解和熟知相關軟體的各種模板及按鈕。

2、明確中心主題

首先要清楚這節課的主題是什麼，這一點老師在課堂上通常會反覆重複，然後在筆記本或白紙的中心位置畫一個可以代表該主題的中心圖，例如這節課所講的內容與時間管理有關，那麼就可以簡單畫一個鐘錶，不用非得畫得多麼像，只要自己看得懂即可。中心圖大小通常是紙張的十分之一到九分之一之間，顏色要多於三種，並且將中心主題寫在中心圖的下面，例如將前面講到的時間管理寫在鐘錶的下面即可。中心主題和中心圖就是這幅心智圖的目的和意義。

3、確定總分支數量

如同蓋房子一樣，打好地基準備蓋房子前，要設定好自己打算蓋多少個房間。一節課老師講了幾個模組，就可以確定有幾個主分支了。

4、歸納核心知識點

確定總分支數量之後，從中心圖右上角三十度的方向引出第一條主分支，然後填寫關鍵字，再根據具體需要引出次分支，並在次分支上填寫關鍵字。其他主分支依次列出即可。這是心智圖的核心步驟，即根據中心主體歸納總結核心知識點

5、查漏補缺

做好心智圖之後要進行檢查，同時查漏補缺，豐富關鍵圖，並實現進一步複習。心智圖中關鍵圖是必不可少的，造成強調的作用，當再一次看圖的時候馬上可以掌握重點，記憶和連線更準確。

用心智圖記筆記容易出現的常見問題

利用心智圖記筆記容易出現的問題主要有以下幾點：

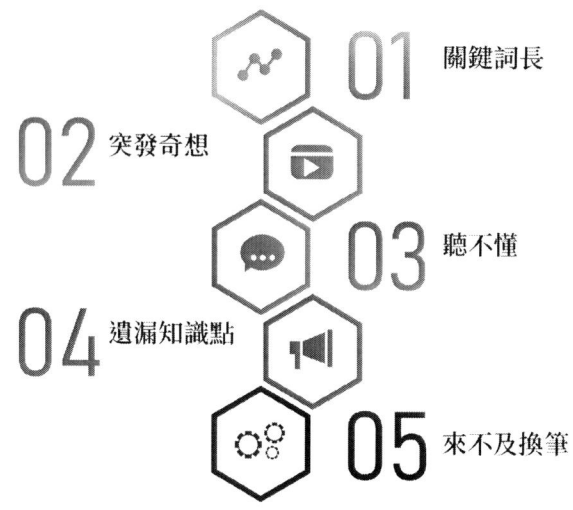

圖 7-4 用心智圖記筆記常見的問題

1、關鍵字長

心智圖中的關鍵字切忌過於冗長，很多新手在繪製心智圖的時候難以快速選擇關鍵字，最後記下很多短語或句子，這是正常現象，可以多嘗試、多鍛鍊，提取最核心的詞，讓自己看到關鍵字即可想到所學內容。

2、突發奇想

老師講課的時候，如果自己突然想到了某個觀點，那麼要珍惜這種靈感，可以將其列入另一個圖中作為次級觀點引發聯想的分支。

3、聽不懂

如果老師所講的內容沒有聽懂，那麼不要停滯不前陷入個人思考當中，可以在心智圖上做個筆記，然後繼續跟著老師的思路走，等到課下再向老師和同學們請教，完善自己的圖。

4、遺漏知識點

當因為某些原因遺漏知識點，忘記老師剛剛講了什麼的時候，在遺漏的地方做出標記或者畫一個空白的主幹，等課下再請教老師和同學們，並補全圖。

5、來不及換筆

心智圖在繪製的過程中會用到各種顏色的筆，但如果老師講課比較快，內容又比較多，那麼可以暫時用同一支筆來繪製，等課下再進行修繕，如此還可以順便複習，加深記憶。

除了以上幾種狀況之外，有的學生在課上繪製圖的時候力求做到美觀清晰，因此而耽誤了時間，其實完全沒有必要，要以趕上老師的進度為基礎，圖可以在課下進一步完善。此外，一些特定課程可能會用到模板筆記，此時只需將模板中的關鍵字（例如時間、地點、人物、事情發生的經過和結果等）新增到心智圖的分支中即可。

第七章　條理清晰，效率倍增—心智圖輔助學習祕訣

7.3　心智圖助我們對詞彙進行理解和記憶

　　法國著名軍事家拿破崙曾經說過：「我們用詞語來統治人民。」可見詞彙的重要性。無論是哪種語言，都需要使用大量的詞彙，而對於大部分學生來說，詞彙量水準的高低直接影響了其閱讀材料的能力。

　　與此同時，不管是小學、中學還是大學，都會以各種形式的考題來測驗學生的詞彙量，從而進行入學選拔，從某種程度上講，學生學習的成敗與詞彙量有著密不可分的關係。

常用詞彙分類

　　在日常生活和學習中，我們可以將自己接觸到的詞彙分為三種：

01 談話詞彙
02 文本詞彙
03 認識的詞彙

圖 7-5 我們接觸到的詞彙分類

1、談話詞彙

　　就是我們日常生活中說話時用到的詞彙，大多數情景下，漢語使用這類詞彙的數量在一千個以下，但英文則在三千個以上。

2、文字詞彙

文字詞彙就是我們在書寫時用到的詞彙，這類詞彙與談話詞彙相比更多一些，因為在書寫時，人們往往有更多的時間去斟酌句子的構造。

3、認識的詞彙

認識的詞彙指的是我們在談話或閱讀時了解的詞彙，雖然知道這種詞彙的意思，但自己在說話和閱讀時往往用不到。

心智圖能幫助我們對詞彙進行理解和記憶

以英文詞彙為例，作為第二語言，對於我們來說，英文詞彙量本身就相對匱乏，而且很多英文詞彙都是上面所講的「認識的詞彙」，由於不常使用，久而久之便徹底忘記了，因此，利用心智圖進行詞彙的理解和記憶就變得非常重要了。

1、心智圖與生詞

在英文學習的過程中我們常常會發現一個單字有多個意思，而且不同的單字有時發音卻是相同的，而我們往往只能記住某一個單字最常用的意思，當其出現在不同的語境中時，在我們眼中便成了一個陌生的詞彙，此時我們可以藉助心智圖畫出清晰的脈絡來。

以單字「buy」為例，它既可以作名詞也可以作動詞，作動詞時既可以當及物動詞也可以當不及物動詞，利用 buy 這一特點，我們可以將它在作不同詞性使用時表現的不同意思和搭配畫出心智圖，將字典中的資訊進行歸納總結，這樣記憶就更直觀明瞭，可以大大提高我們的學習興趣和主動性。

2、心智圖與詞根詞綴

　　詞根詞綴是英文中衍生新單字的有效方法。以一個單字為基礎，新增詞綴之後便可以變成一個新的單字，因此掌握常見的詞根詞綴可以有效拓寬詞彙量。

　　以詞綴「-ist」為例，由其組成的單字可以表示「人」，而且這種人往往有所成就或比較特殊，如「artist 藝術家」、「scientist 科學家」、「physicist 物理學家」、「journalist 新聞記者」、「dentist 牙醫」、「instrumentalist 器樂家」、「meteorologist 氣象學家」等。

　　我們可以利詞根詞綴的規律繪製心智圖，將具有相同詞根或詞綴的單字進行梳理分類，用各個分支展現出來，這樣一來更容易產生聯想，透過不斷的擴散拓展詞彙量，同時記憶單字也能達到事半功倍的效果。

3、心智圖與語義場

　　相關研究顯示，英文詞彙並不是毫無章法可循的，它們有一定的歸屬領域及範疇，具有相同特徵的單字可歸結到同一個語義場。根據英文單字之間的這種關係，我們可以將它們劃分為同義詞、反義詞、上義詞和下義詞。同義詞表示意義相同；反義詞表示意義相反；上義詞多表示類別，具有較為廣泛的含義，可表示兩個及以上具體含義的下義詞；下義詞與上義詞同一屬性，但還具有其他的意義。

　　如上義詞「animal 動物」可表示「sheep 山羊」、「chicken 雞」、「dog 狗」、「horse 馬」；下義詞「chicken 雞」可表示「rooster 公雞」、「hen 母雞」、「chick 小雞」。

透過上述關係便可以繪製心智圖，從而更加清楚地辨析詞彙，掌握單字的知識脈絡。

想要學好一門語言，詞彙量的累積是必不可少的，而想要提高詞彙量，就要摸清楚其中的規律，利用心智圖的方式不僅可以將紛繁複雜的詞彙清晰可視地總結歸納出來，還能融會貫通、舉一反三，達到事半功倍的效果。

7.4 心智圖助你完成個人學習計劃，讓學習更輕鬆

隨著時代的發展和社會的進步，學生的學習壓力逐漸增強，每個清晨，當他們早上睜開眼睛，首先看到的往往就是貼在床頭的各種古詩詞以及數學公式，有的學生會在牆上貼自己的奮鬥目標或人生格言。不僅如此，當他們急急忙忙來到學校，還沒來得及喘一口氣時，各學科老師便爭先恐後地出現在教室裡，生怕浪費一秒鐘上課時間。可是，一天緊張的學習下來，學生真正掌握到手的知識又有多少呢？大部分學生往往都只是按部就班地聽課，心中沒有一定的學習規劃，當課下面對各式各樣的學習任務時便慌了神，變得手足無措。

面對這樣的學習壓力，每個學生都必須要冷靜下來做出學習規劃，設定明確的學習目的，這樣才能合理安排時間，提高學習效率。而想要學習計劃能有條不紊地實施，就要充分利用心智圖的圖像、聯想和溝通等特性，有效開展學習計劃，幫助自己提高學習效率。

如何利用心智圖來制定學習計劃？

利用心智圖制定學習計劃主要包含以下幾大要素：

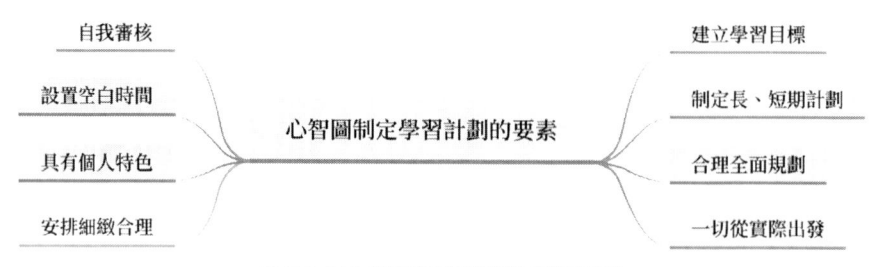

圖 7-6 用心智圖制定學習計劃的要素

1、建立學習目標

首先要清楚學習是為了自己,制定學習計劃也是為了實現自己的學習目標,所以一定要有正確的學習目標,能夠推動自己朝著積極主動的方向學習,努力克服各種困難。

2、制定長、短期計劃

學習計劃有長期的也有短期的,長期計劃直接與自己的學習目標相接,而短期計劃則是一步步為最終目標鋪路,為了實現最終目標,要做出一個大致的長期計劃,同時還要具體規劃,設定短期目標,清楚自己每個星期甚至每天都要做的內容。

3、合理全面規劃

制定學習計劃並不意味著要將所有時間都用在學習上,要合理地分配時間,一份學習計劃可以既包括學習和課外閱讀,也包括各種積極的娛樂活動和社會實踐活動,以及集體活動等,與此同時還要安排好休息時間,讓自己保持活力,做任何事情都能精力充沛,這樣生活才會豐富多彩,從側面上可以積極促進學習能力的提升。

4、一切從實際出發

在制定學習計劃時,切不可盲目,一切從實際出發,對自己的學習能力進行正確的評估和判斷,合理支配時間,要考慮到自己在各個階段真正切實可以用來學習的時間究竟有多少,同時還要考慮自己的常規學習時間該安排多少,以及自由學習時間又該安排多少,讓學習計劃能夠切實可行。

5、安排細緻科學

安排好常規學習時間和自由學習時間後,還要細緻到位的考慮各時間段要做什麼,例如常規學習時間要按時完成老師當天安排的學習任務,而自由學習時間則可以查漏補缺或進行知識面的拓展,重點是掌握學習的主動權,盡量做到每時每刻都有事情做,任何事情都有合理的時間安排。

6、具有個人特色

個人學習計劃針對的是自己,每個人的學習情況不同,要根據自己的強弱科目有計畫、有側重地進行規劃,重點攻擊弱科,可以在成績較差的科目上多花些時間和精力,同時兼顧強科的穩定發展,在強與弱的知識體系中還要掌握重點內容。

7、設定空白時間

俗話說計劃趕不上變化,在努力實施計劃的過程中難免會出現各種問題,因此在制定學習計劃時要設定空白時間,不要安排得過於緊張,這樣無心中提高實現的難度,同時也不利於後期計劃的實施。如果計劃不變,空白時間可以用來預習,如果計劃有變動,則可以相應地做出調整。

8、自我稽核

要定期進行計劃的自我稽核,確定所有的任務是否都已經完成,若有未完成的,則要分析其中的原因,並有針對性的採取措施,或者可以調整計劃,使計劃更切實可行。

7.4 心智圖助你完成個人學習計劃，讓學習更輕鬆

繪製學習計劃心智圖的核心關鍵

如上面所說，學習計劃有長短之分，可以根據實際情況制定學年計劃、學期計劃、月計劃、週計劃，甚至可以具體到每天的計畫，這樣就可以隨時隨地掌握自己的學習情況了。

繪製學習計劃心智圖的核心關鍵主要有幾下幾點。

圖 7-7 繪製學習計劃心智圖的核心關鍵

1、關鍵字

關鍵字要放在突出位置，可位於中心，盡可能用圖來展示。

2、分支一

分支一可以是對自我的認知和分析，例如個人的學習現狀和特點等。

3、分支二

分支二可以為學習目標，如前面所講，要合理明確，同時還要具體到位置。

4、分支三

　　分支三可以是時間安排等內容，也要注意要有邏輯，最好是文娛結合、手腦並用。

　　當然，以上心智圖的設定步驟僅供參考，大家可以在此基礎上新增各種說明和補充等內容，也可根據自己的實際情況另行設定較為靈活和個性化的學習計劃，只要適合自己且行而有效，能真正讓自己提高學習效率，減少時間的浪費，達到最終學習目的即可。

7.5 心智圖助你考出好成績

每次臨近考試，很多學生就會爭分奪秒地看各種資料，有些甚至拿著厚厚的教科書、模擬題和密密麻麻的筆記耐心地一頁一頁地翻來翻去，這種考前複習方式死板不說，如果時間緊迫，根本難以複習周全，尤其是期末考或者各種大型考試，重點難點層出不窮，自己看過的內容未必就是要考的內容。相比而言，用心智圖複習就會輕鬆方便許多。

將教材轉化為心智圖的注意事項

製作心智圖的步驟我們前面已經講過，那麼將教材轉化為心智圖要注意哪些事項呢？

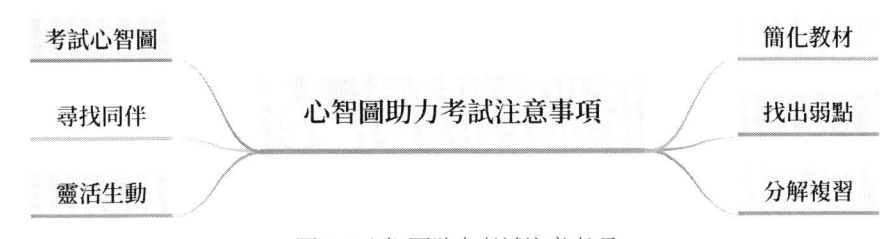

圖 7-8 心智圖助力考試注意事項

1、簡化教材，讓圖內容更精華

將教材圈出一個整體框架，簡化教材內容，只提煉核心內容，可以透過選取關鍵字來擬定整本書的主要思維，大部分書都是可以用一個字或者短語來表示的，例如《道德經》可以簡化為「道」，而《論語》則可以簡化為「德」。

第七章　條理清晰，效率倍增─心智圖輔助學習祕訣

2、找出弱點部分重點複習

所謂的弱點其實就是自己沒有熟練掌握的知識點，可以透過心智圖來找出自己的弱點，透過記憶重新手繪圖，越詳細越好，畫完之後與之前完整的心智圖進行對比，沒有畫出來的部分就是自己尚未掌握或不懂的地方，可以加強複習。

3、大圖分解成小圖複習更高效率

如果心智圖內容過多，那麼可以將其進行分解，將每個主要部分抽成單獨的小心智圖，例如某個學科就可以按照重要性和章節來抽成單獨的心智圖。除此之外，還可以根據知識點的多少選擇一章甚至一節的內容單獨繪製心智圖。在複習時，就要用這種分解過後的心智圖，將它們貼在自己容易看見的地方，便於瞬時記憶和重複記憶，注意，這種圖的分支不宜過多，最好在 5 至 9 個分支之內。

4、圖靈活生動更具可讀性

心智圖沒有嚴格的標準，可以根據自己的喜好畫得靈活多變一些，但脈絡一定要清晰，平時可以多學習模仿一些簡筆畫，在心智圖上展現出來，這樣不僅生動有趣，還能增加視覺圖像，有助於記憶。

5、與同伴一起複習更高效率

可以找一個同伴跟自己一起繪製心智圖，不僅可以增加動力，效率也會有所提高，將兩個人的課堂筆記融會到同一個心智圖上，讓圖更加完善。另外在複習的時候還可以互相監督考核。

6、考試時也可繪製心智圖

考試的時候也可以繪製一個簡單的心智圖,將試題的難易程度、分支和需求的答題時間進行統整,然後根據自己的需求,可以先答那些費時少、分數多、掌握程度較好的試題。

不同題型的心智圖繪製技巧

除了以上幾點之外,具體在考試答題的時候也可根據不同題型繪製答題技巧心智圖:

1、選擇題答題技巧

選擇題的答題技巧主要有以下幾點。

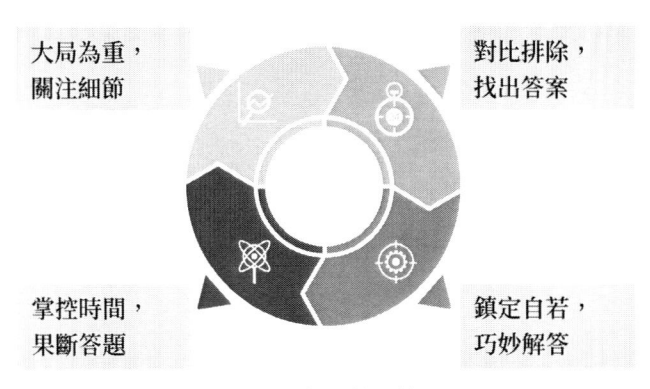

圖 7-9 選擇題答題技巧

①大局為重,關注細節

在答選擇題之前,要先整體瀏覽一下整個試卷,大概知曉題量及難易程度,以此來確定自己的答題速度和關注重點。此外每個選擇題都要認真斟酌,切勿被假象迷惑。留心「所有」、「最低」、「一些」、「常常」和

第七章　條理清晰，效率倍增—心智圖輔助學習祕訣

「偶爾」等詞彙，這些地方容易設定陷阱，有關概念性的題也要認真看清楚每一個字，不要因為一時疏忽而答錯。

②掌控時間，果斷答題

若題目較多，時間不夠充裕，那麼千萬不要拖延，對於難以掌握的題目，憑第一感覺來選擇，盡量讀完一個題就能有一個明確的答案，合理分配好時間。

③對比排除，找出答案

做題時要將複雜問題簡單化，有時透過簡單對比即可排除錯誤答案，切不可因為深究而浪費時間，嘗試對比客觀選擇答案，分析它們之間的關係，合理做出判斷。

④鎮定自若，巧妙解答

當遇到某些較為陌生的術語或單字時，切勿一下子慌了手腳，可以從大局綜觀，往往那些陌生的東西都是無關緊要的，以單字為例，即便有不認識的詞彙也不會影響自己對整篇文章的理解，如果這個單字非譯不可，那麼可以透過連結上下文來進行推測。對於計算性題目，如果時間不夠充足，也要巧妙採用簡便演算法求解，這一點在平日裡要多加練習。

2、申論題答題技巧

申論題又被稱為「開放性題目」，可以考察學生對知識點了解的深度和寬度，同時在閱卷時也需要老師進行思考和斟酌，答案並沒有嚴格的規定，因此考生在答題時要注意以下幾點：

① 掌握主題

很多申論題的題目文字敘述非常長，有時需要回答的知識容量也非常大。申論題分數通常要比選擇題高一些，因此答題時一定要認真，靜下心來仔細閱讀題幹，掌握主題，在準確理解題目的基礎上，有效限定和規劃答案，然後句句斟酌給出答案，不要因為煩躁而概括性地答題，結果答案朦朦朧朧，讓閱卷老師懷疑你有搪塞的嫌疑。

② 提綱挈領

在回答申論題之前可以先列一個答題提綱，這樣不僅條理清晰，方便自己布局材料和語言，同時還能防止漏答某個重要的知識點。與此同時，閱卷老師在閱讀答案的時候也會省心不少，提高印象分。在列提綱的時候要寫出自己要回答的知識點數量，並標清楚回答的順序，這樣真正下筆答題的時候會節省很多時間。

③ 簡明扼要

前面講到申論題不能概括性搪塞回答，但也不可贅述，這樣會讓閱卷老師感覺囉嗦煩躁，找不到重心。因此寫答案時一定要簡明扼要，既不要用引言也不要不斷重複問題，只要思路清晰地把答案言簡意賅地表達出來即可。此外，申論題在答題時間安排上要因分數而定，不要在沒有意義和價值的內容上做過多的陳述，一旦列出提綱就要問問自己某個答題點是否重要，這樣也可以避免寫一大堆廢話。

④ 材料組織

想要提高申論題的答題能力，就要學會組織材料，掌握議論答題的技巧，結合思維能力和語言表達能力來答題。這一點在平時的考試中就

第七章　條理清晰，效率倍增—心智圖輔助學習祕訣

要刻意鍛鍊自己。語言和思維是相輔相成的，思維夠縝密，語言表達能力夠高，那麼拿高分也就是自然而然的事情了。

3、答題技巧總述

除了上面所講的之外，在考試時，無論遇到什麼題型，都要注重以下幾點：

①淡定從容

考試前十分鐘到三十分鐘考生就陸續進入考場了，此時要充分利用好等待的時間，快速讓自己冷靜下來。等試卷發下來之後不要匆忙答題，首先檢視試卷有沒有缺頁和漏頁、破損或者字跡模糊的現象，如果有也不要著急，請監考老師更換即可。

②不留空白

前面講過，試卷發下來之後要合理地分配時間，不要撿了芝麻丟了西瓜，與此同時也盡量不要空著某個題不回答，尤其是選擇題，遇到實在不會的題目時，先根據第一感覺給出一個答案，然後做出標記，等答完題之後如果有時間可以返回來再回答。而對於申論題來說，遇到不會的題目要遵循會多少寫多少，想到多少寫多少的原則，即便是一個公式也要寫上去，能得分的地方絕不能放棄。

③先易後難

做題時要遵循先易後難的原則，先把會的題做完了，這樣不僅可以保證一定的分數，還能提高自己的自信心，讓自己穩定下來攻克難題。除此之外，如果一道難題花費了自己較長的時間尚且沒有攻克，那麼就

沒有必要在其身上費時間了，倒不如花些時間檢查會的題目，確保會的題目都能拿到分數。

④保證速度

考試答題並不是會就能做好、做對的，一定要有清晰的解題思路，不要囫圇吞棗，將每一步的推導和運算都清清楚楚寫出來，這樣做不僅可以保證速度，而且有章可循，後面計算如果發現出了問題，反過頭來檢查哪裡出錯的時候也更容易一些。要做到這一點，平時就要養成嚴謹的作風，多訓練邏輯思考能力，提高解題的速度。

利用心智圖不僅可以備考，同時在考試當中也能潛移默化提高答題效率，成功助力考生考出好成績。

第七章　條理清晰，效率倍增─心智圖輔助學習祕訣

第八章
職場制勝，縱橫千里——
心智圖在職場中的應用

在實際的生活中，許多人總是會遭遇這樣的狀況：常常加班到深夜，卻依然無法取得優異的工作成績；遭遇了工作「瓶頸」後，總是束手無策；在激烈的職場競爭中，始終無法脫穎而出……造成這一切的原因，便是因為缺乏清晰的工作思維。

作為一項能夠幫助人們快速理清思路的思維工具，心智圖可以有效地幫助職場人士提高工作效率、解決以上問題，讓職場人士真正擺脫職場「菜鳥」的命運，成為笑到最後的「職場達人」。

本章內容安排如下：

運用心智圖履歷敲開公司大門；

運用心智圖制定工作計劃；

運用心智圖規劃職業生涯；

養成用心智圖記錄分析的習慣；

運用心智圖將工作安排得井然有序。

第八章　職場制勝，縱橫千里─心智圖在職場中的應用

8.1　心智圖履歷更容易敲開公司大門

　　在開始本節的閱讀之前，先思考一個問題──假如你要製作一份求職履歷，你採用什麼方式呢？是根據網路上現成的履歷模板簡單做改變？還是做一張一目了然的心智圖？還是用其他的辦法解決呢？

　　通常來說，大多數人會選擇網路上現成的模板進行改編重組，這種辦法雖然非常節省時間，但是文字太多，面試官無法一眼看到重點。而且，由於文字履歷太稀鬆平常了，競爭力也越來越弱。

　　既然如此，有什麼好辦法可以解決這一問題嗎？答案就是把文字履歷變成心智圖，這樣一來，效果就大不相同了。所有重點的個人資訊都能一目了然地出現在心智圖上。

　　相信不少求職者在製作履歷的時候，都會先列出需要的資訊，這樣做可以簡化製作履歷的流程，同時也能盡快呈現有用的資訊，讓求職更有針對性。我們不妨來看看下面這個案例：

　　曉蓉在製作她的履歷時，總結了以下幾點內容：

　　基本資訊：姓名、學歷、應徵職位、聯絡方式等

　　相關經驗：之前在哪裡工作？具體職位等等

　　個人能力：接受過哪些訓練？之前在公司的業務水準如何？其他內容：自己的興趣愛好、優缺點等等。

　　曉蓉在製作履歷時直接把這些資訊依次填入對應的履歷表格上，這種方法也不是不可，但是如果把所有的資訊都放到履歷裡，只會讓建立看上去密密麻麻，讓人頭大。既沒有突出曉蓉的個人能力，又顯得求職

者很囉嗦。那麼，怎麼做才能讓履歷有針對性呢？對此，不如把相關資訊進行提煉，製作一張簡潔明瞭的心智圖，具體如下圖所示：

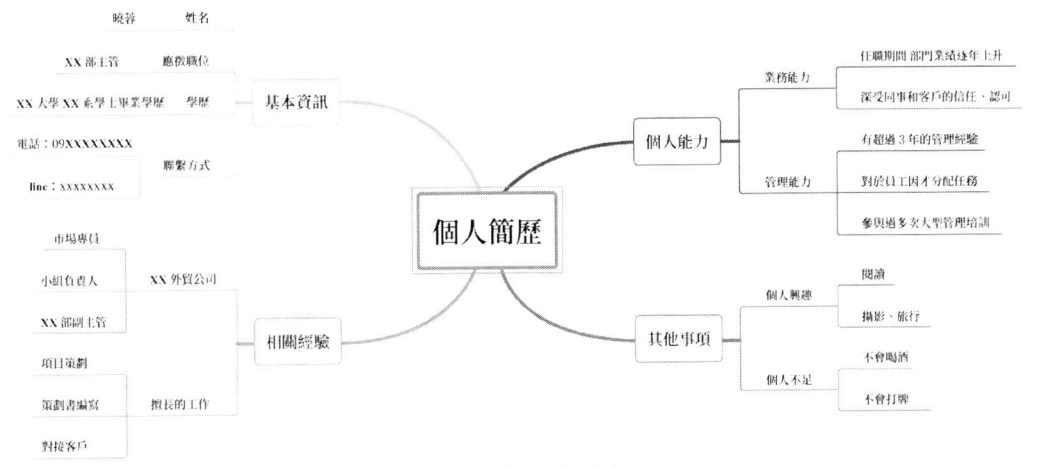

圖 8-1 心智圖式履歷

在此案例中，主要用到摘取法和選擇呈現法製作心智圖履歷。所謂摘取法，是指心智圖中的關鍵字是從曉蓉總結資訊中總結摘取出來的關鍵字。

其次就是呈現法，所謂呈現法就是有選擇性的表現內容，因為需要在履歷中呈現的資訊太多，如果全部寫進履歷裡，會讓面試官產生較大的壓力，甚是直接「放棄」這位求職者。而且曉蓉應徵的職位是部門主管，所以她只需要把和這個職位有關的資訊加入到履歷裡就可以了。

上述案例中的心智圖可以分為以下幾個步驟來製作：

確定主題，列出有關資訊

用心智圖做履歷的目的是讓求職者更直接的表現自己，因此在製作心智圖建立之前，要對自己有一個全面的總結，列出和自己有關的詳細資訊，在製作時根據目標職位進行有選擇性的提煉即可。

第八章 職場制勝，縱橫千里—心智圖在職場中的應用

歸類資訊，提煉關鍵字

由於求職者列出的資訊比較多，但並不是所有的資訊都能利用，很多資訊是和所求職位沒有任何關係的。因此，求職者接下來就是要對這些內容進行篩選，把最有用的資訊展現在履歷裡，從而更好地展現求職者的優勢。

根據總結的資訊選擇合適的心智圖模式

按照上圖可知，雖然製作的心智圖履歷只有 4 個一級分支，數量不多，但是在「基本資訊」、「相關經驗」、「個人能力」和「其他事項」的三級分支中，要呈現的資訊較多。所以，如果選擇全部向右或向左的圖形式，那麼整個畫面看起來會非常不協調，從而降低美觀性和直接性。

所以，求職者在選擇圖形式時，可以選擇放射狀形式，把主要節點平均分配於中心兩側，讓每一側的數量平均且減少，增加心智圖履歷的可讀性。

把總結好的資訊填入選好的圖框架中，製作出初步的履歷

其實現在辦公軟體就能滿足基本的心智圖繪製要求，，選擇合適的模板，插入文字後，就能得到一個理想的心智圖履歷了。

檢查細節，完善履歷

曉蓉的案例只是對心智圖履歷做一個說明，為了提高閱讀體驗，製作者還可以加入序號圖示，或者在重點資訊上做出特殊標記。除此之外，履歷中不能沒有求職者的照片，求職者可以在中心節點插入照片。

收尾工作

仔細檢查製作完成的心智圖履歷，尤其是重點資訊部分，不要出現資訊遺漏和錯誤的情況。

放射型的心智圖模式適合用來詮釋一個下分內容較多，並且只用表達其中部分內容的主題。例如，某次大型會議的嘉賓成就很多，但是考慮到時間問題，就會挑選其中比較有代表性的內容進行呈現，從而使表現更有針對性。

在用選擇呈現法製作心智圖時，有一點需要注意，雖然經過精挑細選的資訊可以讓大家了解地更直觀，但是繪製者也不能因為一味地追求直觀和簡潔而省略掉一些真正重要的內容。

例如，在曉蓉的心智圖履歷裡，除了每一項資訊都只延伸到三級分支，不多不少，該展示的內容都已展示完畢，內容適當，一目了然。

但是，如果在三級分支下又新增四級分支可以嗎？當然可以，雖然會影響整個畫面的美觀，但是如果內容很重要，很有必要展示的話，美觀問題可是暫時忽略。然而，如果內容很多餘，還新增一個四級分支的話，就顯得很多此一舉了。

第八章 職場制勝，縱橫千里─心智圖在職場中的應用

8.2 運用心智圖制定工作計劃

我們常常會遇到這樣的情況，明明時間利用的很充分了，但就是沒辦法按時完成工作任務。為什麼會這樣呢？不是以為時間不夠，而是因為沒有規劃好時間。遇到類似情況的普通白領就更多了，因為他們面對的事情是最繁瑣的。因此，如果不能合理規劃好時間，那麼在規定的時間內完成工作任務，就永遠是天方夜譚。

有什麼辦法可以解決這種情況嗎？答案是肯定的。白領們在正式開始工作之前，可以根據當天的工作內容規劃好時間，在規定時間內一定要完成工作。

王文每天上午的上班時間為9：00至12：00，這一天，他上午有4件事情要完成，按照平時的工作效率，他這樣分配自己的時間：

事項一：寫一週小結，預計時間0.5小時

事項二：整理會議資料，預計時間0.5小時

事項三：檢查修改策劃案，預計時間1小時

事項四：召開小組會議，討論策劃案細節，預計時間1小時

根據王文的時間安排來看，除非他可以按時上班，並且中途沒有任何意外事件打亂他的工作節奏，否則，他根本不可能完成任務。因為他上午上班的事件和預計工作的時長是一樣的，但是他不可能一秒都不停歇地工作。除此之外，王文沒有考慮到，隨著不間斷工作的時間加長，人的工作效率是會降低的，實際完成工作的時間必然會長於計劃時間，並且去廁所、泡咖啡、影印文件等等零碎小事的時間還沒有算進去。

因此，根據王文自己規劃的時間，從 9：00 就開始工作，正常情況下是無法按時完成工作的。當然，如果他願意提前上班，並且犧牲自己的午休時間，這就另當別論了。

和增加工作時間完成工作任務相比，大多數人還是想選擇透過提高工作效率，壓縮工作時間的方法完成工作任務。那麼，怎樣才能做到這一點呢？我們可以像切番茄一樣，把時間切成一部分一部分，來完成各項工作。接下來，我們具體來看看該如何操作吧。

分段工作法是一種勞逸結合的工作方法，這種方法是把時間分為一個個較短的工作週期，在每個小的工作週期中，又分為工作時間和休息時間。其中，工作時間固定為 25 分鐘，休息時間為固定的 5 分鐘。如果工作時間較長，也可根據實際的工作狀況，適當延長休息時間，讓自己的精神恢復地更好。

現在有很多提高工作效率的 app 具備這一功能，在這類軟體中，不僅已經自動把時間分為兩部分，還設定了鬧鐘，時間一到自動鬧鈴。所以，當使用這些軟體配合工作時，人們可以心無旁騖地工作，不用一心二用，一邊工作一邊看時間。

這樣做有什麼好處呢？首先，人們在心理上會產生一種工作效率變低，要奮起直追的心態的，實際上，工作效率提高了很多，甚至還超水準發揮；其次，就算工作效率有些不盡如人意，人們會由於愧疚超發揮，趕上工作進度。

那麼，這類心智圖又應該怎麼製作呢？具體步驟如下：

第八章 職場制勝，縱橫千里─心智圖在職場中的應用

確定可以完成工作的時間，並且將這些時間劃抽成多個時間週期

例如在王文的案例中，他可以完成工作的時間是 3 個小時，就可以細細劃分為 6 個時間週期。

根據時間週期算出實際工作時間，並且對要完成的工作進行時間安排

大家可以先建立起一個簡單的時間框架，例如在王文的案例中，除去休息時間，他實際上花在工作上的時間為 2 小時 30 分鐘，大約占據總工作時長的 80%。

針對這一點，王文可以把完成各項工作的時間縮減為預計時間的 80%，並根據這個時間建立起一個新的工作框架的。他可以把工作資訊提煉如下：

表 8-1 王文工作時間安排

工作內容	工作週期	
事項一： 寫一週小節	第一個工作週期（0.5 小時）	工作 25 分鐘、 休息 5 分鐘
事項二： 整理會議資料	第二個工作週期（0.5 小時）	工作 25 分鐘、 休息 5 分鐘
事項三： 檢查修改策劃案	第三個工作週期（0.5 小時）	工作 25 分鐘、 休息 5 分鐘
	第四個工作週期（0.5 小時）	工作 25 分鐘、 休息 5 分鐘

8.2 運用心智圖制定工作計劃

工作內容	工作週期	
事項四：召開小組會議，討論策劃案細節	第五個工作週期（0.5 小時）	工作 25 分鐘、休息 5 分鐘
	第六個工作週期（0.5 小時）	工作 25 分鐘、午休

根據上表提煉的資訊，選擇心智圖的形式

　　根據第二步中表格提煉的重點資訊，我們可以知道，要繪製一級分支 4 個，也就是「工作內容」，二級分支 6 個，也就是「工作週期」，三級分支 12 個，也就是「分段時間」。

　　可是，每個分支中的二級分支和三級分支數量都有差異，其中，最多的是事項三和事項四，分支最少的是事項一和事項二。

　　由於各個下級分支的數量差異，我們在選擇心智圖形式時，如果用放射型模式，那麼左右兩邊的高度就不一樣，影響畫面美觀。除此之外，由於層級比較多，但是三級分支卻太少，因此，如果選用放射狀心智圖，畫面會較為偏長。

　　總結上述原因，本案例中最適合運用向右的心智圖模式。因此，製作者可以根據上述原因在心智圖軟體或者紙上繪製心智圖框架。

根據總結的資訊，
完成心智圖工作計劃，並仔細檢查

　　接下來就是根據已知資訊完成心智圖了。最後還要仔細檢查已經成型的心智圖，避免出現錯誤，影響接下來的工作進行。

第八章　職場制勝，縱橫千里—心智圖在職場中的應用

```
                          ┌─ 事項一：寫一週小結 ─── 第一個工作週期(0.5小時) ┬ 工作25分鐘
                          │                                                └ 休息5分鐘
                          │
                          ├─ 事項二：整理會議資料 ── 第二個工作週期(0.5小時) ┬ 工作25分鐘
                          │                                                └ 休息5分鐘
                          │
  王文的半天工作計劃 ──────┤                         第三個工作週期(0.5小時) ┬ 工作25分鐘
                          ├─ 事項三：檢查修改策劃案 ─┤                       └ 休息5分鐘
                          │                         第四個工作週期(0.5小時) ┬ 工作25分鐘
                          │                                                └ 休息5分鐘
                          │
                          │  事項四：召開小組會議， ─ 第五個工作週期(0.5小時) ┬ 工作25分鐘
                          └─ 討論策劃案細節         │                       └ 休息5分鐘
                                                    第六個工作週期(0.5小時) ┬ 工作25分鐘
                                                                            └ 午休
```

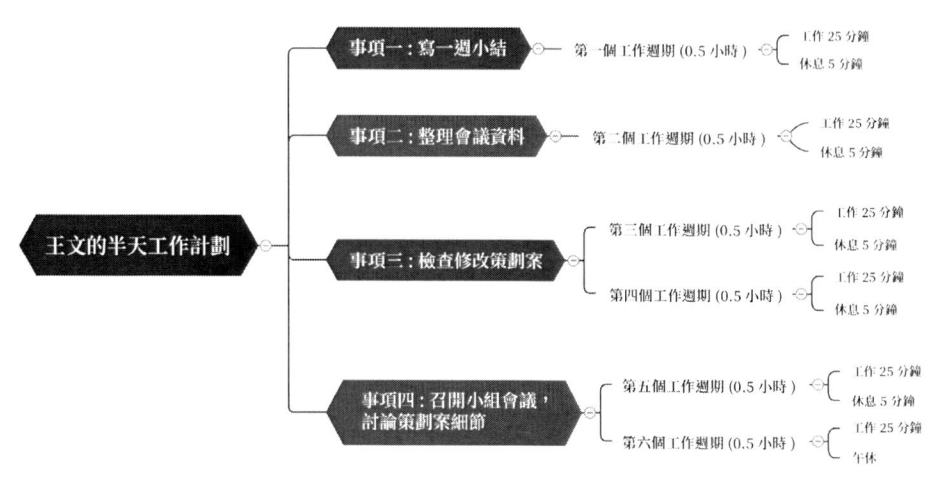

圖 8-2 王文的半天工作計劃

　　這個案例中的心智圖製作方法適合用來製作計劃，適合解決按照正常的工作效率，無法如期完成工作的情況。當人們按照正常的工作效率無法做完工作時，除了延長工作時間外，還可以運用分段工作法，規定好工作時間，提高工作效率，讓時間更「耐用」。

　　在使用分段工作法制定工作計劃時，還要注意以下事項：

　　首先，制定的計畫應該符合實際情況。如何來判斷呢？第一，完成工作的總時不能超過計劃中可以完成工作的時間；第二，工作計劃不能天馬行空。例如在王文的案例中，通常完成事項一的時間為半個小時，但是單純為了提高效率，壓縮工作時間，把完成這項工作的時間縮短為15分鐘，就明顯脫離實際了。

　　其次，使用分段工作法時，可以搭配某些手機軟體。這些手機軟體可以設定工作時間和休息時間的長短，使用起來的更加方便，避免因為人為的雙向操作而分心。另外，這些軟體中還會自帶鬧鐘，設定的時間一到，鬧鐘就會自動提醒你應該工作了，或者應該休息了。雖然這些功能直接在手機上也可以設定，但是藉助軟體，操作起來更加方便。

8.3　心智圖助力職業規劃

假如你已經有了一個宏偉的人生目標，你為了實現這個人生目標而努力奮鬥，這份事業對於你來說意義非凡，這樣的事業很難尋找嗎？其實並不難尋找，不管你身在何方，從事什麼行業的工作，現狀是好是壞，只要你有目標，就一定能找到適合自己的路。

在奮鬥的過程中，總會遇到高低起伏，有時候我們不得不暫時擱置手頭的事情去解決燃眉之急，有時候，甚至都忘了自己還有目標要實現。

我們為什麼要藉助心智圖做職業規劃呢？主要原因之一就是要藉助心智圖邏輯清晰、一目了然的特點，幫助自己更加清楚人生目標。這個心智圖可以提醒你，你的內心是有一團火焰的，這樣就更有奮鬥的力量了。

劉曉燕和陳琳一起在討論自己的職業規劃，陳琳是一位很有主見並且非常年輕的創業者，她有很多自己的想法，甚至有很多一旦付諸實施，可能會對整個行業造成深遠的影響。陳琳現在需要做的就是透過腦力激盪，把自己的想法用心智圖的方式畫出來，系統完成自己的職業規劃。那麼，我們應該如何透過心智圖來做職業規劃呢？

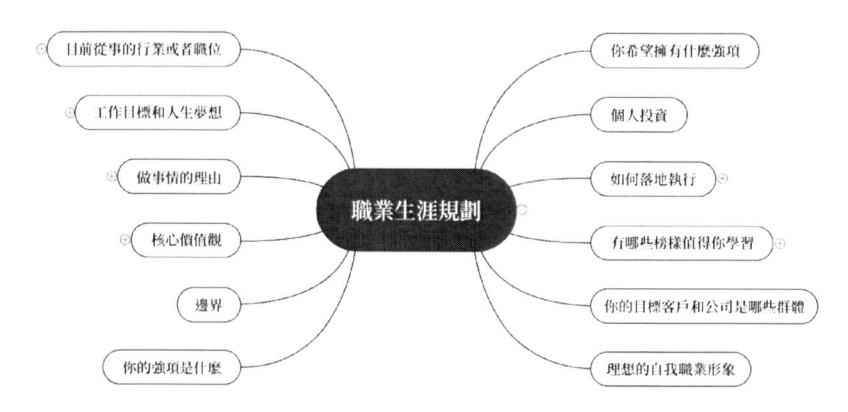

第八章 職場制勝，縱橫千里－心智圖在職場中的應用

圖 8-3 職業生涯規劃心智圖

這張心智圖裡面的內容就是做職業規劃時，應該思考的內容。這些只是一級分支，接下來你需要做的就是根據每一個一級分支，細化內容，讓目標更明確。

目前從事的行業或者職位

簡而言之就是要對你的現狀有一個清晰的認知，不管你是正在主持一個大專案，還是在求職，亦或是正在艱苦地創業中，甚至是自由職業者，你都要對自己現階段的狀況下一個定義。

工作目標和人生夢想

如果你清楚了自己的人生目標，這將對接下來的流程非常有利。不妨先列出你的短期目標和長期目標，在這段時間內你要達到什麼樣的目標？取得什麼樣的成績？如果能細化就最好了。

做事情的理由

你要知道自己為什麼要做這件事情，找到自己出發的原動力，這一點很重要。如果你現在做的事情讓你內心非常煎熬，但是你依舊在做，不如寫下你一直堅持的理由。如果你現在做的事情恰好是你想做的，不如寫下你為什麼喜歡的理由。釐清這些原因會讓你接下來的工作變得更加順暢。

核心價值觀

你一直堅持的核心價值觀是什麼？就算你現在沒有完全堅持這個原則，也要把他們寫下來，因為你在做職業規劃時，這些資訊是非常有效的。

邊界

邊界是什麼意思呢？簡而言之就是底線，例如你不想做什麼？不想和那些人工作？哪些事情是你完全不能接受的？如果這些問題你從來沒有考慮過，那不妨趁做職業規劃的時候，好好思考一下吧。

你的強項是什麼？

很多人都覺得強項就是自己擅長的方面，這個理解沒有錯，但是所謂強項不僅需要技巧超群，還需要有一定的才華。例如，你可以完成一場精彩的表演，或者，你既能維持和對手的良性競爭關係，還能談成合作。

第八章　職場制勝，縱橫千里—心智圖在職場中的應用

你希望擁有什麼強項？

在做職業規劃的時候，除了要知道自己擅長什麼，還要知道要達到這個目標，還需要具備哪些能力。

個人投資？

在實現目標的過程中，你願意在自己身上投資嗎？你想參加一些高階論壇、交流會或者短期學習課程嗎？如果你願意投資自己的，這不僅對你非常有好處，對你將來的客戶也很有好處。

如何落地執行？

職業規劃計劃好了以後，要如何落地執行才能實現人生目標呢？你的規劃就是你的路線圖。例如你想創業，開發網站，就要多進行路演，讓更多人認識你；如果你想轉行，就要了解關於那個領域的更多知識。找出你和規劃之間最小的那個差距，並且縮小這個差距，慢慢實現人生目標。

有哪些榜樣值得你學習？

有哪些行業大咖讓你很欽佩？例如，你很欣賞馬斯克成功的經驗，就要朝著他的方向多努力，多看看他的演講和書，吸取其中的精華不斷充實自己。

你的目標客戶和公司是哪些群體？

在具體實踐的過程中，了解你的目標客戶和公司非常重要。想要了解，就要先知道你的目標客戶都是誰，來自哪裡。

理想的自我職業形象

可以用幾句簡單的話語描述一下自己理想中的職業形象。你未來想成為什麼樣子？是成功的創業者，還是高人氣的作家？是擅長做營運，還是在管理上打下一片自己的天地？

這些就是你職業規劃的基本要素，把以上這些要素弄清楚，相信你的職業規劃做起來就順手多了。

第八章 職場制勝,縱橫千里─心智圖在職場中的應用

8.4 養成用心智圖記錄分析的習慣

在工作中我們常常會用到 SWOT 分析法,什麼是 SWOT 分析法呢?就是從 Strength(優勢)、Weakness(劣勢)、Opportunity(機會)、Threat(威脅)四個方面來分析目前形勢。有時,當你遇到工作的瓶頸,無法獲得突破的時候;或者當公司停滯不前,發展緩慢時,又找找不到原因時,就可以透過 SWOT 分析法,藉助心智圖來找到問題的癥結所在。我們來透過下面這個案例了解一下,具體應該怎麼操作。

張鵬開了一家培訓公司,如何才能提高自己的競爭力,獲得更多的市場占有率呢?

在「S 優勢」上

首先,張鵬的培訓公司課程體系非常完善,和其他同類型公司相比,有自己的教材,而且每一本教材都是正規出版社印刷出版,並不是一些零散的內部數據,所以,這些都是張鵬的優勢。再細細分析,在教材方面,所有的教材都是公司延請專家團隊編寫,這一點可以作為二級分支展示出來。除此之外,由於張鵬提前半年就從各個學校遍請名師,組成專業的師資隊伍,受到家長和學員們的一致好評,良好的口碑又是一張隱形名片。

在「O 機會」上

張鵬正在和多家上下游培訓機構談合作中,這一舉動吸引了更多優秀老師的加盟,也有很多大型培訓機構向張鵬丟擲橄欖枝,這些都是張

鵬的機會。如果他能把握好機會，就能更上一層樓，如果把握不好機會，也許目前的優勢也沒有了。

在「W 劣勢」方面

雖然有很多優秀老師加入，但是隨著學生的增加，師資力量還是有所欠缺，另外，在宣傳推廣、教學硬體上，張鵬還需要多多改進。

在「T 威脅」方面

讓一家培訓公司得以生存的唯一命脈就是生源，所以招生問題就是最大的問題，招生效果好公司的發展就好，反之公司隨時都會面臨倒閉的危險。同時，在公司內部，股東矛盾，分工不合理也是潛在的威脅。

利用 SWOT 分析法定期進行自省和會議，可以快速有效地找出潛在的問題，從而進一步制定解決方案。

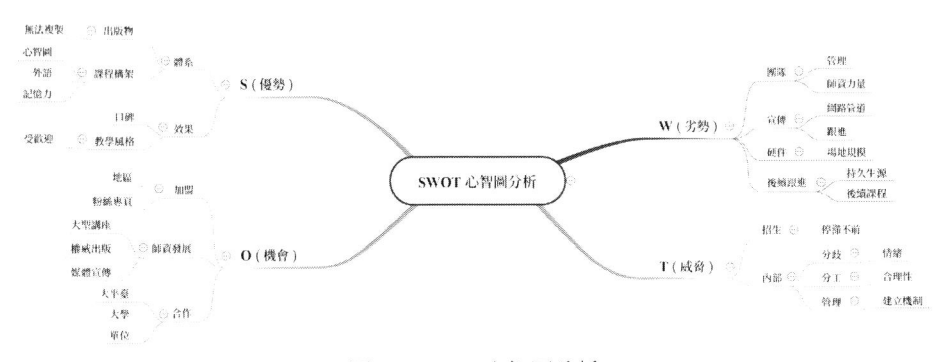

圖 8-4 SWOT 心智圖分析

SWOT 分析法，除了可以用在職場上，還能用在生活的各方面。例如學測填志願。大考是每個人都會經歷的事情，特別是填志願，關係

第八章 職場制勝，縱橫千里—心智圖在職場中的應用

到未來的各方面，很多人都為此傷透腦筋。這時不妨藉助心智圖來進行分析。

不管是在生活中還是在工作中，面臨各種選擇是非常正常的事情，不同的選擇最後收穫的結果也不一樣，甚至會影響自己以後的人生。我們無法單憑一己之力就判斷一個選擇的對與錯，但是我們可以藉助科學的方法分析資訊，從而提高選擇的正確性。

陳瑞今年考試完畢後對填志願這件事很苦惱，這時，陳瑞的父母藉助心智圖幫他解決了這一難題。具體是怎麼做的呢？

第一步，就是要確定中心主幹

這就要和陳瑞的實際情況來確定了。陳瑞想選擇的科系有三個，一個是設計、一個是電腦、一個是外語，另外，家人也支持他出國上大學。所以的，大家按照這四個方向開始繪製心智圖。

第二步，就是接著的四個主幹繼續分析下去

例如以主幹之一「外語」為例，陳瑞對法語和俄語都很感興趣，因此，分支後可以列出今後的發展方向和劣勢，當「外語」這一主幹繪製完畢後，會發現，法語和俄語都屬於語言類學習，今後的發展方向都很類似，差別就在於在不同的城市，發展空間不一樣。

簡單來說，如果陳瑞能把兩門外語都熟練掌握，法語的選擇面更多一些，未來雖然有不確定性，但是機會也更多。可是俄語就有些局限性了，並且對於父母來說，孩子將來想留在哪座城市，在哪裡安家落戶，

都是要考慮的問題，也是孩子應該思考的問題。

和「外語」這一主幹一樣，把「藝術」這一主幹進行展開分析，可以發現，如果選藝術類科系，不僅前期的學習成本很高，畢業後也很難找工作，如果陳瑞對藝術類科系沒有那麼大的興趣，可能會面臨一畢業就失業的情況。即使可以做其他非相關科系的工作，他也沒有那些專業出身的人有競爭力。

最後，把「出國留學」這一主幹分開可知，這條路必須堅持走下去，如果中途放棄，可能會面對沒有學歷，回國又水土不服的情況。最後的決定權，還是在陳瑞手上。

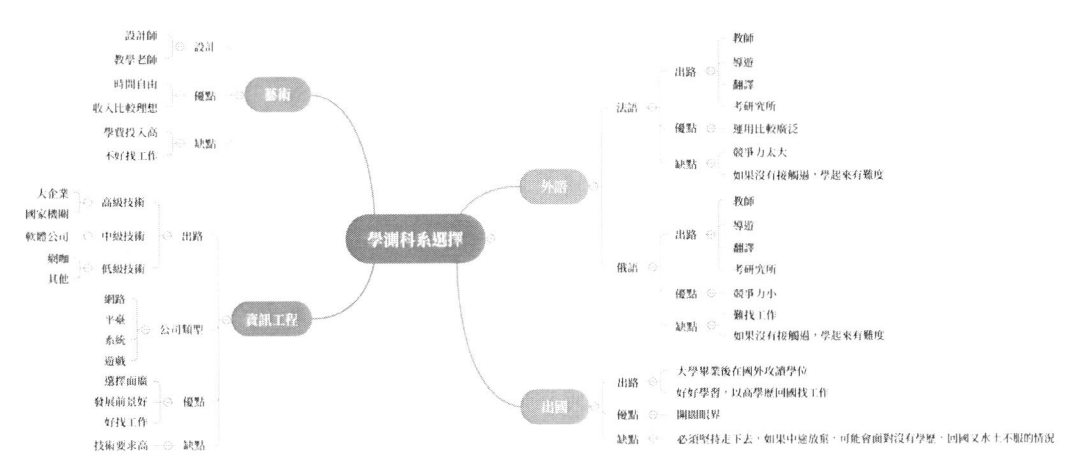

圖 8-5 學測專業選擇心智圖

在完成心智圖以後，父母結合了家庭情況和陳瑞的意見，參考心智圖給出的分析，最後選擇了法語系。這裡我們且不論選擇的正確與否，對於陳瑞來說，他由最初的迷茫轉變為確定，這正是心智圖的作用。

8.5 運用心智圖梳理會議議程，不做無頭蒼蠅

對於一些大企業來說，安排一個會議不亞於舉辦一場中小型活動，因為準備會議會牽扯到很多事情，而這些事情是不能出任何差錯的。所以，對於安排會議的人來說，這是一項莫大的挑戰。雖然這件事情很有挑戰性，但是只要方法正確，問題都是可以解決的。在這個問題上，我們就可以藉助心智圖的方法，來梳理會議流程，讓棘手的事情不在棘手。

一天下午，周然接到了經理安排給她的一項任務，經理對她說：「周然你來公司也有段時間了，各項事務都比較熟悉了，安排一項工作給你。明天下午兩點半，我們分部要開一個會，大概有 20 多人參加，兩個小時左右。這次會議主要是介紹新產品，總結上半年工作，制定下半年工作計劃，除了我，我們分部的張總監也會出席。這個會議比較重要，你今天下班之前務必要把會議議程交給我。」

雖然周然到這個公司有段時間了，但是沒有任何組織這種大型會議的經驗。而且，經理告訴她的資訊也有限，根據這些內容是肯定無法做出一份完善的會議日程的。周然回到自己的座位上，一籌莫展。

假如，周然能夠熟練使用心智圖的話，這個事情就好辦多了。因為在目前的心智圖軟體中都提供了大量的參考模板，選擇適當的模板，插入內容就可以了。

現在，我們來看看如何用模板套用法來繪製心智圖。什麼是模板套用法呢？顧名思義就是在現有模板的基礎上，填入具體的文字資訊，得出一張心智圖。

8.5 運用心智圖梳理會議議程，不做無頭蒼蠅

```
介紹新產品 ─┐
總結上半年的工作 ─┼─ 會議目標 ─┐                    ┌─ 會議地點 ─── 行政樓 5 樓小會議室
計劃下半年的工作 ─┘            │                    │
                              │                    │              ┌─ 張總監
主持人開場 ─┐                  │                    │              │
張總監致辭 ─┼─ 會議流程 ───── 會議流程 ─────────────┼─ 參會人員 ─┼─ 經理
員工代表發言 ─┤                │                    │              │
會議總結 ─┘                    │                    │              └─ 20 名員工
                              │                    │
小食 ─┐                        │                    │              ┌─ 明天下午兩點半
茶水 ─┼─ 設備需求 ─────────────┘                    └─ 會議時間 ─┤
投影音響設備 ─┘                                                     └─ 時長 2 小時
```

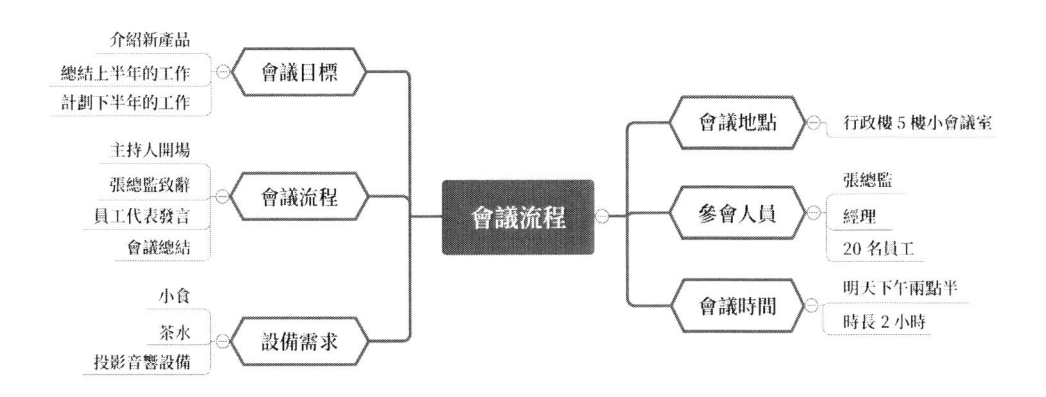

圖 8-6 會議流程心智圖

上述會議議程心智圖可以透過以下幾步完成製作：

確定只要內容，選擇合適的心智圖模板

周然的工作只是安排一個會議，所以，心智圖的主題就確定了。因此，周然在尋找參考模板時，只需要考慮這個模板適不適合就可以了。

根據實際情況，把需要填充的內容羅列出來

根據上圖可以看出，這個心智圖的模板把會議流程抽成了 6 個板塊，並且每個版塊都插有一張插圖，如果周然想利用這些插圖，可以把需要展示的資訊分為 6 各部分，並且，每個部分的內容和模板中一級分支的內容統一。

例如，驟然可以根據經理已經給她的資訊，把主要內容分為以下 6 個部分 —— 會議目標、會議議程、物料需求、會議地點、參會人員、會議時間，接著，把有關資訊像這樣總結出來：

第八章　職場制勝，縱橫千里—心智圖在職場中的應用

會議目標：介紹新產品，總結上半年的工作，計劃下半年的工作會議流程：主持人開場、張總監致辭、員工代表發言、會議總結物料需求：小食、茶水、投影音響裝置、會議資料

會議地點：行政樓 5 樓小會議室

參會人員：張總監、經理、20 名員工

會議時間：明天下午兩點半，時長 2 小時

把整合的資訊填入心智圖模板中，初步成型

接下來周然需要做的就是把上述總結的資訊填入心智圖模板，並把多餘的分支刪掉，就形成初步的會議流程心智圖了。

對細節進行調整，增加心智圖的美觀度

雖然第三步完成後，心智圖的基本製作也就完成了，但是從整體上來看，還是有些細節需要完善。而且周然的這份會議議程是要交給主管過目的，所以在一些細節上，一定要做一些調整，增加美觀度。

最後做一遍檢查

仔細檢查已經製作完成的心智圖，避免出現一些錯誤和遺漏。

本節仲介紹的心智圖繪製方法，適合用於對要呈現的內容還沒有較為精準的把握，而且，對畫面品質要求比較高的情況。

在職場，普通上班族作為員工，經常會遇到像案例中周然這樣的情

況。這個時候，員工們除了要完整地展示資訊之外，還要保證美觀和整潔。

要解決這樣的情況，員工不僅要選擇科學合理的心智圖模板，還要把內容盡可能完整地呈現，讓心智圖看起來更加完整美觀。

與此同時，在直接套用模板繪圖時，還要注意以下幾點：

首先，使用模板套用法套用的只是一個框架，而不是內容。所以，在製作心智圖時，可以參考模板的樣式，但是不能連帶內容一起借鑑過來。

其次，套用模板的過程也是一個學習借鑑的過程。在周然的案例中，她需要把資訊分為六個部分，這個過程就參考了模板中的內容，實際上也是學習的過程。

除此之外，繪製者在參考了心智圖模板中的資訊之後，可以把提煉的資訊放在其他的樣式中，不一定非要拘泥於一個模板。

第八章 職場制勝，縱橫千里—心智圖在職場中的應用

8.6 工作安排井然有序，告別手忙腳亂

對於很多做助理工作的人來說，對上司的工作進行合理安排是要特別重視的工作內容之一，為什麼呢？因為通常來說，上司的工作是非常繁瑣的，而且這些事情不能拖延。那麼，做助理工作應該如安排好上司的工作呢？助理在安排上司的事情時，可以根據事情的輕重緩急來進行，並藉助心智圖來呈現。

利用心智圖，不僅可以初步確定做各項事情的時間，還能對各項事情進行大致的排序，所以，當上司看到心智圖後，對什麼時間要做什麼事，就一目了然了。

有一天，剛上班不久，莉莉就被上司叫到了辦公室，並對她說：「莉莉，我今天要做的事情非常多，我怕我有遺漏的，你幫我記一下，到時候記得提醒我。上午我要和上海來的合作夥伴見面了，但是在這之前，必須把合作方案搞定。對了，昨天我讓阿威和陳鋒修改的方案，他麼還沒提交給我，你等下幫我催一下。

中午我約了 xx 公司的趙總監吃飯，和他討論這次新產品推廣的細節，並確定這實體活動要邀請哪些嘉賓。所以，你待會兒幫我找一家環境好一點的餐廳定個位置。

今天下午策劃部的孫總監要我參加他們的會議，對了，差點忘了，等一下十點鐘我還要參加董事會，估計要一個小時。工作上的事情大概就是這些，我再來說說私事。

今天是我女兒的生日，我準備今天晚上好好給她慶祝一下。另外，我想自己買生日禮物給她，上午的事情比較多，估計是脫不開身了，你

幫我把這個時間安排在下午吧,到時記得提醒我一下。嗯,今天要做的事情大概就是這些,你幫我安排一下,別忘了到時間提醒我。」

如果莉莉熟練掌握關鍵摘取法,那麼,想抓住上司說話的重點非常簡單。然而問題是,如何才能把上司要做的事情進行合理的安排的呢?很簡單,莉莉可以根據這些事情的輕重緩急,製作一張心智圖,如下圖所示。

```
                          ┌─ 見合作夥伴 ⊕
                   ┌─上午─┼─ 確定合作方案 ⊕
                   │      └─ 參加董事會
                   │
                   │      ┌─ 和陳總監吃飯商量推廣細節
上司今日工作安排 ──┼─中午─┤
                   │      └─ 確定線下活動的嘉賓人選
                   │
                   │      ┌─ 出席策劃部會議
                   ├─下午─┤
                   │      └─ 挑選生日禮物
                   │
                   └─晚上─── 為女兒慶祝生日
```

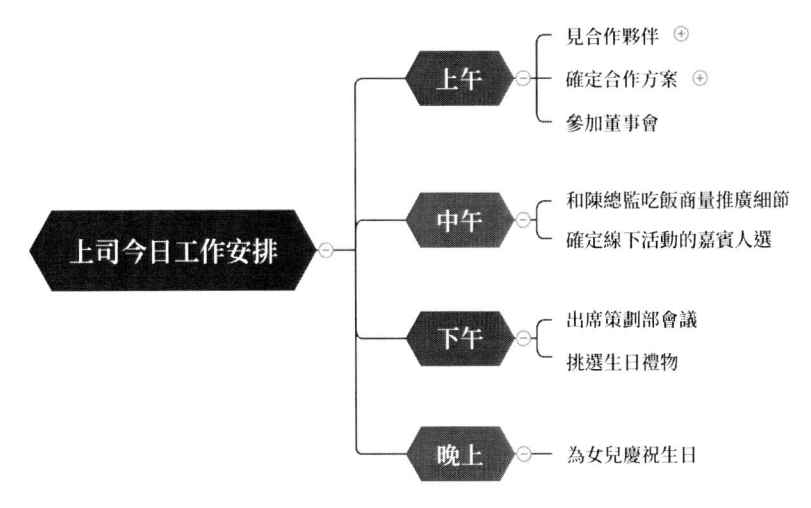

圖 8-7 上司今日工作安排

上述案例中的心智圖,主要使用了「緊要先行法」。什麼是「緊要先行法」呢?就是當你面對很多事情急待安排時,根據每一件事情的重要性來排序即可,把重要的事情排在前面,沒那麼重要的事情排在後面。

例如,在這個案例中,莉莉就把各項事情的完成時間作為依據判斷事情的緊迫性,然後根據緊迫性對各項事情進行排序,先急後緩,先公後私,繪製出了心智圖。

上圖中的心智圖,透過以下幾步就可以製作完成:

第八章　職場制勝，縱橫千里─心智圖在職場中的應用

列出繪圖所需的相關資訊

要製作「上司今日工作安排」的心智圖，首先要做的就是把上司的話記錄下來，雖然資訊量很大，但是有很多內容是沒有參考價值的。所以，在提煉資訊時，應該使用關鍵摘取法，記下上司話中的重要資訊。

根據事情的重要程度進行排序

列出相關資訊以後，上司今天要做的事情就已經全部羅列出來了，接下來要做的就是對這些事情進行排序。排序原則應該先急後緩，先公後私。對此，莉莉把這些事情做了以下總結歸納：

上司今日的工作安排：

上午：見合作夥伴，確定合作方案，參加董事會

中午：和陳總監吃飯商量推廣細節，確定實體活動的嘉賓人選下午：出席策劃部會議，挑選生日禮物

晚上：為女兒慶祝生日

根據總結歸納的資訊，選擇合適的心智圖模板

從上述提煉的資訊可知，要繪製的心智圖一共有 4 個一級分支，也就是四個時間段，以及 8 個二級分支，也就是 8 件要做的事情。

根據這些資訊，如果選擇放射狀的心智圖模板，會讓整個畫面顯得特別扁平，還會讓左右兩邊顯得非常不對稱，影響美觀。但是，如果選擇向右的心智圖模板，這樣，最終呈現的效果就好多了。

將細節資訊填充到其中，製成心智圖

在這個案例中，為了讓每一件事情的順序更加直觀具體，莉莉還在每一項前加了序號。

最後做一遍檢查

仔細檢查已經製作完成的心智圖，避免出現一些錯誤和遺漏。

本節介紹的心智圖的製作方法，適合用在記錄各項工作，並安排工作進行的先後順序上。例如，一個人想要對自己一天要做的工作進行規劃，就要先把今天的工作任務羅列出來，然後再根據事情的重要性進行排序，並按照這個順序製作心智圖。

雖然，在「緊要先行法」中，根據事情的輕重緩急排序是製作心智圖最重要的一步，但是要把這一步做好，讓計劃更具可行性，前提是必須要把資訊記錄完全。

例如，在本節的案例中，麗麗在對上司的話進行記錄時，如果有一件事情沒有聽清楚，即使她後來的計畫做的再完美，再合理，也會因為資訊的遺漏，讓整個工作安排的合理性大打折扣。

所以，在實際的操作中要注意，工作安排應該以完整的資訊為基礎，只有資訊完整了，繪製出來的心智圖才不會出錯。

第八章 職場制勝，縱橫千里─心智圖在職場中的應用

第九章
縝密思考,果斷決策——
心智圖助力快速決策

　　終其一生,我們會遇到無數個需要選擇的十字路口,在決策的過程中,如果我們能客觀準確地選擇對的道路,那麼,我們的人生就會少走很多彎路;反之,如果我們選錯了道路,誤入了沼澤,那麼,我們的生活就會遭遇不必要的麻煩,這便是決策的重要性。在決策的過程中,充分運用心智圖,不僅能提高決策的效率,也能提高決策的準確度。

　　本章內容安排如下:

　　總是做出錯誤決策的原因;

　　決策的原則;

　　決策的方法;

　　心智圖引導你走向內心答案。

第九章　縝密思考，果斷決策—心智圖助力快速決策

9.1　為什麼你總是做出錯誤的決策？

我們的人生幾乎無時無刻不面臨著決策，無論在生活中、學習中，還是在工作中，無論是逛菜市場這樣的小事，還是選擇未來道路這樣的大事，都需要我們的抉擇。

在本節的開頭，不妨先讓我們一起來回想一下，在過去的時光中，我們所做的抉擇有多少是正確的、有多少能給我們的人生帶來正面影響的，又有多少是錯誤的，會給我們人生帶來了負面影響的呢？

不可否認的是，在這個世界上，幾乎每一個人都有過做錯決策的經歷。買錯了衣服，走錯了路，選錯了公司等等，在小事上做錯了決策，或許不足掛齒，可若是在人生大事上做錯了決策，可能就會讓我們人生陷入灰暗，甚至誤入歧途。

所以，是什麼導致了我們決策錯誤呢？對的決策會給我們的人生帶來什麼意義呢？我會在這個章節裡和大家共同討論一下這個問題。

決策對個人的意義

什麼是決策呢？從大的方面來說，決策是為了方便解決你想要解決的問題，讓你的目標得以實現，在分析和論證的過程中，抉擇一個最適合你的的方案。而從小的方面來說，決策就是指做出決定，可以說每個人都可以是決策者。

好的決策對於我們的成功和成長具有十分重要的意義，它能夠幫助我們更好地實現我們的人生價值和社會價值。下面，我將從決策前、決策中、決策後三個方面，來具體聊一聊決策對個人的重要意義。

1、決策前

在決策之前，我們應該想想自己的決策是否跟得上當前的社會環境，例如當前的經濟環境、政治環境、自然環境、技術環境、乃至人文環境等。應該要觀察到大環境對決策的全面影響，例如讓你在選擇是繼續當培訓老師還是開設培訓學校的時候，首先應該對創業的大環境以及社會背景進行詳細的調查。

2、決策中

遵循正確的決策原則和決策方法是決策過程中不可缺失的，這樣才有利作出正確的決策，對自己的生活產生正向影響。

此外，在做決策的時候，還要遵循科學性原則、動態性原則、求實性原則、創新性原則、全面性原則和實效性原則。這些原則對於能否作出正確的抉擇都很重要。

在這裡，我要重點強調以下求實性原則。

在現實的生活中，不論大事小事，我們的任何決策都應該以事實為依據，從實際出發實事求是，客觀問題客觀分析，做到因人制宜、因事制宜、因地制宜、因時制宜。這就是求實性原則。

一定要注意，如果決策的基礎是憑自己情緒化，不顧事實依據，全憑自己的興趣或主觀猜測為主，而不是對事實充分的理解和正確的分析，那必將導致任務泡湯，決策也會失敗。

3、決策後

就算決策完成，也不能掉以輕心，還要對決策進行執行，並對決策進行不斷的改進。在調整的過程中還要針對自己的具體情況進行。只有

第九章　縝密思考，果斷決策─心智圖助力快速決策

經過不斷的調整，才能讓正確決策產生好的效應，給我們的生活帶來希望。

造成決策失誤的原因

透過前文的學習，相信大家已經更深入地了解到了決策的意義，可我們在生活中也會有決策失誤的時候，究其原因，主要有以下幾點。

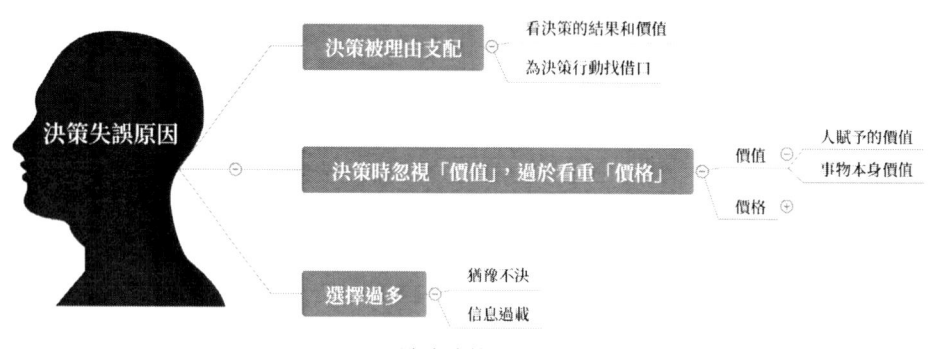

圖 9-1 造成決策失誤的原因

1、以理由支配決策

在大多數情況下，事情發生的理由往往決定了我們的行為動作，也就是說我們的決策被理由支配了，可這樣做出的決策大多數都是失敗的。

例如，在我們日常工作、學習的時候，在我們為生活奔波的時候，總是難免會受到委屈和欺壓，這時心裡的第一條指令是不是報復回去？受到委屈和欺壓就會成為我們洩憤的理由，將之付諸行動，可這個理由是不能代表我們的決策就是合理的，也無法支配我們的行動，可想而知，當一個人處於憤憤不平，情緒激烈的狀態下，大腦處於非理智狀態，就可能做出錯誤的抉擇。

如果僅憑理由就做出決策，那這種做法本來就是欠缺思考的，因為在大多數情況下，我們容易做事衝動，行動過後才開始找支配行動的理由。換言之，這是我們實施了行動決策後，想讓行動決策合理化所編的藉口，可我們下意識裡認為是理由激發了行動決策，這是錯誤的看法。所以，即使有充分的理由，也不能做出正確的決策。

　　在我們做決策時，應該多看做這個決策的結果，而不是只盯著理由。記住，結果關係著決策的成功與否。我們在進行決策時也要考慮到改決策能夠給我們帶來的價值，與我們的付出是否對等，能不能以小成本得到大利益，如果能，則說明我們的決策是對的。

2、決策時不要忽視了「價值」

　　有些人在做決策的時候，往往忽視了「價值」，只看到了「價格」，這種忽視會使做出的決策無法發揮它最大的價值，舉個例子：

　　你現在正在著急找工作，一份高薪的工作需要從底層做起，剛開始薪資不高；還有一份公務員的工作比較穩定，但薪資基本不會往上漲了，你是選擇高薪的工作從底層做起，還是選擇當公務員呢？也許有的人會覺得公務員是鐵飯碗，安安穩穩一輩子也很好，於是立刻做出決策：報考公務員。

　　如果你不知道這個決策是不是正確的，沒關係，我們可以用價值來計算判斷，如果你想賺錢，卻選了公務員這個職位，那無疑你的這個決定是錯誤的。但相反，如果你想多賺錢，今後自己當老闆，那就是為你自己創造了高薪的價值。

　　「價格」並不能當做衡量好壞的標準，千萬不要忽視「價值」的作用，如果你能注意到這點，就不會做出失誤的決策。什麼是「價值」，它

是指當你執行決策之後，有沒有收穫成效，有沒有給你帶來積極正面的影響。例如雙十一活動時，很多人會在蝦皮上瘋狂購物，也不管需不需要這個東西，很有可能買回來根本用不上。其實，在購物中我們也在不斷決策，如果購物中我們只看商品價格而忽略它的實用性，那就會讓我們做出錯的決策；相反，當我們購物時把商品的價格和價值一起考量，才能買到真正實用的商品。 怎麼看一個事物是否具有價值呢？其實這個取決於兩方面：1、人給予它的價值 2、事物本身的價值。不同的人有不同的興趣愛好，由此可知，就算是同一件事面對不同的人，它所產生的價值也會不一樣。所以，未必全部的「降價促銷，清倉拋售」對所有人都合適，只有重視事物對自身產生的價值，方可做出合理的決策。「價格」只是我們參考答案中的一項而已。

一不留神，決策失誤就很大機率的展現在我們生活的各方面，所以一定不要忽視「價值」的重要性。

3、決策時切勿選擇過多

在生活中，由於我們可選擇的餘地太多，導致我們在迷茫中無法找到正確的決策，以致決策錯誤。

當我們挑選商品時，會發現有的商家把商品過於大量、細緻的進行歸類，也許在商家看來，商品的歸類越細越好，但這並不是絕對的方法，商品如果分類的太過仔細，購買者就會有選擇困難症，在難以抉擇的情況下，沒有耐心的客戶可能就拂袖而去了。

這就和挑選商品一樣，我們在生活中也會遇到各種花式選擇，當選擇過多時，我們就會眼花撩亂，不知該如何取捨，導致我們做不出合適的選擇。例如我們去買衣服，經常五顏六色的衣服讓我們目不暇給，不

知該如何取捨,其實,只需要買 3 到 5 件適合自己風格的衣服就行了。

我曾經聽一個專家在研究後說過這樣一段話:當一個人在決策時,處理資訊的能力決定了他對不同選擇數量的反應。在日常生活中,當我們遇到太多的選擇就會導致大腦資訊過載,特別是在面對陌生的選項時,就會做出錯誤的分析,這就讓我們在面對決策時躊躇不前,無法做出合意的抉擇。

我們在決策的過程中本來就處在難以抉擇的境地,倘若在難以抉擇的基礎上再出現太多選擇,那就會使我們的抉擇更加艱難,讓我們的大腦一片混沌,要想解決這一難題,就要在我們面臨眾多選擇時,把選項先進行分類,再慢慢減少選項,這樣既減少了我們決策的時間,又讓我們做出更好的決策。

第九章 縝密思考，果斷決策—心智圖助力快速決策

9.2 如何作出讓滿意的決策

在我們的生活、學習和工作中，需要做決策的事情很多。

在前文中，我們已經學習了做出錯誤決策的相關原因和決策的意義，那麼，在實際的生活中，究竟怎樣才能做出合理有效的正確決策呢？

以下建議建議值得參考。

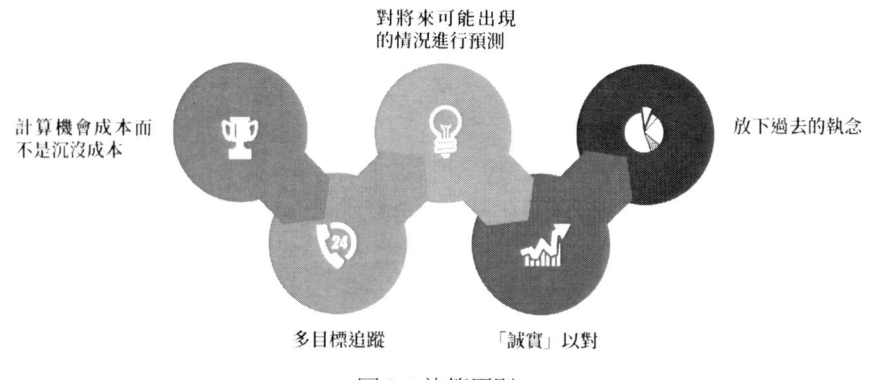

圖 9-2 決策原則

在決策時計算機會成本，而不是沉沒成本

如何解釋機會成本？通俗易懂地說，機會成本就是我們在做決策時候，必須放棄某些事情，而這些事情又會對我們造成一定的損失。例如，相信大家都遇到過這樣的情況，在難得的週末，本想陪陪家人，但是同事又相約聚會，於是，面對這種情況，便不知道該如何選擇。

其實，在遇到這樣的兩難局面的時候，我們不妨計算一下機會成本：假如我們選擇拒絕同事的邀請，按照原計劃和家人共度週末，那麼，我

們的機會成本就是失去了和同事接觸的機會，而這個同事又很可能是未來對我們工作有幫助的夥伴；而如果我們選擇了接受同事的邀請去參加聚會，那麼，我們就失去了與家人團聚的機會。

那麼，我們又該如何理解沉沒成本呢？

所謂的沉沒成本就是一些對決策毫無作用的花費。在我們的實際生活中，經常有人把沉沒成本作為重點，卻忽視了對機會成本的計算，這樣做其實是不對的。

例如，有些人在家裡吃飯時，明明已經吃飽了，但是為了不造成浪費，還是選擇繼續吃，直到吃撐為止，這些人就是太在意沉沒成本。事實上，即使你吃得再多也不會給決策帶來任何影響，反而會因為吃撐而帶來負效益。

可見，過分在意和追求沉沒成本是沒有任何意義的。在實際的生活中，不要為了「數量」而刻意追求付出成本，也不要為了尋求安慰就放棄對「滿足程度」的追求。因為這樣不僅不會給決策帶來任何益處，而且會帶來負面的影響。

多目標追蹤

我們在上一節中已經提到，在做出決策的時候，如果選項過多得話，會給我們進行合理有效的決策帶來影響。但是，這並不意味著我們就不需要選擇。通常，我們可以給自己幾個選項，一方面給自己一些可選擇性，另一方面也不會因為選擇過多造成選擇障礙，從而更合理有效地進行選擇。

在決策過程中，同時為自己提供兩個或者兩個以上的思路就叫多目

第九章　縝密思考，果斷決策—心智圖助力快速決策

標追蹤。為了達到更好的決策效果，通常，為自己提供 2 到 5 種思路是最合適的。

在做決策前，我們可以用心智圖把自己大腦中想到的思路寫下來，再將我們大腦梳理問題的走勢以具體的形式呈現出來。如此一來，我們在進行分析時，才能分析的更具體、更全面。與此同時，我們在進行多目標追蹤時，還要不斷地進行自我反省，以便加速決策程序。

在決策時使用多目標追蹤是至關重要的。因為沒有選項，思路單一，我們的思維就會被禁錮，無法做出最佳的決策；反之，假如在決策的過程中有多條思路的話，我們就可以選擇最佳思路來幫助我們決策。當然，思路也不能過多，以免陷入過於混亂的境地，最終不利於快速決策。

此外，在決策的過程中使用多目標追蹤時一定要注意避免虛假選擇。換言之，我們思考的幾個選項應該是行之有效的。同時，這些決策選項必須要能給我們帶來正面的影響。

對將來可能出現的情況進行預測

相信大家都遇到過這樣的情況，在執行決策的過程中，經常會事與願違，由於一些客觀因素的影響，導致最終的結果和預想大相逕庭。

如果出現這樣的情況應該怎麼辦呢？古人云「未雨綢繆」，我們應該對可能發生的情況進行預測，這樣做這並不代表你的決策一定錯誤，而是要防患於未然。

為了應對突發情況，在做決策的時候，我們可以用逆向思考的方法。這樣做，不僅可以最大程度地降低意外發生的機率，還能在出現失誤時進行及時地補救。

「誠實」以對

做人不僅要對他人誠實，更要對自己誠實。在決策的過程中，「誠實」是必不可少的。為了做出最合理、最有效的決策，我們應該學會對自己誠實，從自身實際情況出發，遵從自己的內心，並且找準自己的目標及方向。

放下過去的執念

如果你還在為了「打翻的牛奶」哭泣，那麼請及時停止吧，因為糾結於過去的事情就等同於在浪費寶貴的時間。

過分沉溺於過去失誤決策的悔意中，只會讓我們產生負面的情緒，它對我們目前所進行的決策不會產生任何的正面效果，相反還會帶來消極的作用。所以，我們應該放下曾經做過的令人懊悔的決策。

在現實生活中，不要害怕做錯決策，而應該學會多從失誤的決策中吸取經驗和教訓。唯有這樣，我們才能進步，從而提升自己決策的品質和效率。

當然，最重要的是，要學會放下過去的執念，選擇向前看。

例如，我們去一家網紅甜品店吃甜品，結果發現甜品並沒有網傳的那麼好吃；又例如，我們去家理髮店剪頭髮，結果發現理髮師的手藝無法讓自己滿意......對於這些已經發生的事實，我們沒有必要糾結，而應該把時間和精力放在更重要的決策中。

當然，為了讓自己做出的決策不導致未來的後悔，我們在做任何決策的時候都要認真考慮，認真權衡。此外，還可以多考慮幾套備用方案。

總之，決策在我們的學習、生活和工作中扮演著至關重要的作用，要想讓自己做出的決策更正確，就一定要掌握正確的決策方法。

第九章　縝密思考，果斷決策─心智圖助力快速決策

9.3　決策的方法

不可否認的是，決策的好與壞將直接影響著事情的處理結果。若想圓滿解決所有事情，那麼我們在進行決策時，就要掌握和運用一些正確的決策方法，唯有這樣，做出的決策才會合理有效、切實可行。

下面我們就來看看具體的決策方法有哪些。

決策樹法　　　　決策矩陣法　　　　吉德林法則

圖 9-3 決策的常用方法

決策樹法

決策樹法是一種較為常見的決策方法，它是指透過樹狀圖或括號圖的圖形式，將幾種不同類型的決策方案加以羅列和對比，並從對比後的結果中選出一個最優質的方案。

一般來說，進行羅列與對比的決策方案中，或多或少都會有好幾種機率出現，因而結果也完全不同。而決策樹法，就是將不同的決策方案中可能出現的機率事件和產生的不同結果，用圖的方式加以分析，使人一目了然，從中選擇出最正確、合適的決策方案。

當然，在運用決策樹法進行決策時，若能將決策樹法和心智圖所倡導的擴散性思考糅合起來，並準備不少於兩個的備選方案來進行對比和分析，這樣就能在決策依據的指引下，做出客觀而準確的決策方案。

那麼，我們要如何做才能利用決策樹法的優勢做決策呢？不妨參考下以下三個步驟：

1、確立中心主題

在繪製樹狀圖或括號圖類型的心智圖時，確立即將展開決策方案的中心主題。

2、確定主分支

圍繞前面確立的中心主題，展開豐富的想像力，聯想出兩個或以上的決策方案，並根據具體的決策方案來確定主分支。

3、對主分支進行發散

確定了主分支後，便可以以此來延伸和發散，對主分支可能發生的機率事件和產生的不同結果做出預估和評判，依據結果篩選出最好的決策。

下面這幅「決策樹」心智圖便讓人看上去一目了然。

第九章　縝密思考，果斷決策─心智圖助力快速決策

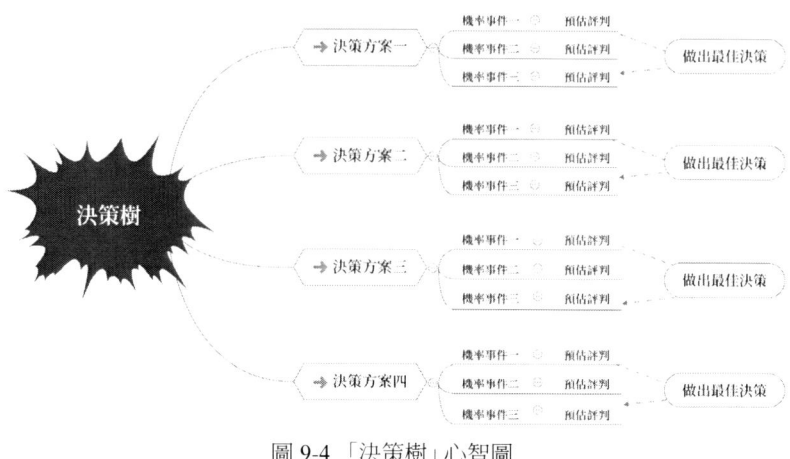

圖 9-4 「決策樹」心智圖

決策矩陣法

除了決策樹法，還有一種矩陣法。所謂矩陣法，並不是行兵步陣，而是透過矩陣表格的方式將各種類型的備選方案，優劣勢加以分析和對比，從而獲得最好的決策方案。通常，決策矩陣法被廣泛用於一些風險類型的決策中，因此它又被稱之為「風險矩陣」。

利用決策矩陣法做出優質的決策也需要四個步驟：

1、列出備選方案

將需要進行決策的事物列出幾種不同的備選方案，並將備選方案有可能產生的影響力也一一列舉出來。

2、設定分值

將需要考慮的一些因素按影響力的大小設定分值。

3、進行實際打分

將備選方案中列舉出來的需要考慮到的因素，按影響力大小進行實際打分。

4、選擇最佳方案

從每一種序號所對應的備選方案的分數中，擇優選出最優質的決策方案。 例如，陳小姐裝修房子要購買空調，但知名品牌太多難以抉擇，於是她利用決策矩陣法在 A 和 B 兩個品牌之間做了取捨，選擇了 B 品牌。如果將需要考慮到的一些內外因素的評分標準設定為 1 至 5 分，透過下面這幅表圖便可以對不同品牌之間的優劣做一個很好的對比。

表 9-1 陳小姐用決策矩陣法選擇空調的品牌

序號	考慮因素	A 品牌	B 品牌
1	產品價格	5	5
2	性能因數	4	5
3	美觀度	3	4
4	品牌形象	5	5
5	噪音大小	4	3
6	耗電量	4	3
7	清洗費用	4	2
8	整體考慮（合計）	29	27

吉德林法則

美國通用汽車公司管理顧問查爾斯·吉德林曾說：「意識到問題並把難題清清楚楚地寫出來，便已經解決了一半，只有先認清問題，才能解

第九章　縝密思考，果斷決策─心智圖助力快速決策

決問題。」這便是著名的吉德林法則。吉德林法則如今已經被越來越多的個人和企業運用，並給大家帶來了很多實質性的幫助。

不管是在生活中還是工作中、學習中，每個人在前行的道路上都會遇到各式各樣難以解決的問題，很多人絞盡腦汁都沒有想出一個最有效、最實用的解決方案。

這種情況下，不妨試著運用吉德林法則，哪怕每個人遇到的實際情況與事情的難易程度不同，但大家的最終目的都是要解決問題。而吉德林法則的最主要特徵：就是找出問題的關鍵點，再針對關鍵點去展開分析和討論，做出最合適的決策。

例如，如果我們想在職場中順風順水，讓薪水和職位都更上一個新臺階，便可以運用吉德林法則，去尋找和發現自己無法升遷加薪的具體原因，是能力不出眾還是沒有在主管面前踴躍表現自己？

只有認清並找準了問題的關鍵，才能圍繞事情的中心主題去進行分析，做出最正確的決策來解決問題，幫助自己得到更好的成長。

9.4　心智圖引導你走向內心答案

很多人在做決策前後，內心都會經歷波瀾起伏的一系列變化，決策前優柔寡斷、瞻前顧後；決策中忐忑不安、擔驚受怕；決策後頓足捶胸、悔不當初。

之所以會有這樣的變化，主要還是因為我們做出的決策不正確所導致的。由此可見，決策的正確率高低對我們至關重要。那麼，我們要怎樣才能提升自己決策的正確率呢？

不妨從以下三方面入手：

運用心智圖做決策

在前行的人生路上，很多人的內心都會考慮這個問題：是創業當老闆還是繼續做普通打工仔？在思考這個問題之前，我們首先得弄清楚決策的問題中心——具體圍繞什麼事情來做決策。

當然，在圍繞中心主題進行思考、利用心智圖幫助我們做出決策時，一定要對決策所涉及的損耗、成本等一些不確定因素進行預判、評估和分類，並對可能造成的影響力用分數表示出來，這樣便可以對不同因素之間的差異化進行詳細的了解。

運用心智圖做決策的最大好處就是：可以將整個決策過程視覺化，讓自己的決策變得有章可循、有理可依、有據可查，同時對思維的發散能力和決策效率有著顯著提高。

第九章 縝密思考，果斷決策—心智圖助力快速決策

提升廣度思維

想提高自己決策的正確率，那麼我們在決策的過程中便要全方位考慮問題，讓思維變得更廣度。進行廣度思維之前，首先對想要了解的資訊進行廣泛的收集，然後再具體的分析，透過分析擇優出最好的、最優質的決策方案。

透過不同的管道和方式，收集不同的資訊完成知識的累積，這些都可以豐富我們的大腦，提升個人思維能力，而這對做出正確的決策方案是十分有利的。但具體實施起來，還需要做到下面幾點。

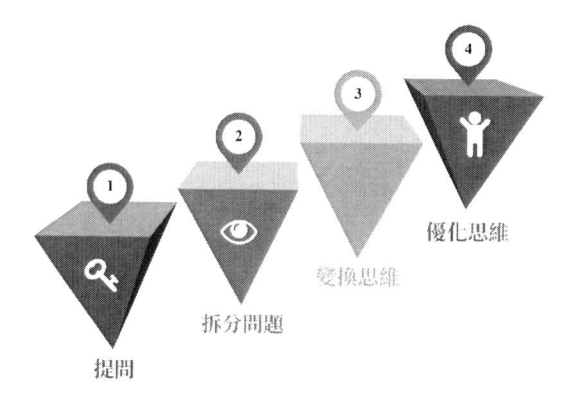

圖 9-5 提升廣度思維的四點技巧

1、提問

說到提問，有些人可能會不屑一顧，但其實小小的提問卻隱藏著大大的學問。畢竟很多人在做出決策前，內心都會感到迷茫與徬徨，辨不清事情的發展方向，不知道應該如何高效率的解決問題。因此，在做決策前我們一定要養成一個提問的好習慣，了解自己的內心需求。

2、拆分問題

通常，一個大問題裡又包含了無數個小問題，相比於大問題，小問題似乎更容易解決，也只有解決了無數個小問題，才能積蓄更多的力量與經驗去解決大問題。所以，遇到問題時，我們也要懂得拆分問題。

3、變換思維

如果不懂得變換思維，就會故步自封將決策的範圍變得狹窄。只有勇敢拆掉思維的牆，視情勢的發展與需求去變換思維，才能擁有和創造無數種可能。

4、最佳化思維

所謂最佳化思維，就是將大腦的思維過程加以細化和精進。

例如，打算報名學習舞蹈課程時，社會上的各種培訓班和課程眼花撩亂令自己無法抉擇時，這種情況下便可以將大腦的思考方式加以細化：選擇哪種師資力量的培訓機構、是選擇年度還是季度的繳費方式、選擇哪種課時等等。不斷細化自己的思維過程，以便於做出正確的決策。

心智圖決策步驟

我們的最終目的是藉助心智圖的力量，來引導和幫助我們做出正確的決策，那麼在具體的實施過程中，又該如何操作呢？可以參考以下六方面的步驟。

- 將需要做出決策的中心主題畫在心智圖的中心位置。

第九章 縝密思考，果斷決策—心智圖助力快速決策

- 將需要考慮的各種因素用關鍵字描寫出來，並作為心智圖的第一層級。
- 對各種因素做進一步的細化，在細化的同時，將各種因素所涉及到的一些方面也列舉出來，方便做出進一步的分析。
- 在不同的層級上，將各種因素的優劣勢也羅列出來並標示清楚。
- 根據各種因素下的優劣勢來進行評分，具體的打分標準可以根據上一節所講的決策矩陣法來參考。
- 將每一個因素的分值加以綜合起來，得分最高的便可以作為最好的決策方案。

隨著心智圖在繪製過程中的不斷延伸和分支，使得我們可以將自己的所思所想用圖文結合的方式完整的呈現在圖中，並對這些已經出現或即將出現的問題加以分析和評判，讓整件事情看起來更清晰和具體，這樣才有助於我們尋找到最正確的答案。

第十章
溝通有方,自信加倍——
心智圖提升人際互動技巧

　　生活在這個世界上,我們每個人都不是孤立存在的個體,都不可避免的要與他人進行溝通和交流。好的溝通方式和較強的溝通能力,能夠讓我們在人際交往中更加遊刃有餘,而要做到這一點,單靠動動嘴皮、說說話是行不通的,還必須掌握一定的方法和技巧。

　　作為一種重要的思維工具,心智圖不僅能提高我們的學習和工作效率,也能夠在人際交往中發揮重要的作用。關於這部分的內容,筆者將在本章中進行詳細闡述。

　　本章內容安排如下:
　　心智圖讓溝通變得更順暢;
　　運用心智圖管理通訊錄;
　　心智圖助力演講;
　　運用心智圖處理職場人脈關係。

第十章 溝通有方，自信加倍—心智圖提升人際互動技巧

10.1 心智圖讓溝通變的更順暢

我們每個人都不是孤立的個體，在生活、工作中都不可避免的會與他人有交流和溝通，而這種溝通能力，不僅僅只是動動嘴皮，說說話而已。

溝通的目的

每個人都需要溝通，在建立溝通之前，我們要清楚的了解到自己溝通的目的是什麼，如果漫無目的的溝通不僅浪費了彼此的時間，而且是無效的溝通。一個有效的溝通，不僅使我們了解外界對我們的評價，也是尋求一個認同的過程，這樣也可以提升自我認知。

在人與人的溝通中，溝通目的可以分為幾點。

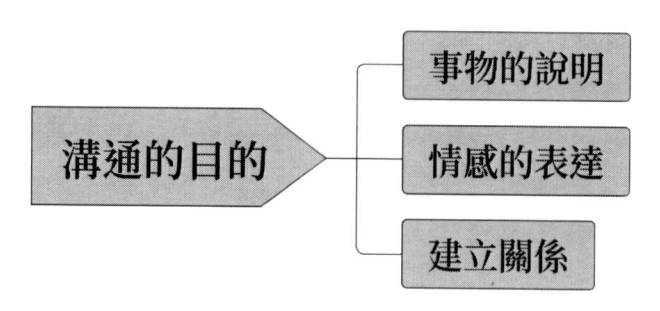

圖 10-1 溝通的目的

1、事物的說明

在溝通中，我們能清楚的表達一件事情或一個看法，這就是有效的溝通，也是溝通中最重要的一點。

2、情感的表達

每個人都有感情，人與人之間的溝通更是離不開情感的建立，當建立到一定的關係程度上，我們在溝通互動的時候，即便不說出來，也會用情感表達出來。

3、建立關係

溝通是一種社交需求，人與人之間溝通、交流的多了，就漸漸變的不再陌生，溝通將兩個人彼此拉近，由內而外建立起兩者關係。

不僅在日常生活中，在職場中，溝通更是解決問題及達成共識最重的方式之一。所以說，溝通最直觀的目的就是讓別人清楚你所表達的內容是什麼。

出現溝通障礙的原因

在溝通中，不可避免的會出現一些分歧，這是普遍存在的現象，因為溝通並不是一件毫無頭緒，隨口亂講的事情，出現溝通不暢的時候，我們應該想想在與他人交流的時候，是不是有效的將自己的想法有條不紊的表達出來，會不會讓他人產生誤解，從而造成溝通上的障礙。下面，我們歸納總結出兩點關於溝通中出現障礙的原因。

圖 10-2 溝通出現障礙的原因

第十章 溝通有方,自信加倍─心智圖提升人際互動技巧

1、忌以自我為中心

雖然溝通的目的是為了將自己的想法清楚的表達出去,但是完全以自我為中心,不顧他人的想法,那麼溝通就會存在很大的分歧,形成溝通上的障礙。我們都知道自身思維是影響溝通的重要因素,只顧自我表達,無法正視彼此之間的觀點,或者根本不設身處地的為他人考慮,在溝通中就顯得特別自私,兩個人也就無法達到共識,也就形成了一個無效的溝通方式。

2、思維邏輯混亂

很多時候,我們出現溝通不暢的情況,是因為我們並沒有做好有一個邏輯清晰的思維前期準備,常常會在溝通中出現前言不搭後語,無法將有效的重要資訊傳遞給別人,甚至表達了一些混淆視聽的言語,讓別人摸不著頭緒,更加誤解你的意思。

為了避免這種溝通中的障礙,我們就應該多多學習如何與他人建立有效的溝通。

用視覺化思考助力溝通

有效的溝通就是將自己的想法適當的表達出來,讓別人能迅速明白並達成共識。而無效的溝通就是對方因為無法理解或種種原因不肯接受,而不認同你的想法。

在與人溝通中,出現「卡住」現象並不是件樂觀的事情,證明你的思路比較混亂,大腦中並沒有形成一條清晰的思維模式,如果我們懂得如何運用大腦中的視覺化模式來進行溝通的話,就會簡單許多。

10.1 心智圖讓溝通變的更順暢

在我們的大腦中，有 70% 的神經與視覺有關，人腦得到的資訊也多半源於視覺功能，可以說我們的大腦其實可以稱為視覺大腦。當我們在與人溝通、表達、寫作、演講的時候，盡量保持頭腦中有與之相符的畫面，這樣我們在傳達話語的時候就會顯的生動形象許多，別人聽起來也會容易接受。

既然我們擁有視覺大腦，那麼我們在大腦中就很容易形成視覺化思考，這種思考方式，可以快速喚醒一個人的「畫面感」，將混亂的思維邏輯透過畫面的形式呈現出來，頭腦逐步清晰起來，有了清晰的思路模式，就能順利開動眼、耳、手、腦的高效率合作，瞬間讓溝通變得順暢起來。

視覺化思考模式讓溝通變得如此高效率，其分析原因如下：

首先，頭腦中呈現出的「畫面感」更直觀，印象更深刻，不會出現前後表達不一致的狀態。

其次，直觀的圖像能提供更多的資訊，從而使溝通的內容變的豐富起來，在傳播的時候不會出現「卡住」現象，還能促進溝通的條理性和連貫性。

最後，視覺化思考模式可以梳理我們大腦中雜亂無章的想法，提取重要資訊加以概括，讓複雜的事情變的簡單化，從而也有效的提升了自身的思維模式。

綜上所述，視覺化思考模式是有助於我們溝通的一項重要模式，將其運用到工作、生活中，就能夠使我們的溝通變的更加順暢。

第十章　溝通有方，自信加倍—心智圖提升人際互動技巧

10.2　心智圖輔助演講

　　演講是一門技術，即便是著名的演說家，在上臺前也要進行一番充足的準備工作。在現實生活中，我們常常會發現一些人平時說話滔滔不絕，上了臺卻不一定能說得好，而那些素日不太愛說話的人，反而上臺演講時能做到字字珠璣、感人肺腑，之所以會出現這樣的現象，往往與他們私下的準備工作有關。準備工作做得好，上臺表達時才能更加遊刃有餘。

　　為什麼演講會讓我們覺得恐懼？要克服這種恐懼，我們該如何去改變呢？當我們把自身暴露在大眾面前的時候，會下意識的產生恐慌和緊張感，當有無數雙眼睛盯著自己的時候，會渾身不自在。為了克服這種恐懼，有些人就會寄希望於演講稿上，希望精彩的演講稿可以幫助已經緊張到快要昏厥的自己，把自己投入在演講稿中，也可以暫時緩解緊張感。可是只是低著頭照著讀的演講就是一個成功的演講嗎？當然不是，真正的演講不僅要抬頭看觀眾，更要學會與觀眾互動，並且把身體的各個感官系統協調的運用到演講中去。

　　所以我們就要將心智圖引入自己的大腦，將思維轉為視覺化的表象形式。那麼在演講的時候，我們大腦呈現出的「畫面感」就更為直觀的表達了我們所要演講的內容，而且在外在表現上也會顯的自如，而不再恐慌。

心智圖在準備演講過程中所發揮的作用

　　在準備演講的過程中，心智圖發揮作用不容小覷，主要表現有以下幾點。

10.2 心智圖輔助演講

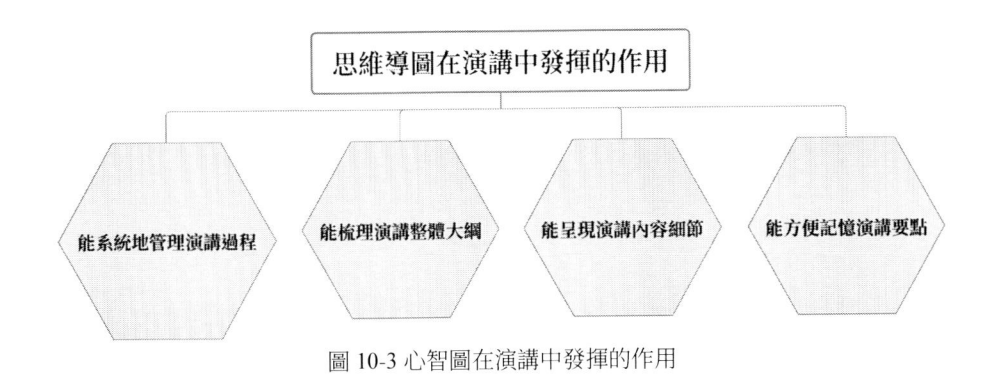

```
        思維導圖在演講中發揮的作用
    ┌───────┬───────┬───────┐
  能系統地    能梳理    能呈現    能方便記憶
  管理演講過程  演講整體大綱  演講內容細節  演講要點
```

圖 10-3 心智圖在演講中發揮的作用

1、能系統地管理演講過程

我們不管是做演講，還是做其他的事情，都希望事件能有一個統籌規劃，這樣就不會亂了方寸。而要做到這一點，就必須藉助於心智圖來處理整個過程中的細節問題，並透過心智圖的方式把整個演講活動當一個系統來進行管理，使其變成一個完整的系統。這其中也必然包含了演講前、演講過程中以及演講後的的各方面，從而保障整個演講最終獲得成功。

2、能梳理演講整體大綱

演講人對演講內容進行整體設計的時候，可以用手繪或者軟體繪製心智圖。心智圖能清晰直觀的表達演講內容的整體大綱，並對相關的重點內容和關鍵字進行有效的分解及整理。同時，心智圖裡面的圖像、圖示也讓演講內容看上去更加豐富多彩，不會給人呆板刻薄的感覺。在演講前對照著心智圖多次試講和反覆記憶，在正式演講的時候才會底氣十足。

3、能呈現演講內容細節

心智圖的呈現方式，會讓主幹的核心內容不斷的分解出無數個分支，呈現的內容會更加精細化，使演講內容更加的豐富、完整及多元

第十章　溝通有方，自信加倍─心智圖提升人際互動技巧

化。在繪製心智圖的過程中合理篩選關鍵字，合理運用圖像、圖示，在演講的時候，就會很容易發現重點，自然而然的在這一部分上著重論述。

4、能方便記憶演講要點

一個含有大量文字的演講稿，並不是一個好的演講稿。因為我們並不會花太多的精力去把這些內容一字不漏的背下來，如果拿著演講稿一股腦的讀出來，那也不叫真正意義的演講。既然文字部分那麼多，重點內容易又難以掌握，此時心智圖的價值就迅速被展現出來了。心智圖不僅能把演講的重點內容標註出來，當我們緊張忘詞的時候，迅速掃一眼心智圖，能快速幫助自己恢復記憶。

如何運用心智圖做演講梳理？

一次成功的演講最基本要做到的便是邏輯清晰，這樣方可深入人心，而想要做到邏輯清晰，就可以充分利用心智圖來做梳理。

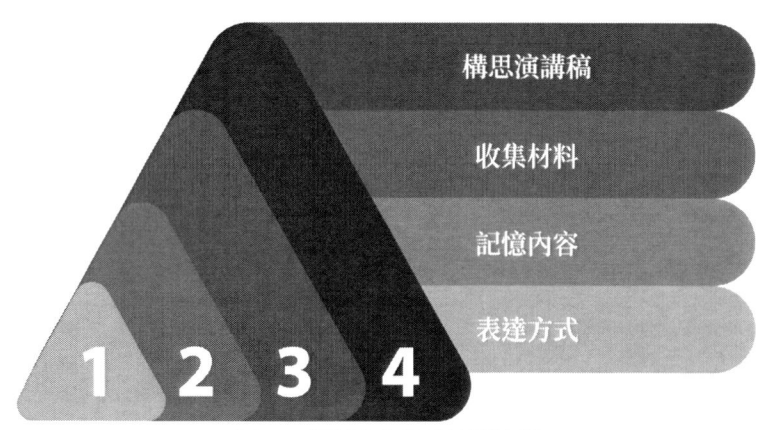

圖 10-4 運用心智圖做演講梳理

1、構思演講稿

心智圖比較直觀，而且中心突出，同時還能展示細節，因此很適合用來構思演講稿，一旦確認主題之後，便可利用心智圖的形式來展開內容，這樣很難會出現跑題的現象。

2、收集材料

利用心智圖還可以將材料進行統一歸類，可以把演講內容抽成多個模組，然後再將材料整理到各個模組之下，這樣一來零碎的材料就變得清晰明瞭了，查詢運用起來也比較方便。

3、記憶內容

心智圖不僅圖文並茂，而且還具有縝密的邏輯關係，能夠解放大腦，助力記憶，因此利用心智圖來記憶演講稿不僅方便快速，而且也不容易忘記。

4、表達方式

最後在演講前，要利用心智圖在頭腦中演練過一遍演講的內容，同時也要構思出表達方式，知道哪一個板塊用什麼樣的方式來說，充分抓住鍛鍊口才表達的機會。

心智圖助力演講應遵循的相關步驟

思維決定行動，只要充分利用起心智圖，那麼演講就不會是多麼難以企及的事情。那麼具體說來，心智圖助力演講可以遵循以下幾個步驟：

第十章　溝通有方，自信加倍—心智圖提升人際互動技巧

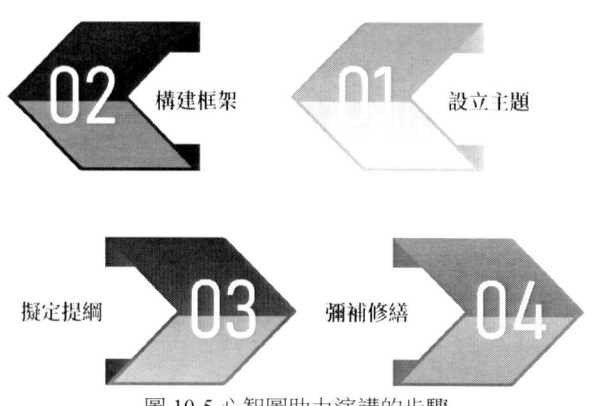

圖 10-5 心智圖助力演講的步驟

1、設立主題

演講前首先要做的就是明確主題，要清楚本次演講的主要目的，針對目的，內容的側重點會有所不同，只需要抓住一個點進行探討即可，然後在那紙的中心位置將主題列出來，畫上圈。

例如本次演講的主題是「不要熬夜」，那麼可以談論的內容包括熬夜的壞處、自己的親身經驗、如何早睡早起等。如果將這些內容全部寫出來，那麼內容就會非常多，而且比較雜亂，沒有特色，因此最好抓住一個點，側重進行拓展，只說熬夜的壞處即可，在中心畫一個圈，寫上「熬夜的壞處」，那麼它就是這次演講的主題，該主題也就是整個心智圖的主題。

2、建構框架

演講正常情況下由四部分構成，即開頭部分、中間部分、結尾部分和提問部分。因此可以在設立主題的前提下，分出四個分支來，列出主要框架，當然，也可根據自己的實際情況，就演講要求和環節對分支進行刪減。

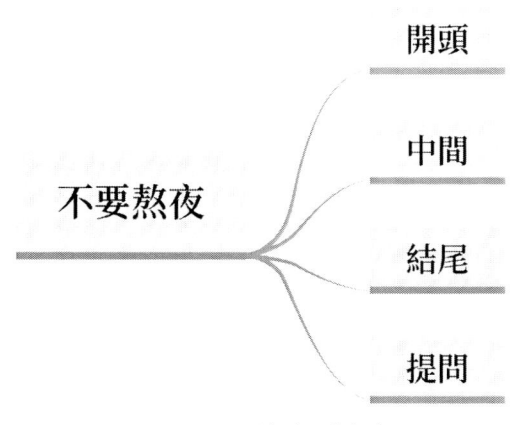

圖 10-6 「不要熬夜」的框架

3、擬定提綱

擬提綱的過程就是分支的細化過程，要將所講的內容都想清楚。

①開頭部分

開頭即演講的開場環節，通常需要進行自我簡介，並提出主題。有關自我簡介，要想好介紹自己的哪些方面，可以是姓名、班級或興趣愛好等，想清楚後即可將這些內容新增到分支上。自我簡介部分也可以適當與主題相切。例如針對主題「不要熬夜」，可以在自我簡介中提到自己已經「連續幾天沒有熬夜了」等。

而引出主題部分，可以直接提出主題，也可以透過一系列互動環節引出，例如針對「不要熬夜」這個主題，可以問大家晚上幾點睡覺等。

②中間部分

中間部分主要是內容的分享過程，要想好從哪幾個方面來談論熬夜的壞處，可以從身體、時間、效率、飲食等多個角度去談，想好角度之後便是下一個分支的關鍵字，將它們一一列出來即可。

③結尾部分

結尾部分就是結束語，通常要對整個演講進行總結，然後表達一些感謝的話。這些部分均可列入分支。

④提問部分

演講過後有時會遇到提問環節，可以預想一下可能會遇到的問題，然後進行羅列梳理，想好回答的要點。若是沒有人提問，那麼也要想好這段時間該怎麼補充，可以進行互動，或者反問聽者等。

4、彌補修繕

心智圖列好之後，演講基本算是準備好了，此時可以進行回顧，為了給聽者留下深刻印象，可以對圖進行完善和修飾，例如加入各種真實案例或者能夠提高聽眾興趣的各種相關故事等。

例如自我簡介的部分可以講一件自己名字的來歷，讓聽眾記住你這個人。中間部分，也就是內容展示的部分，可以講一講熬夜過程中自己經歷的一些事，或者自己聽說的因為熬夜而產生的一系列故事等。

完成以上四個步驟之後，演講的心智圖也就能夠邏輯清楚地展現在你的面前了，演講前只要帶著這張心智圖就可以十分清楚的知道自己接下來該做什麼，注意哪些事項了。用心智圖所呈現的演講稿要比文字稿更加靈活，也更容易掌握。

10.3　運用心智圖管理通訊錄

你是否也曾遇到過這種情況,當你開啟手機通訊錄、社交媒體想聯絡特定的人時,卻發現手機裡面所有人的訊息都很混亂,沒有類別,無法在第一時間找到自己想聯絡的人。這種情況,對我們管理人脈關係是十分不利的。

通訊錄和名片的性質是一樣的,都是我們人脈的重要展現。可以說,在實際的社交中,學會對自己的通訊錄進行管理、對自己的人脈關係進行梳理是非常重要的。那麼,究竟有沒有一種簡單的方法,可以讓我們更好地管理自己的通訊錄呢?

答案顯然是肯定的,藉助心智圖,就可以完美地解決這一問題。具體來說,藉助心智圖進行通訊錄的管理主要可以分為幾下幾步:

在學習通訊錄人脈管理之前,明確強連線與弱連線的概念

強連線是與我們有直接接觸、互動頻率很高的一類人脈,這些人主要包括工作同事、朋友和家人等。強連線關係代表行動者之間有頻繁的往來,關係穩定且堅固,處於強連線關係圈的人更容易影響我們的生活軌跡。然而,強連線流動的資訊多半是重複的,這也容易導致我們陷入資訊單一的閉鎖循環裡。

弱連線是與我們很少接觸的、互動頻率很低的一類人脈,主要包括很久不聯絡的朋友、工作活動中見過一次的人和很少聯絡的志趣相投的人。弱連線中的人脈非常廣泛,他們中的一些還有可能帶來新的資源和

第十章　溝通有方，自信加倍─心智圖提升人際互動技巧

新的人脈給我們，需要我們進行有效的分類。

了解強連線和弱連線的概念之後，我們對自己複雜的通訊錄就不再束手無策了。接下來，我們就能將通訊錄進行精確的整理和分類。而使用心智圖這樣的視覺視覺化方式，有助於我們將通訊錄整理出來。

繪製自己的「朋友圈」

在我們進行通訊錄管理之前，首先要依照心智圖的方式，把我們需要管理的人脈當作中心主題，然後放大這個主題，以達到亮眼的效果。

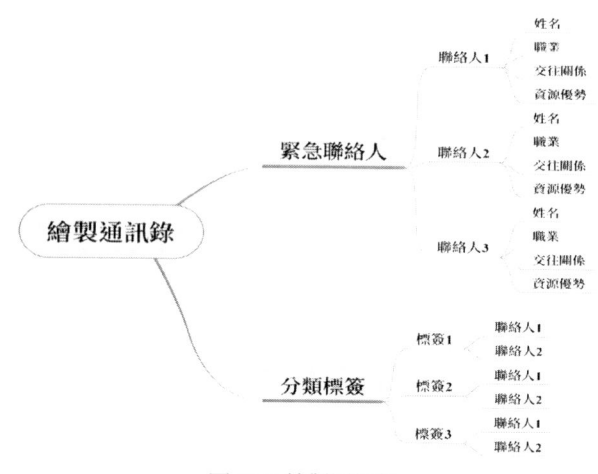

圖 10-7 繪製通訊錄

我們進行通訊錄管理的時候，可以從下面幾個方面進行操作：

1、首先要列出「緊急」聯絡人。

我們整理通訊錄的時候，首先可以把「緊急」聯絡人列成一個獨立的分類。當然，這裡的「緊急」聯絡人不是指危機時刻要聯絡的人，而是與你在三天內或短時間內產生多次聯絡的人。這個分類的緊急聯絡人是我

們人際交往中最重要的組成部分，妥善運用這些人脈，將有利於我們建立起強連線關係圈。

2、將龐大的人脈進行整理，對不同的人脈進行分類，設定不同的標籤

圍繞中心主題進行發散，列出大分類，為這些大分類設定標籤，例如工作同事、同學、客戶、志趣相投者和旅遊夥伴等不同的標籤。我們再將大分類下面列出小分類，設定更細緻的標籤。這樣我們就可以將龐大的人脈歸納在不同的標籤裡，從而清楚地知道每個所屬分類標籤的數量與品質。

3、檢查自己的心智圖，為每個人都新增細緻的資訊

將不同分類標籤的人脈資訊全部放進心智圖當中，用特別的方式為每個人新增細緻的專屬資訊，這樣能為我們建立人脈關係圈帶來方便，查詢起來也會更便利。

第十章　溝通有方，自信加倍─心智圖提升人際互動技巧

10.4　初入職場，利用心智圖處理人脈關係

俗話說「千里難尋是朋友，朋友多了路好走」，對於初入職場的人來說，人脈很重要。多交一個朋友多條路，在現在這個資訊高度發展的時代，人脈就是錢脈，人脈圈就是財富圈。正所謂「物以類聚人以群分」，朋友的思想高度也能影響到你的日常行為習慣和思維高度。

通常在我們的人際交往中，人與人的關係大致可以分為六種，即：血緣、地域、同窗、同事、隨緣和客緣。

以下內容，會根據這六種關係製作一張有關人脈關係網的心智圖，探討一下這方面的知識。

怎麼樣交朋友，怎麼樣管理自己的人脈

要想結交比自己更優秀的朋友，有兩點需要學習。

1、建立自身的價值

正所謂「人不怕被利用，就怕沒有利用價值」，在你想進入別人的交友圈內的時候，你有沒有問過自己是夠資格成為對方的朋友。既然「物以類聚人以群分」，對方的交友圈當然也需要一個對他有價值的人。你「是否有用」，決定你能否提升自身的價值。

當你的自身價值得到提升，別人對你價值的需求也隨之增多。你的高度決定了你能進入的交友圈的高度，對等的，你的自身價值決定了你交友圈裡朋友的價值，你的價值越高，人脈也會越廣。

2、傳遞自身的價值

　　初次和陌生人相識，既是一種自我「推銷」的過程，也是了解對方，並和對方交換「價值」的過程。人無完人，你的交友圈裡的朋友不可能都是一樣的人，圍繞在你周圍的朋友自然各自有自身的價值，把這些關係都連線起來，就組成了一個關係網，而我們每個人都處於多個這種關係網中。

　　當你自身只是處於別人關係網某個節點的位置的時候，你在這個關係網的位置決定了你的人脈關係是單向的，你和這張關係網上的其他人是沒有連結的，這種人脈產生的價值也是有限的。

　　所以，我們需要建立更多的人脈資源，把別人的關係網和自己的資源連結起來，讓自己處於關係網中的關鍵節點，產生出更多更大的價值。

　　在你個人的關係網中，你就是這個關係網中的中心點，當你這個中心點成為更多關係網中的關鍵節點之後，你的人脈關係就會越來越鞏固和擴大。各個關係網會為你提供更多關係，並能幫助你提高自身的價值。

　　利用心智圖來建立一張人脈圈，既快捷又便利。我們先遵照以上的邏輯思維順序，建立自己的價值自信，想一想自己的價值點；然後把自己的價值傳遞給身邊的朋友，讓關係網中的朋友充分了解；再以傳遞自身價值為紐帶，去得到更多的資訊和對等價值的交流；最後呈現出一張關係網的心智圖，如下：

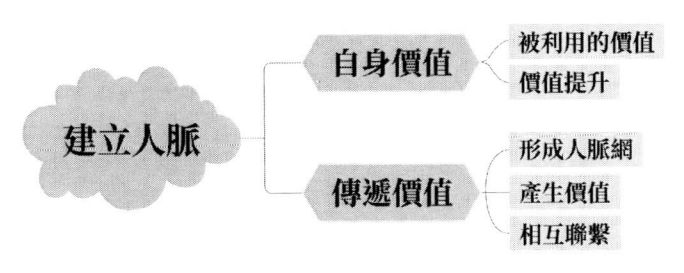

圖 10-8 建立人脈關係的方法

第十章　溝通有方，自信加倍—心智圖提升人際互動技巧

職場中的人脈建立方法

　　知道了怎麼建立自己的人脈關係，只是了解人脈的基礎方法，對於初入職場的新人，第一步還是從理清自己當下同事的關係網著手。

　　我們都知道自己處於一個以關係網編織的社會中，很多事情都是依託關係網而存在。做一件事情無論你個人的能力多強，也不如眾人相幫來的快。在通往成功的路上，關係網能為你帶來無數隻協助的雙手，讓你行得更遠，走的更穩。

　　「有人的地方就有江湖」，任何一個職場都是一個人脈圈子，既然是圈子就有圈子本身的關係網，在你步入企業的時候，首先就一個從了解自己的人脈圈子開始。

1、了解你所在的企業

　　職場新人先不要急著去結交關係，企業既是一個圈子，企業中的人當然是圍著企業而產生關聯的。企業的背景和企業文化，都是構成這個企業圈子的重要因素，職場新人應該先從了解企業開始。

　　首先，你的目的是想和企業裡的同事發生關聯，而在當前情況下同事能和你發生關聯的紐帶只能是企業；其次，你想進入企業這個關係網，就必須要對企業深入了解，企業才會把你納入這個關係網中，並成為這個關係網中的一個節點；最後，你只有透過企業這個關係網，才能和同事建立新的關聯，同事才能成為你關係網中的一個點。

　　進入企業之後，你和同事之間能產生共同關聯的內容首先是工作，如果你不了解你的企業，你們之間就沒用共同話題，也沒有共同的關聯點。既然什麼都沒有，你如何和對方產生關聯。

10.4 初入職場，利用心智圖處理人脈關係

所以我們不光要了解企業，還要了解自己在企業中的職位、職務和業務範圍。這些資訊決定了你以後在企業裡會接觸到什麼層次的同事，也決定了你首先會建立出一個什麼樣的人際圈。

既然了解企業這麼重要，改如何盡快地了解企業呢？

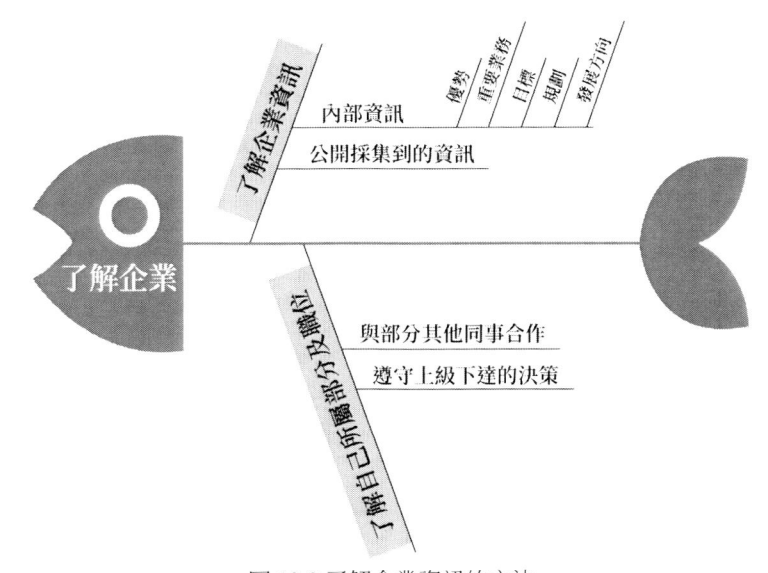

圖 10-9 了解企業資訊的方法

了解企業先從企業的資訊開始，不管是從內部資訊來源還是從公開採集到的資訊，都可以對企業有一定的了解。根據這些資訊，相比你已經在心中對企業產生一個判斷，例如：這個企業有那些優勢，哪些業務是企業的重要業務，企業有哪些目標、規劃以及發展方向，企業本身和自己的期望是否一致，企業能對自己產生什麼影響？

一個企業的大方向是固定的，能留在這個企業的同事一定是和這個企業大方向相同的人，他們也是你未來的人脈圈裡的人，你的大方向就不能產生大的偏差。

接下來，要了解一下自己所處的部門和職位。現在的企業都是團隊

第十章 溝通有方，自信加倍—心智圖提升人際互動技巧

合作，你所在的部門就是一個團隊，你是這個團隊中的一員。了解這個團隊是如何運作的，團隊中各成員都處於什麼樣的位置，怎麼在團隊中相互配合，你又是扮演這什麼樣的角色。

找準自己在團隊中的角色定位，看一看自己處於團隊關係網中的哪一個節點上，然後再發展自己的人脈。所謂「找不準定位」在人際關係中是大忌諱，過分的喧賓奪主只是某些小說裡的博眼球的故事情節，「拿無知當個性」會使你成為團隊中的眾矢之的。

一個團隊的構成，首先是領導者和核心成員，其次才是團隊的外圍成員。初入職場的人在找準自己在團隊中的定位之後，就應該了解一下團隊中人員關係的基本構成。

領導層是好確認的，他們是職權掌握者，但是團隊中的核心成員，需要自己觀察了解了。一般來說，團隊的運作除了掌權者之外，核心成員的意見也很重要，上位者在決策時是會尊重核心成員的建議的。誰的意見容易受到重視，誰就是核心成員。在這個團隊關係網中，領導者和核心成員都是你需要關注的重點。

除了這些，新手還要觀察圍繞著領導者和核心成員周圍的人，看一下大家談論的焦點，誰受重視，誰重要，誰和誰的關係密切等等。職場新手想和同事建立私人關係的想法不只是一個人有，其他人也會有同樣的想法。在確定了團隊中的核心之後，還要注意和這些核心有關聯的私人關係。分析一些團隊中的各種私人關係，釐清這些關係對自己會產生什麼樣的影響。

充分了解完企業和自己所在團隊裡的成員之後，你已經能從中看到自己要建立的關係網大概是什麼樣的雛形了。

2、釐清自己的前進方向

要想在團隊中站穩，並和團隊中的人處理好關係，你的方向要先和團隊保持一致。團隊的工作任務，核心目標，關鍵指標都是你和同事之間有關聯的有效資訊。當你初步掌握了這些資訊，你和同事之間會建立起良好的溝通。

良好的溝通是人際關係向好發展的第一步，也是你步入圈子的「敲門磚」。新入職場的你前進的方向不是「標新立異」，不是「出格」，而是盡可能和團隊中的同事產生關聯。

在工作中，你和你的同事在目標和方向上如果是一致的，最終目標一致才會讓你們產生共同話題，共同話題才會讓你和同事越走越近。所謂「交人交心」，沒有共同話題的兩個人之間，是擦不出任何碰撞的火花的，不能產生關聯的人要麼是陌生人的關係，要麼是仇人的關係。

當你從團隊中的一個邊緣人一步步跟隨這團隊邁向目標，並在這個過程中成為團隊的核心之後，你的人脈關係自然就豐富起來，自身的價值和別人能利用到你的價值也都變得多了起來。

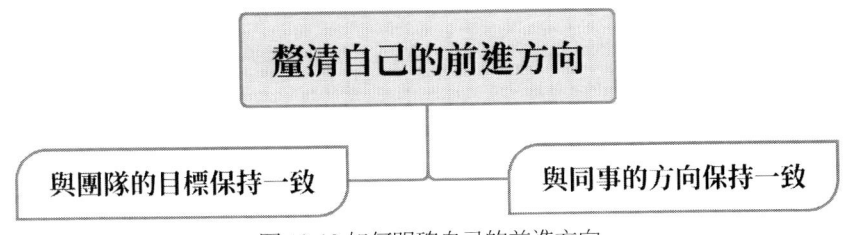

圖 10-10 如何明確自己的前進方向

3、運用心智圖繪製人脈關係圖

人際關係網是一個錯綜複雜的網路，單純用文字是很難理清其中的關係，我們每個人都會同時和許多的人發生關聯，每一條關聯內容都能

第十章　溝通有方，自信加倍—心智圖提升人際互動技巧

產生更多的關聯性出來。我們可以試著藉助心智圖，把這種複雜的關係用視覺化的方式表現出來。

第一步，列出你人脈關係網中的名單。在這裡，我們首先會想到誰是這個人脈關係網中的重點，他一定是你在工作中需要的，也是團隊所需要的人。在你的工作環境裡，他應該是你的關係網中的重要人物，你和他有穩固的關係，他也和其他人能產生最多的關聯。列出這樣的人，並由他產生出關聯的人，這就是你的人脈運作方式。

在列舉人際關係重要人物的過程中，也很容易進入一個失誤。例如，你在繪製心智圖寫名字的時候，首先最容易想到的人一定是最近和你走的最近的人，你和他天天朝昔相處，自然而然認為他就是你最重要的人脈。

這其實是一個失誤，你的人際關係網不光反應的是當前情況，更決定了你的未來。未來的你，會有另外的情況關係出現，考慮到未來可能性，你當前列出的人還要附和你對未來關係的需求。

在關係網裡，單一的關係關聯的價值是最低的；相反，多樣性的關聯能產生更多的價值。在繪製心智圖的時候，需要列出盡可能多的、不同的工作環境之間能產生相互關聯的人。產生的關聯性越多的人，你能整理出的資源就越多，他能和你產生關聯的可能性也就越大。

「沒有永遠的朋友，也沒有永遠的敵人」，在列舉人際關係網的時候，你不能也不應該忘記你的對手。他們或許曾經反對過你，但是並不代表永遠反對你。當有一天你的價值符合他們的需求；或者他們的價值符合了你的需求，你們之間自然也能產生關聯。

列出第一層級的核心的人際關係的名單的時候，也不能忘記在這個關係網之外你還有外部的重點關係的人存在。例如在團隊關係網之外，

和這個團隊有關聯的客戶、其他部門的重要人員等，他們和你建立的這個團隊關係網也是有關聯的，自然也應該屬於這個團隊關係網中的人員。

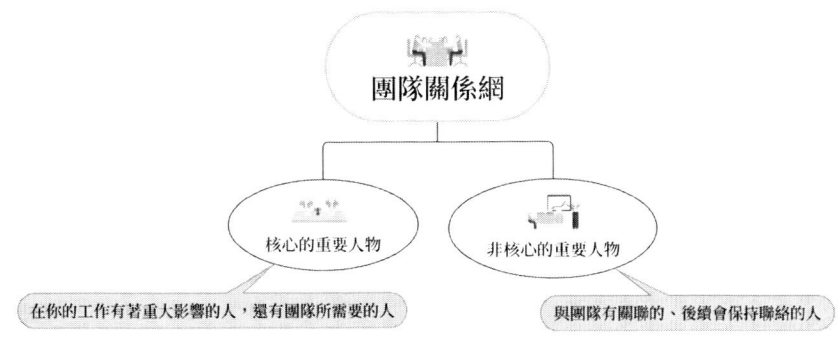

圖 10-11 繪製團隊關係網

做完團隊關係網的心智圖之後，再回過頭審視一下圖中列舉的內容。這是一個重新思考的過程，也是對自己所列舉的關係網裡的人的一種評判。

在這個評判的過程中，你在心理自然會分出他們的重要程度。從 1 分到 5 分，在你的心理自然會有一個尺度。在以後的人際關係處理上，大抵會按照這個尺度的重要性來經營。

經營人脈關係的時候，也有未必如願的經歷，你認為重要的人，對方未必認為你重要。這是一種叩待加固的關係，所以，在對重要程度評估的同時，還要對關係網中你和對方關係的牢固程度進行評估。同樣的，可以分為從 1 到 5 層級，有的人關係很穩固則為 5 分；但有的人和你的關係有待加強，可以為 1 分。

在連續的評估下，別人和你的關係程度以及你希望和對方的關係程度就變得很清晰，這對於你未來的經營方向是非常有幫助的，該強化的強化，該穩固的穩固。

4、建立人脈關係網

　　人脈關係建立起來之後不是束之高閣放著看的，你應該讓圖中的單一單向的人際關係變成一套系統複雜的人脈網。要呈現多樣化的人脈關係網出來，就要學會經營自己的人脈，例如聚會、聚餐和一些互動活動等等，這些都是加強關係的辦法。

　　在經營人脈的過程中，你還可以透過自己認識的人去結識他的人脈，從同事關係中發展出更多人脈。只要肯花時間去推銷自己的價值，尋找有價值的資訊，這些人脈關係都是你的管道。

　　當你成為別人關係網上的重要節點之後，你的關係網自然而然就會關聯上更多的人。同時你也能為別人的關係網帶去更多的人脈資源，你連結人脈資源的能力越強，你的關係網的規模就會變得越大，同時在你的人脈網中出現高層次、有能力的人脈的機率就越多。

10.4 初入職場，利用心智圖處理人脈關係

心智圖全解析，從數據到邏輯的可視化思維：
繪製 × 應用 × 延伸，一次學會心智圖，成就高效人生

編　　　著：	胡涵林	
發 行 人：	黃振庭	
出 版 者：	財經錢線文化事業有限公司	
發 行 者：	崧燁文化事業有限公司	
E - m a i l：	sonbookservice@gmail.com	
粉 絲 頁：	https://www.facebook.com/sonbookss/	
網　　　址：	https://sonbook.net/	
地　　　址：	台北市中正區重慶南路一段 61 號 8 樓	
	8F., No.61, Sec. 1, Chongqing S. Rd., Zhongzheng Dist., Taipei City 100, Taiwan	
電　　　話：	(02)2370-3310	
傳　　　真：	(02)2388-1990	
印　　　刷：	京峯數位服務有限公司	
律師顧問：	廣華律師事務所 張珮琦律師	

國家圖書館出版品預行編目資料

心智圖全解析，從數據到邏輯的可視化思維：繪製 × 應用 × 延伸，一次學會心智圖，成就高效人生 / 胡涵林 編著．-- 第一版．-- 臺北市：財經錢線文化事業有限公司，2024.10
面；　公分
POD 版
ISBN 978-626-408-117-7(平裝)
1.CST: 思考 2.CST: 學習心理學
176.4　　　　　113019286

-版權聲明-

本書版權為文海容舟文化藝術有限公司所有授權財經錢線文化事業有限公司獨家發行電子書及繁體書繁體字版。若有其他相關權利及授權需求請與本公司聯繫。

未經書面許可，不得複製、發行。

定　　　價：420 元
發行日期：2024 年 12 月第一版
◎本書以 POD 印製

Design Assets from Freepik.com